贵阳市文化和旅游局　编著

胡　琳　主编

Xun Cheng Ji
Guiyang Shi Wenhua Mingren
Koushu Shi

王小梅　文字

寻城迹

贵阳市文化名人口述史（三）

广西师范大学出版社

GUANGXI NORMAL UNIVERSITY PRESS

·桂林·

图书在版编目（CIP）数据

寻城迹. 贵阳市文化名人口述史. 三 / 贵阳市文化
和旅游局编著. --桂林：广西师范大学出版社，2023.1
　　ISBN 978-7-5598-5750-7

Ⅰ. ①寻… Ⅱ. ①贵… Ⅲ. ①文化史－贵阳②文化－
名人－生平事迹－贵阳 Ⅳ. ①K297.31②K825.4

中国国家版本馆 CIP 数据核字（2023）第 002182 号

广西师范大学出版社出版发行

（广西桂林市五里店路 9 号　邮政编码：541004 ）
网址：http://www.bbtpress.com
出版人：黄轩庄
全国新华书店经销
广西民族印刷包装集团有限公司印刷
（南宁市高新区高新三路 1 号　邮政编码：530007 ）
开本：710 mm × 1 010 mm　1/16
印张：26.5　　字数：400 千
2023 年 1 月第 1 版　　2023 年 1 月第 1 次印刷
定价：109.00 元

《寻城迹：贵阳市文化名人口述史（三）》编委会

顾　　问	顾　久　徐　静
总　策　划	孙绍雪　龙　丛
主　　编	胡　琳
副　主　编	熊　列
编　　辑	徐丽娟　王先凯　张　彬　王　栋
主持／文字	王小梅
编　　审	蒋海军　李隆虎
图　　片	白文浩　吴　蔚　杨　波
资料负责	葛春培
资料整理	李梦娴　黄雅欣　田　阳　王大蕊
	陈亚梅　胡富艳　黄晓敏

目录

让生命有意义

顾　久

读了小梅写的前言《关于生命的一切，我都想知道》，我感受到了她的惋惜之情，我们惋惜《寻城迹》这件做了很久并产生影响的事就要结束了……

无论如何，首先我们应该感谢贵阳市文化和旅游局的支持，感谢很多像蒋海军这样的学术志愿者，还要感谢被采访的各位老师，大家一起，为这三期口述史做了这么多事。在这个讲求实利的时代，为什么还要去做这件事？意义何在？由此我联想到了"生命的意义"。生命有没有意义？意义何在？近来，做报告或者讲座时，我都会提及这个问题。

我们家养过很多只猫狗，我也亲眼见证过它们的死亡过程：瞳孔散开、放大、失神，然后嘴唇收缩、牙齿包不住、牙龈露出来……一步步走向死亡。我也见证了我母亲生命的最后一程。养老院的服务员有经验，她说："你们注意，你母亲可能就这两天。"我就看到她的瞳孔在慢慢放大、变灰，最后嘴唇干缩、牙齿外露。我清醒地意识到：从生物学上看，人就是一种普通动物，其死亡过程跟猫狗的死亡过程差别不大。

于是，我再追问，我妈妈的生命有意义吗？她曾经当过小学校长。被送到养老院时，她已经完全失能、迅速失智，思维完全糊涂了。但另一方面，她居然回到了童年，老在"哥哥，哥哥"地喊；她还回到年轻时当校长的日子。此时的她已经不认识她的儿女们了，她会大声指挥这个班先到那边唱一首歌，那个班先吃午餐。那一刻，她声音洪亮，神采奕奕。服务员阿姨问："你母亲是不是当过老师，还当过校长吧？"偶然，还有一些她当年的学生带着孩子来看杨校长。我清楚地看出，妈妈的生命是有意义的。

我得出结论：人本来只是一种生物体而已，原本没什么意义。人生命的意义在于能追求一个目标，聚焦到一个点上，在寻找、追求、创造着，于是这种寻找与追求就会使平凡无意义的生命熠熠生辉，产生意义。

我在想，我已经步入晚年，我的生命最后还有什么意义？我后来想到了两句话——为后人造一个天，为后人保一片地。如果能为此而度过生命的最后一段旅程，大概就是我这个老生命的意义吧！

"造一个天"是什么意思？加拿大哲学家查尔斯·泰勒说，传统人有个"伟大的存在之链"：上端有一个"天""道""上帝"之类，一个形而上的东西——比如革命家说的"敢教日月换新天"；中间是人间秩序，比如圣贤、英雄、榜样、经典，它们在规范和感染我们去寻找、追求；最下端才是我们的存在与价值。一旦失去了这个存在之链，人们就失去了为之生为之死的意义感。我由此理解了宋、明的理学与心学：前者倡导通过经典的学习、背诵，最后找到自己的那个"天"，那个神圣的东西；而王阳明的心学，是因为明中期君王失道、大臣腐败、理学虚伪，导致了"人间秩序"的坍塌，于是他把自己的内在良知跟神圣的天直接连接到一起，心即理。他给自己寻找了一个道德上的支撑点，活得很神圣。

对于今天的人们，特别是年轻人，我发现他们的"天塌了"——这句话大家都不太愿意说。

这个"天坍塌"大约有这三个方面：

一、古话说"举头三尺有神明"。比如我小时候，我们会从月亮上找嫦娥、玉兔与桂花树。对我们来说，月亮是神圣的、有温度的。但这个神圣有温度的"天"的故事被科学和理性给破坏了。这个过程马克斯·韦伯叫它"祛魅",或者叫"脱魅"。换句话说,当科学发展了,再给孩子们说嫦娥、玉兔,他们可能说你不是傻就是骗。科学和理性把传统这块"天"至少"杀死"了一半。

二、我们那个时代,塑造了一个崭新的"天",那就是共产主义,比如有雷锋式的人物:他忠于革命忠于党,艰苦朴素不忘本,做革命的螺丝钉。其中核心是共产主义精神,毫不利己,专门利人。这个共产主义的"天"在我们那一代是活的,那一代人多是利他主义者、群体主义者,还爱讲奉献。今天很多老人都是那个时代里的人。钱理群老师说过,毛泽东对他的影响很大。可惜,现在有的年轻人已没有这种精神了。

三、那个激情澎湃的革命时期过去了,我们进入了一个市场经济的建设时期。马克思曾称为"物的依赖性"时段。市场经济讲产权,集体主义的人"个人化"了,"物的依赖"使一些人物质与金钱化了。这种个人的、物质的观念存在于社会中。

于是我在想,这一代文化人可能有一个使命:融汇中西,打造新文化,为年轻人造一个新天。

另外,我们还应该给后人"保一份地"。这个"地"有人与人的关系和人与自然的关系两者。保地,特别要保护好生态的地。人是生物,生物存活需要生态:一是人与人的人文生态,二是人和自然之间的自然生态。关于后者,联合国秘书长古特雷斯讲过一句话:人类正在梦游般地走向气候灾难。前一任联合国秘书长潘基文讲:我们这一代人是能够拯救地球环境的最后一代人,也是必须被迫忍受环境恶化带来严重后果的第一代人。

其实,从生物学的角度看,可能有两个重要结论。其一,每一个生物体都在挣扎着活到性成熟,再找到另一半,生下孩子,把生命传递下去——如果没有生存与繁衍,所有的生物今天都不会存在。其二,由此产生另一个更重要的推论,这一代人当什么官发什么财,都没有多大意义;一个生物学意义上的人,他的意义在于过了若干代,在某个历史的横截面上看他的后人还在不在？活得好不好？如果他的后人没有了，不在了，那么这个物种中的一个分支就永远地断裂了，不会再持续了。而这条生命从哪来呢？从一个小小的单细胞开始，从一个细菌开始，数亿年前曾经在海里边游过，在天上飞过，慢慢地进化着，浑身长了毛，或者就在地底下爬着，还伸出一个分叉的舌头抓住一只苍蝇……这条生命至今从未断过，才有了今天的我们。

可惜，我发现我们的很多孩子越来越成为"一次性的一代"。年轻人不想结婚，结了婚不想要孩子。当然，这是多方面因素造成的，但给我的感觉是，有的年轻人没有意义感。

所以，我给自己晚年寻找的意义就是：给孩子们造一个天，再保一份地，让我们的孩子生存下来、繁衍下去，还要活得有尊严、有意义。

其实，我们三期口述史的传主，都是在用他们的执着与理想，在不断寻找、追求、创造，从而成为一个领域的杰出代表，使他们本无意义的生命富含意义。一定意义上，他们都是在造一个天、保一片地。

关于生命的一切，我都想知道

王小梅

由贵阳市文化和旅游局指导，《寻城迹：贵阳市文化名人口述史》第三期付印之际，也代表贵阳市名人口述史暂时要停下来了。从2019年底开始，新冠肺炎疫情带来种种不确定性，也带来很多不安稳情绪。这不安定的岁月，我们依然坚持采编贵阳市文化名人口述史。

通过口述史，我有机会重访老友，和小伙伴们到受访者家中坐下促膝长谈。我们看见了生命的日常、成就名人的艺文史和人性的光芒；我们也看见了一个时代的悲喜交集，令人不断思考生命的意义；我们还看见了贵阳市文化名人根植于这片土地的激情、热爱、付出、创造与眷念，从他们的成长史、生命史和艺文史，也看见了这个年轻省会城市的地域文化史。

一

历史学家史继忠老师退休后笔耕不辍，深居简出写作，很少出门参加活动，我在《贵州日报》文艺部工作期间也只采访过他一次。那天刚见面，史老师就提到了那次关于夜郎文化的采访。书房里有一层书架整整齐齐摆放着史老师编撰的著作，窗外一束光打在书架上，照亮了先生毕生的成果。我们从书柜里搬出书，整整齐齐摆在客厅的茶几上，满满的一桌书，重重叠叠地堆放着。这十几分钟搬运完的书籍，都是老师毕生的心血。

史老师专研历史，视野不仅在贵州。当他研读贵州，发现离不开西南，所以他从研究西南开始又重点研究贵州历史。这些研究成果有书为证，口述记忆再次与史老师的著作互鉴。

口述史的讲述一般都从祖先记忆开始，我们希望记忆往祖辈延伸，寻找一些关于文化名人成长受家族影响的因素，也能让口述历史的记忆向前追溯。犹如前两期，这次我们似乎也没有找到线索。史老师很快就切入自己的话题。他抱着几份自己手写的文稿，方便讲述过程中记忆被打断、记忆遗失时再查阅。纸上密密麻麻写着童年，写着各个时期的记忆，写着人生。老一辈人都还在纸上书写。手稿是一份珍贵的遗产。

童年平淡，性格倔强，史老师被家人喊作"小牛"。爱生病的史老师认了贵阳四方河的一处大岩石为"保爷"，取名"岩保"。史老师自小喜欢读书，考上了四川大学，成为那个时代能考上大学的佼佼者，他自认为人生从此步入青云，不再会有大磨难，没想到读到中途被学校开除了。之后，史老师被下放到贵阳的一处农村，开始当"农民"。

有一日，村里有户农民的孩子病了，来找史老师借钱看病。"那时候，我有钱呀！而农民很少有钱，我二话不说借了十块钱给他。"孩子的病看好了，史老师借钱医治孩子的事在村里传为佳话。全村先后有七个孩子来认史老师作保爷。这样几乎全村人都成了他的亲戚。半年后村里推选人去当兵，全村人一致支持他去参军。就这样，当了半年"农民"的史老师离开了村子，开始了军旅生涯，分到工厂工作十几年，再考入云南大学读研，成为那时年纪最大的研究生。回到贵州，史老师教书育人，还出版了不少研究西南、贵州的历史著作。退休后，他参与编过《漂移的视线》《贵阳百年图鉴》《触摸夜郎魂》三个大型画册，撰写《世界文化之源在东方》《地中海——世界文化的漩涡》《世界五大文化圈的互动》《论汉字文化圈》《论游牧文化圈》等一系列文章，对人类文明史提出了新的看法。

二

再次沿着东山弯弯绕绕、曲曲折折的路，去探访生态人类学家杨庭硕老师，已是五六年后的事了。银杏叶正黄，树下的采集小分队诗意穿行，冬天人们停歇了出游活动的步伐，我们也得空进入了安静的口述历史采集时段。

2012年，我们发起成立贵州省人类学学会时去请教杨老师，穿过东山层叠拥挤的房屋，深夜爬上东山十八中教师宿舍，送先生回家。先生的家几乎没有装修，室内简朴而明亮。时至今日这束生活的光还跟随着我，告诉我简朴生活的真谛。

杨老师的家坐落扶风山。这里曾是苗族的聚居地。我们曾接杨老师到贵州师范大学小院讲故事，讲了一整天，聊了很多。我们还跟着去记录了杨老师在贵州师范大学和贵州民族大学的两次讲座，在《贵州日报》的《文化遗产》专刊发布6000多字的深度访谈稿，最后还整理了10多万字的录音资料。

杨庭硕老师被誉为贵州最有学问者，他在吉首大学教书育人20多年，写了很多学术专著，还带出一大批生态人类学年轻学者。他荣当该校终身教授，是国内生态人类学顶尖学者。他的眼睛先天近视达3600度，从小学第一天进学堂开始就不曾看见过黑板上的字，如今近视已高达4000多度，只能以放大镜识一号大字，贴着纸读书看文章，讨论学术课题几乎靠学生念文，看书过目不忘，听言强记入心，出行都由学生牵手走路。

我在中国著名"非遗"学者苑利老师的朋友圈里看到："2017年1月7日，进入湘西保靖苗乡腹地考察保靖黄金茶种植情况，中国本土知识知名学者杨庭硕老先生一直陪伴左右。老先生时年七十有五，眼睛已严重退化，可识距离只有五厘米。他在给我讲茶叶栽培技术时，几乎都是通过手的触摸来告诉我茶的剪枝规律的。湘西的山极陡，几乎无路可走，但无论我怎么劝，他都从不退缩，一直陪伴左右。跟着这样的老先生不愁学不到知识。"

昨日口述历史采集中，先生一直说，要求学生要专注、要坚持不懈在一个选定的目标上努力探索，学生态民族学"要把整个地球和世界都装进肚子里"。先生对乡土生态智慧的研究和运用，对农业文明遗产的应用型研究，对贵州的生态环境治理以及未来中国的生态恢复，都有很深刻的见解，其理论有不可低估的价值和意义。

贵州省博物馆馆长李飞研究员说："他用几乎看不见的眼睛，看见了我们看不见的世界。"他几乎看不见这个世界，但这个世界已明明白白进入了他的世界。有的人看得见万事万物，却糊里糊涂过完了一生。

三

关于世界的一切，我都想要知道。文化史研究专家顾朴光在口述史中写道：

> 苏轼曰："人生如逆旅，我亦是行人。"我今年79岁，已步入古人所说的耄耋之年。这一辈子我经历过民国时期的腐败和贫困，新中国初期的欣欣向荣，"大跃进"的浮夸与狂热，三年经济困难时期的饥饿，"文化大革命"的浩劫，以及改革开放以来中国翻天覆地的变化。
>
> 作为一个渺小的个体，在时代的巨变中只能随波逐流，顺应自然，在力所能及的范围内做一点自己喜爱的事情。根据个人志趣和能力，我青年时代就树立了人生理想，希望通过一生努力，为祖国浩瀚的文化长河增添一两滴水珠。
>
> 回顾大半个世纪走过的旅迹，心中既有欣慰也有遗憾。遗憾的是，有一些想做的事还来不及做，就已经垂垂老矣！欣慰的是，我一生在任何艰难的条件下都没有忘记初心，总是孜孜矻矻，勤奋学习和写作，以《中国面具史》和《贵州绘画史》两本著作，交出了一份还算合格的人生答卷。正所谓：世事沧桑浑如梦，幸有二史慰此生！

我们的口述史访谈尊重受访者的意愿，可由讲述稿整理成文本，再由受访者自己修改定稿；也可由受访者自己按照我们整理的口述史访谈提纲进行笔谈，这种方式为自述。顾老师的稿子是以自述方式完成，也是最早完成的一篇稿，其间我曾接到顾朴光先生的留言："小梅，我把口述史又做了一些修改，除了在文字上的润色外，主要增添了评审专家对《中国面具史》的评审意见，请出书时采用这一稿。你们编《寻城迹》一书，耗费了大量时间和精力，但这件事很有价值，将给贵州留下一批文化名人的珍贵资料，可谓功德无量！"

著名国画家张润生老师回忆，他的祖辈十几代都是老农民，一辈子老老实实种地，粮食不够吃就闯关东求生活。个人在艺术上的成就一部分归功于天赋，不受父辈影响。他听妈妈说，小时候没有奶喂他，就抱着他满村找奶吃。在中国乡村，全村接济奶的传统，不仅是生存的智慧，也是乡村最可贵的互惠机制。

他的父亲参军，在南海舰队当兵。1958年，全国大裁军，父亲转业，服从组织分配到贵州。父亲当兵去了，张润生由爷爷带大，爷爷喜欢看古典文学方面的书籍，就爱给他讲故事。每天睡觉之前爷爷都要讲故事给他听。母亲手巧，以至他说"我们村没有她不会干的活"。

他从小喜欢画画，很调皮。小时候认了一位老师，教画画，老师说："你真过来，你就很苦哦！以后就要按我教你的画，不要乱画。"老师开了一个单子，需要砚台、纸、墨、两支毛笔，他用一两块钱置办了。那时物资紧缺，1960年代的皮纸是很难买的。他听说百货大楼有皮纸卖，还没开门就去店前等着，零花钱舍不得用，都用来买画画的材料。每画几张他就带去给老师看，着迷到无心过问其他，就只想画画。

家里认为画画没有前途，不支持。初中毕业，没有考上高中，他在社会上混了一年，吃不上饭，去打小工，一个月挣13块钱，为了求生活，什么活都愿意去干。即便如此，他对画画依然痴迷，从未落过笔。他父亲说："你这样混不行的，还是要找个单位。"后来张老师进了单位，到了画院，开始了国画创作，成就了今天的自己。

原贵州省黔剧团一级演员、《秦娘美》扮演者刘玉珍老人，1960年在贵阳为周恩来总理演出黔剧《卓文君》。在口述史采集过程中，老人回忆："总理一见我，就喊'卓文君，你来了！'我找总理来题字，总理请我跳了一曲舞，哎呀，我不小心踩了总理一脚！我还给总理写了一封信。"81岁老人讲述自己的故事让昨日重现，普通人的历史让我们顷刻知道贵州黔剧曾经的辉煌。口述史让记忆和历史复活。

> 小鸟在树上歌唱，
> 姑娘在地上欢跳，
> 姑娘，姑娘，我问你，
> 你为什么欢笑？
> 姑娘回答，不知道。

1954年2月12日，歌舞剧艺术家罗星芳老师少年时受赠小诗一首。友人在罗老师新婚之日作为礼物相赠。罗星芳老师和刘玉珍老师一样，都给周总理表演过，因为出演《蔓萝花》，成为20世纪六七十年代贵州家喻户晓的明星。她们的个人历史见证了那个时代贵州歌舞剧的发展，也成为研究贵州曲艺历史发展的鲜活史料。

摄影师卢现艺带着具有奇幻效果的暗房制作技艺，走进贵州广袤的田野。长期以来，他用镜头记录岜沙，成就了一部关于村寨人类学影像的文本，从苗族英雄史诗《亚鲁王》拍摄到《皮肤之下》系列，他从未停止对新影像的表达与试验。口述史让记录者的生命史、拍摄思想和影像经验得以系统整理和呈现。

四

20年前，偶然读到《上学记》这本书，作者用口述史的方式整理了著名学者何兆武先生的人生故事，我被书中的讲述方式深深吸引。何先生以治哲学史的思想，以谦和率真的学者姿态，以历史亲历者的感受，讲述一代人的青春和理想、知识和风雅。于我而言，《上学记》是一本打开思想之门的口述史，也是我自学做口述史的源头。

这十几年，我都在坚持做口述史，有人会怀疑它们不过是一些访谈资料的简单整理，但我们做口述史不是一年、两年或者几年的简单访谈，而是在十几年的时间里，一头钻进几乎是无序和无聊的话语里去看世界，反反复复去整理这些资料，在转录的数千万字口述史文稿里希冀找出那些生命的意义和不一样的人生。

每一个人都是独一无二的生命体，口述史发现的生命细节和枝繁叶茂，会让他们如此与众不同，让他们散发无与伦比的魅力。口述史里找不到一个重复的人，找不到每一个生命发出的重复的话。生命的自由之境才是我们一生都在向往的境界。口述史让文化史里的人有了系统的个人文化史记录，让不写字的人群有了自己的历史故事，让不识字的人有机会向单向文字记录的历史发出声音，由此人类的记录里有了他们的一笔。

贵阳市名人口述史项目为贵阳市文化名人建立了珍贵的档案。第三期我们采集了谭涤非、史继忠、罗星芳、刘玉珍、顾朴光、张润生、杨庭硕、卢现艺、刘柏勋、李钢、李飞等11位贵阳籍文化名人的口述史，共采集录音资料39小时35分，整理文字资料557798字，撰写文字近29万字，采录视频资料36小时05分，图片资料511张。到目前为止，三期名人口述史总计采集33位名人，整理文字资料1467780字，撰写文稿近90万字，出版字数约120万字。采录视频资料117小时，图片资料2166张。其中已有两位先生在采集之后不到两个月离世，口述史档案成为他们最后的记录，也成为他们生前相对完整和系统的资料整理。

深夜，每整理一位老师的口述史文本，我都感觉重新回到现场去倾听了一遍他们的故事，每每要睡去又顿然惊醒，从让人疲惫的文字里去寻找口述史建构的意义。那些生命的柔弱与坚韧，激情与理性，生命的张扬、自我与自在，向上与向下，悲苦与勇往直前……这些关于生命的追问，让我再次打起精神完成当天计划的书稿内容。

一般口述史采集的当天，我都会及时写下采访日记，发在朋友圈记录当天的工作，但有时候采访结束得太晚，又或是当天太忙，如忙于接小孩放学、接先生下班，又常年开车奔跑于城里的家和村里的博物馆之间，有时候真感劳累和疲惫，导致有几位老师的采集在当天竟然没有留下只言片语。再好的话语，风一吹，三秒钟就遗忘了。当我再次回到书桌前试图去回忆有什么核心要领和故事，我竟然不敢再多落笔。所以，前言里没有记述片语的老师，请不要多心，请原谅我当日的忙碌与失忆，如果还有机会，我们再来坐下一起做口述史，我愿记录下您的每一个字，包括语音和叹词。

这是我自己日课做得不到位，所以让记忆失了联，也让我反思今年的口述史工作我要做好当时当下的日课，不可找累的借口偷懒，让遗忘乘虚而入，由此未能建构整体性关联记忆。冗长的口述史资料整理是我们的一次人生修行，口述史文稿撰写是再次去和他们隔空对话。我坦然、真诚地接受和面对它。

"我的才能或许有限，但我拥有虽然单纯却非常有力的指针——追求做人的正确准则。何谓正确的准则？正直、勤奋、谦虚、坚强、节制、自利利他等。做人不能太自私，不能虚伪、懒惰、傲慢、卑怯、贪婪，不能骗人，不能损人利己、损公肥私。这些简单的做人准则就是人类长期培育的智慧结晶。让自己拥有一颗纯洁美好的心灵，发挥自己的天赋，倾注自己全部的热情，这就是人生获得巨大成果的秘诀，就是人生成功的王道，就是人生成功的源泉。"这是稻盛和夫《活法》一书里的一段话。他用巨大的成功证明了人类迈向"我心光明"的能量。

"小梅姐好！今天得了半日闲，翻开《寻城迹》，读了吴正光前辈、张新民老师的口述内容，不仅为他们广而精的学术深度所震撼，也为他们完整立体的人格而触动………有他们这类前辈做指引，我辈何等幸福！口述史成书不易，却给予我们丰盛的精神食粮。必须向团队致敬！"就在第三期文稿写作完成之际，我接到了贵州民族大学杨春艳老师的留言。每一位名人最精彩的人生，都浓缩在他们的口述访谈中，请一一仔细品读，愿你们手捧这三册名人口述史，看见明亮美好的心灵。

画中禅意见人生

口述·谭涤非

谭涤非，1933年生于长沙，一级美术师，原贵州国画院花鸟画创作室主任。多次参加北京、广州、香港、台湾等地画展，多幅作品被国内外博物馆及画廊收藏。2002年荣获国家人事部书画人才专业委员会"当代中国画杰出人才奖"。2005年荣聘北京亚视文化研究院终身院士。2010年荣聘北京宋庄国际书画院终身院长。作品入选《中国当代书画名家精品集》《当代画坛40家》《二十一世纪翰墨名家》等。《谭涤非花鸟画》《谭涤非精选作品》由清华大学出版社等高等院校出版并作为教学范本。

谭涤非

我1933年出生于湖南长沙。抗日战争爆发后，我们一家逃难到贵阳。来到贵阳，我就读于青山坡小学。我父亲在太慈桥玻璃厂工作。旧社会有个贵州企业总公司老总叫彭湖[1]，他在贵州建立了化学厂、水泥厂、机械厂、玻璃厂等好多厂。我父亲和我外公一块进了玻璃厂，父亲一直在玻璃厂工作。

我们就住在玻璃厂，对面就是青山坡小学。

1944年，日本人到了独山，我们又逃难到重庆。1945年抗日胜利，我们又从重庆回到湖南长沙。在长沙读初中时，我父亲又调回贵阳来工作。我们又一次来贵阳，一直到现在。这是解放前的事。

我读过中山中学、永初中学、贵阳一中，并于1952年考取军委测绘学院。

自学画画

妈妈是学画的，我从小喜爱画画也许与她有关。我学习画画得到了妈妈的鼓励。

实际上，我学习画画以自学为主。1956年到贵州人民出版社后，宋吟可老师指导我们画国画。宋老是编辑部的负责人，擅长画国画。后来宋吟可先生调到贵州大学去了，方小石先生接任编辑部负责人。方小石也画国画，但是我没跟方先生学过画。

我于1956年参加工作，因为喜爱画画，就进了出版社的美术编辑组。我在社里的主要工作就是做美术编辑。

不到一年，我就被打成"右派"。这让我落难了。这一落难，就是22年。

---

[1] 1939年到1944年，任贵州企业服务公司董事会董事兼总经理。

不过，越是苦难，我学画就越有劲头，这是"学海无涯苦作舟"。

《谭涤非画集》是1989年政府给我出版的，也是我出的第一本画集。书的序言是马迅写的，这篇序言《磨难铸画才》(见附录)写得非常好。

到国画院

1964年，我从农场回来，去找当时在云岩区工业局工作的马迅。他说印刷厂需要一个美工，要求能画商标。我就到印刷厂工作了，在那里待了十多年。

我在印刷厂主要是负责设计商标和写艺术字。客户来要印个酒瓶标签，我就给他们设计商标。

1975年，桂林阳朔漓江驳船上的留影，右二为谭涤非

"文革"结束，冤假错案被纠正。我被安排原职原薪回原单位工作。这样，我又回到了出版社，又当美术编辑了。

我到出版社的时间很短。出版社交给我的任务是编辑贵州著名老画家王渔父的画集。王渔父画集的封面设计和序言是我完成的。

我到出版社上班后不到一年，贵州成立国画院。宋吟可当院长，潘中亮当秘书长。宋老先生要我到国画院工作。我更喜欢创作，我认为画国画比在出版社当美术编辑更有前途。所以我就到贵州国画院去了。我在贵州国画院工作到退休，到现在我的组织关系还是在贵州国画院。

至今，我退休已20多年了。

一种动力

我的学画经历主要是这样一个过程。我虽然落难，受了委屈，这是一种不幸；但是从命运上来说，这仿佛是一种动力。磨难铸画才，能受天磨真铁汉。人要耐得起天磨，才算铁汉。

回顾我的前半生经历，确实是大苦大难，但我的心态一直很好。无论处于何种情况，我都坚持画画和写字。白天挨打了，我晚上依然可以在家里画画。被关在厂里时，我就练小楷。在农场，我也画了点画，虽然画画的时间不多。记得回到家的第一个晚上，我就到煤油灯下画山水。那个时候很穷，连买灯管的钱都没有。等情况好一点的时候，有了日光灯，我就天天晚上画画，经常画到半夜。当我画画的时候，就觉得好像忘记了一切苦难，我的思想都寄托在我的画上了。

对于这些苦难，我没有怨言，相反，我觉得受益匪浅。苦难于我而言是一种鞭策，某种程度上也是最好的老师。如果没有这一段苦难的经历，我不会有今天这些成绩。有些东西确实是命运的安排，你无法解释。

虽然老天给了我这么多磨难，但也给了我毅力。我想这是我一直能够坚持下来的原因。后来我到了国画院工作，个人的命运就完全被改变了，一切

1999年，谭涤非在贵阳董家堰写生

安定下来了。公家分了房子，有了固定的工资，还发了作画的材料，作画条件就比较好了。

爱文人画

我学画，受文人画的影响比较大。因为中国历史上专业画家很少，很多都是文人士大夫。比如郑板桥考取了进士，他学问很高，字也写得好，有空时他就画画，画兰竹也画得很好。

文人画的特点首先是重视表达自己的思想感情，强调作品的格调；其次是重视笔墨趣味，文人画不需要很鲜艳的色彩；最后是将诗文与字画结合。我受文人画的影响比较深，所以我喜欢格调比较高、比较淡雅的画，也喜欢书法。

我很喜欢文人画，也喜欢在画上写一些散文。我也不会作诗，但是我喜欢文言文，喜欢唐宋八大家的散文。传统中国画上的诗文都是用文言文写的，所以我也用文言文在画上写一些散文（见附录）。

文人画追求禅意，画禅一味，所以我也喜欢一些带有禅意的茶道画。我作画时尽量追求画中有一些禅意，有时也喜欢在茶道画中写上些充满禅意的题跋。

有些画，要求有主旋律和思想性。比如2019年庆祝新中国成立70周年之际，我的作品《向阳花》参加了贵阳美术馆的展览，用"朵朵葵花向太阳"，表达了永远跟着共产党的信念。这幅画就有主旋律。

每个人的画都应该各有各的风格。有一种人学画，学死了，他们没有自己的风格。比如说学齐白石学得太死板，他就只有齐白石的风格，没有他自己的风格。我赞成博采众长，并不局限于哪一个画家。道之所存，师之所存，凡是我认为好的，我都去学，没有性别、年龄的限制，把它们糅合起来就有自己的风格。

谭涤非绘画创作

一点成绩

　　我出版的作品比较多，有些书已经找不到了。近年来，荣宝斋给我出版了画谱《艺术大家　范曾、谭涤非》。还有一些高等院校把我的画作为大学教材，包括中央美术学院、中国美术学院、清华大学美术学院等。这是作品出版上的成绩。

　　收藏我作品的机构，最有影响的是两个地方。一个是毛主席的母校——

1997年，谭涤非（前排右一）在广州中山图书馆举办个人画展

1997年，广州中山图书馆举办的谭涤非个人画展现场

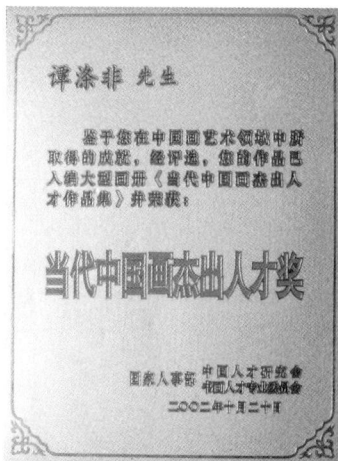

国家人事部颁发给谭涤非的"当代中国画杰出人才奖"

高等院校出版谭涤非教学范本

湖南第一师范学院。学校的美术馆就收藏了我的一张画。这幅画以毛主席的诗句"鹰击长空"为主题创作，主画是鹰。另外一个机构就是日本的博物馆。我的一幅花鸟画在日本展出时，被日本的一家博物馆收藏了。

就个人成绩而言，我评上了一级美术师的职称，属于正高职称，这是职称里的最高一档。这个一级美术师职称的评审条件比较严格，评审组由八个有正高职称的专家、七个有副高职称的专家组成。当时，贵州省没有这么多位拥有正高和副高职称的专家来组成评审组。国画院的上级单位省文化厅就把我评职称的资料寄去当时的文化部，由文化部把我的资料转去中央美术学院人事处，请学校的两位擅长花鸟的国画教授郭怡琮、张立辰来评。前几年，我又加入了中国美术家协会。

还有一点，虽然我得了很多奖，但是我在艺术简历上只写国家人事部给我颁发的"当代中国画杰出人才奖"这一个奖项，因为这个奖项的含金量很高。国家人事部还把我的作品印成了画册。

附　录

一、谭涤非画作选录

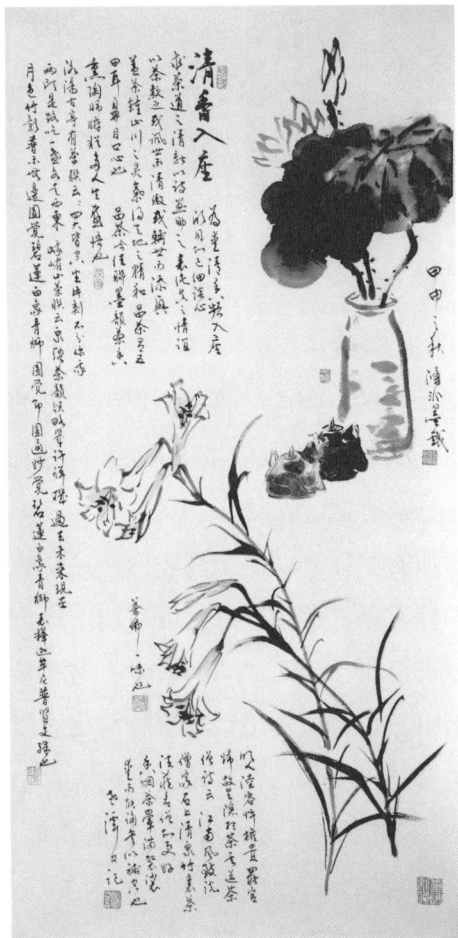

《清香入座》　68 cm×138 cm

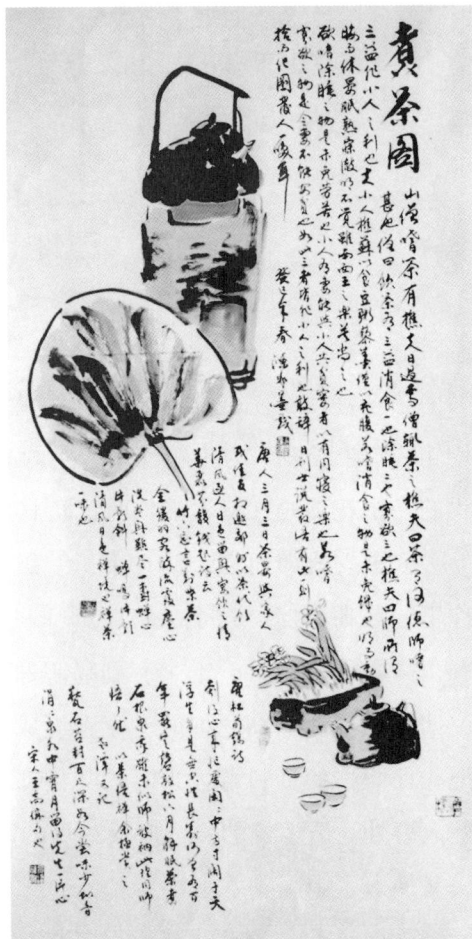

《煮茶图》　68 cm×138 cm

《池趣》 48 cm×70 cm

《万山浮动雨来骤》 95 cm×180 cm

《育雏》 47 cm×70 cm

二、谭涤非古诗文作品选录

家园黄菊盛放，晨起看花，晓风泡露，含苞欲吐，秋色佳倍。瓦雀鸣于绿竹之间，犹多画意，信笔涂抹，写我胸中逸气，不云画也。对花木而能享者，此雅士之寄兴也，对景写生得其情趣者，画工之兴会也。花开花落，云卷云舒，又何烦我心哉！

题秋意
题画

绘事以胸中之造化，恍惚变幻吐露于毫端，启人高致，发人浩气，虽饥不可食，寒不当衣，夫亦左图右史形理攸关，不难更作画痴耳。

林趣图

戊辰仲秋，滇南写生，深入原始森林，撷林卉，拾涧实，披荆棘，憩息丛莽间，奇花异果，老树苍藤，犹足开拓视野，实我画橐，斯图稿之一也。

题芙蓉

花溪芙蓉枝粗叶茂，秋中花发，红白交映，宛如霞铺溪上光艳照人，每秋游，余必褰裳涉水逍遥于洲渚之上，徜徉于草木之间，清气袭人，俗虑皆忘。昔元章写梅不施朱粉，只留清气，然则，余之芙蓉唯恐脂粉污颜色也。元章有知，亦当首肯。

赠好友何承爵返

承爵君来黔廿又七年矣，历经老三届之劳苦，"十年文革"之困踬，备受坎坷。

然其性恬淡，飘然去世俗之乐，而自放于山水，笔砚之向。与予以绘事相过从者又十余年矣！今举家迁沪，以享父母兄姒之乐，而遂数十年故园情结，年前过我，嘱写一纸以存纪念，感念畴昔临纸依依：为写似曾相识燕归来持赠。

黔灵山弘福寺征画题记
狮子吼

放下屠刀立地成佛，弟子无刀，只有秃毫一管赖以谋生，且尘缘未了，六根不净，何所皈依！幸闻狮子吼，警人愚顽，早归觉路。南无阿弥陀佛。

善男 谭涤非沐手拜写

（注：狮子吼乃罗汉名，善萨说法无所畏怯，故为狮子吼也，维摩经载，演法无畏，犹如狮子吼。）

蛤蟆迪斯科赠光伟

此蛙善舞，莫不中音而合迪斯科之会，昔不见容于世，沦于引车卖浆者流等同。终日走街串巷以歌舞乞食。孔子过陋巷，闻蛙乐击节赏之，以为不在韶乐之下而曰：嘻，善哉！技盖至此乎？何不去深圳应聘？蛙曰：黔地之去深不知几千里也，车费、食宿昂贵无力担负。求之伯乐，乐曰：吾奉命觅千里马，于娃何与耶，亦不果荐。子曰：何不自荐？蛙曰：人心不古，世风日下，门虽设而常矣。走后门犹须烧香，奈何囊中羞涩以至于此也。夫子喟然而叹黯然而悲，怆然不知涕之流落也！世徒喜蛙舞，不知此蛙之久而老将至也，可不惜哉！若幸得用于朝以弘扬民族之文化或交流于世界或倡大精神文明之建设岂不伟矣。

湘荣山居题汶光兄画鱼

自古骚人思士多寄情于山水，或览观天下之大，草木鸟兽虫鱼之状类，探其瑰奇，郁之于心吐而为诗文，为曲，为画，为书，或缘情言志，以状人情之难言也。文人画自董思翁开堂说法参以禅宗于顿悟中，直探宇宙人生之真谛，纯情一片，本色俨然。汶光兄以文鸣世，而雅好绘事研之数十年矣，其作颇类文人墨戏而格调高拔无一丝脂粉气。此其所以为汶光者也。

光伟兄嘱题顾汶光画鱼

作家汶光，窃文章之余功，寄之于画，或兴之所至，莫不夺人之酒杯浇己之块垒。横涂竖抹，怪怪奇奇，萧然绝俗，犹多天趣，此纸醉墨，恣意纵放，任性所之不失八大笔意，兼能自具气象，诚宜宝而藏之也。

画芋

煨芋留宾，粗茶当酒，书斋清况，寂寞清贫自守，笑谈佳人命薄，英雄歧路，领略世态炎凉。凭谁说诉。

题牡丹

唐玄宗、贵妃沉香亭赏牡丹，李白奉诏赋清平乐调，龟年度曲，风流旖旎，脍炙人口。然玄宗、贵妃去我千载，纵有龟年协律谁将曲调中弹，讽咏之余，不觉感慨系之矣。

题秋圃双禽

检出箧时稿本菊花双鸡一纸，今以牵牛花补其后，黄紫相映，秋光倍妍，然笔拙不云画也。

题狗

昼掩卧，夜司巡，却偷防盗忠于主人，忍饥不去，何嫌家贫，呼来麾去朝倦夕勤，斯是畜类，惟其德馨。

题兰

居山谷，傍荆棘历霜雪而不改其性，何其坚且贞也。自古文人画师颂其德扬其芳，良有以也，板桥题兰云：屈大夫之清风，衡武公之懿德也。

方天然藏品展序

方君天然少小家贫，弱冠丧父，赖苦力维持生计，备尝苦辛，然平生雅好书画。凡见佳作，脱衣市易购而藏之，日就月将，积笥盈筐，相对展玩，浸觉有味，不能自已。然文物多厄，搜集维艰，今择其精者展之于世，以文会友广结翰墨姻缘。据德依仁不失圣贤之义，谬承方君见爱嘱缀数言，幸藏品有声，何以为序？

1995年贵州画院画展前言

值此新春佳节，我院画师十有八人，择近作之佳者，展之于众，甘为文明建设奉献绵薄。

坚持"双百"方针，创作绚烂而多彩，弘扬主旋律尤足振奋之心。我建院十余年，承雨露沐春风，山水、人物、花鸟各展，新猷，犹多佳制，或浑朴而天真，亦清奇而淡雅，既蕴藉而深沉，又粗犷而简劲，奇花异草，粹美精神，悦目赏心，裨益社会，效用之大，宁有极欤。尚祈专家、读者幸共欣赏，不吝指正。

岭上白云序

时下人心不古，风气日衰，作奸犯科以追逐物欲者，比比皆是。

独周子永翔清贫自守，箕踞斗室，悟对丹青，延其佳思助其吟哦，几忘身在尘世矣！必也爵禄不及乎心，荣辱不闻乎耳也。古之士或寒窗苦读，或箪食瓢饮而不改其志者，卒能成其学以兼济天下。

然则，周子燕息云间，睥睨物表，将有所为乎？不然，何痴呆之甚也？蘧蘧然庄周之梦蝶乎，栩栩然蝴蝶之于庄周乎！

昔元帝不悲国亡毁裂书画，炀帝不哀身死而复取图书，岂人性之所著。人情之所同，固无间于遐迩也。周子于予以书画相过从者廿五年矣！相识之初，予在厄中，花鸟鱼虫皆属禁科，心惶惶不可终日！周子无所顾忌下交于予，虽残缣片楮笔墨之平平者犹复斤斤爱惜又何愚耶！今以斯册相托，意欲遍求筑中、墨宝以垂久永。予乐为之请，红粉佳人，宝剑烈士不亦宜乎。欣然为记，以识一时之雅兴云耳。

三、众评谭涤非

磨难铸画才

他们永远过着磨难的日子。他们固然由于毅力而伟大，可是也由于灾患而成为伟大。

——罗曼·罗兰《贝多芬传》

涤非的画，洗尽铅华，独存孤迥，蕴含情志而又别具一格，令人沉思，引人遐想。看那几朵黄花，三五只螃蟹的赏秋图，春风中摇曳生姿的碧桃花，绯红万顷的百里杜鹃，不加雕饰的芙蓉，流光溢彩的牡丹，沙浦岸汀酣睡的鸳鸯，嬉戏在花荫下的雏鸡以及飞鸣的小鸟……都能鼗笑歌舞，自具生机，予人以笔墨之外的许多感受。

他笔下的虎、猫、展翅欲翔的雄鹰……一副桀骜不驯的神态，咄咄逼人，一股阳刚之气向你扑来，表露出倔强而又执着的性格。

20世纪50年代的反右派斗争和60年代的"文化大革命",两次运动,他都未能幸免。历尽劫波,备尝辛酸,托物以寓志,把一腔积郁寄之于画,在笔墨、点、线之间流露出真情实感,意蕴深邃,故能感荡心灵。

许多画幅竟是在挨斗之余,晚上挑灯的境况下画出来的!而在当时,花鸟虫鱼更多"四旧"之嫌,他置亲人、朋友的劝告于不顾,坚持写字、作画,真可谓"为于举世不为之时"。

兀傲、倔强、自信、执着、坦诚……这些品质正是他为学之长,而又是他处世之短,往往不为人所容。

涤非性恬淡,其余得失荣辱,淡然处之,心不为形役,飘然有出世之姿,又以禅宗参画尤多顿悟。

他曾在一幅水墨芙蓉图上写道:

花溪芙蓉枝粗叶茂,秋中花发,红白交映,宛如霞铺溪上光艳照人,每秋游,余必褰裳涉水逍遥于洲渚之上,徜徉于草木之间,清气袭人,俗虑皆忘。昔元章写梅不施朱粉,只留清气,然则,余之芙蓉唯恐脂粉污颜色也。元章有知,亦当首肯。

这是何等的胸襟,在那澄澈的溪水边,面对芙蓉凝神观照,忘记了生活中的一切不幸,沉醉于艺术境界中而获得顿悟。

涤非好读书,尤对中国画理论,唐宋散文诗词……无不博览。此外临池学书加深学养和功力,故其画意境深邃而又充溢着书卷气。

他在一幅泉石山雉图中写道:

年来出游,眼见为之一开,欲尽天下之大观,实吾画橐,石师云:"搜尽奇峰打草稿也。"状游以增阅历,诗书益我文思。此二者,助吾气,然后为画,几可进乎技,以画术画,吾不知所得矣。

生活、阅历、学养、勤奋、气质……铸就了他的造诣。看他的大幅作品，笔墨粗犷，气势恢宏，精气四射，大有举剑向天的壮阔美，而小幅作品亦不失昙花横镜般的空灵。

他的画曾多次参加日本、欧美等国举办的画展，并为省外博物馆、文史馆、书画院收藏。日本福山市博物馆也购藏了他的画，并收入《中华人民共和国现代绘画名作集》中。

贵州人民出版社文学编辑　马　迅

谭涤非画意人生

涤非，是一个禅意极深的名字。

这个名字，我是从那幅题为《寒雨潇潇》的画里读到的。此作收录于1992年《中国花鸟画——全国首届花鸟画展览画集》。我对博大精深的中国花鸟画知之甚少，常恨不谙其中妙处。《寒雨潇潇》却让我怦然心动，画面原本是萧索的，风催老树，雨湿苍干，冷气逼人。可在这片森森的寒意里，出现了8只山雀相约枝头，它们叽叽喳喳，欢快地聊着一个充满希望的话题：春天就要来了！这种逆境中的乐观心态，带给人的是信心与力量。

由一幅画记住一个画家的名字司空见惯，但"谭涤非"于我更有一份特别的缘。因为，在之后不久，我读到了他1989年版《谭涤非画集》，虽说是多年以前的集子，依然看点纷呈。画集开篇为已故学人马迅代序《春天以外的画外音》，文笔凝重酣畅，讲述的是画家一段坎坷的生活经历，字里行间凝聚着两位相识于人生风雨驿站的挚友的深情厚谊。画册扉页是涤非先生20年前的生活照，片中人黑发如盖，阔额浓眉，风度翩翩，若有所思的神态里，停泊着一种大悲大喜过后的淡定。这让我生出许多感慨：那深邃的眸子后面，到底蕴藏着多少不为人知的故事！

我对马迅先生"神交是不需要语言的"见解甚是赞同，我与画家的"神交"正是从《谭涤非画集》开始的，而从"神交"到成为"忘年交"，则得益于我的另一位"忘年交"马凤起老师。凤起老师在我初出茅庐的时候就已德高望重了，没想到他与涤非先生竟是人生苦旅中的患难兄弟，文画里的至诚知己。这种机缘对我来说，有种"众里寻他千百度，那人却在灯火阑珊处"式的惊喜。

而真正的惊喜，则来自大红袍《中国近现代名家画集·谭涤非》的出版，画册收录了涤非先生20世纪70年代至今的精选作品。这一象征着成就与荣耀的"大红袍系列画集"，是美术出版社给予画家最高级别的肯定，入选者均在中国近现代美术史上占有重要的一席之地。譬如，吴昌硕、齐白石、张大千、徐悲鸿、傅抱石……哪一位不是世界画坛的佼佼者！

涤非先生跻身名家行列，无疑是实至名归的。翻开《谭涤非画集》，如同进入缤纷的艺术天地。那些灵动在纸上的花草石木、蔬果藤蔓、沉鱼落雁、鸣蝉走兽，无不迸发着生命的活力。透过它们，能窥见一位画家的智慧、哲思以及用情万物的执着。那一幅幅闪耀着思想火花的画作，常常让我想起英国肖像画家雷诺兹的名言："屋中有画，等于悬挂了一个思想。"涤非先生思想的火花就闪耀在一幅幅风骨俊逸的作品里。他将自己对生活、对艺术的爱，研磨成墨，激情挥洒。

涤非先生得"道法自然"之精髓，寓意于物，以微见著。比如《蔬香图》，画中时蔬滴翠，暗香浮动，芋叶上稍纵即逝的纺织娘，灵动如许。纺织娘，画之眼也！整个画面因它而雅趣横生。随后，作者利用题跋在"补空"上画龙点睛。从彭泽令陶潜守拙田园的闲情逸致，到"俭以养廉，淡以明志"的人生感悟，再到"芋之香"的联想，"蔬香"的意境得以升华，让人回味无穷。

涤非先生笔端的一枝一叶、一花一鸟，尽见精深智慧、人生真谛、处世哲理，于是与不是之间，演绎精妙。正所谓"青青翠竹总是法身，郁郁黄花无非般若"。其作品多次出国展出之时，亦深藏若虚，达致"心无挂碍，空诸一切"的境界。他的《冷月无声蛙自语》，对这种心态做了透彻的诠释：宣纸上溪流半湾，灵蛙两只，月隐浮云，雨润幽竹。构图流畅简洁，墨色浓淡相宜，画面清新婉丽。作者心声，尽在跋语中：

风声雨声蛙声禅声入斯门千声寂天；
云色月色竹色景色到此地众色戒空。

接着又云：

月白风清，蝉鸣蛙鼓，抛却几多烦恼；
红尘远隔，来此独坐，领悟人生况味。

我品读此画良久，感慨万端：想画家斯时，心于静而情不止，发世间诸相于笔端，参造化之功，穷万物之理，成就至雅至美之作。正如涤非先生所云："悠悠心会，妙处难与君说。"

是呀，所谓恩怨得失，爱恨情仇，终将烟消云散。惟心中有大爱，方不为功名利禄所累，不为世态炎凉所扰。正如画家笔下的春兰秋菊、夏荷冬梅，总是那样一派生机。我想，人生即便如白驹过隙，也应为那短暂的美丽而呕心沥血，无怨无悔！一幅好的作品，不但要赏心悦目，更要给人以联想、以启迪、以激励，以艺术的享受与熏陶，彰显出蓬勃向上的正能量。

涤非先生将他的美学思想，贯穿于作品始终，其创作灵感来自对生活的执着和感悟，然后以独特的视觉，诉诸丹青，使得物我浑然一体。他的《清江月鹭》，画的是一片月光苇影，几只鱼鹰，栖息于孤屿，意境浩渺而空寂，呈现出江天万里，孤月高悬的圣洁之美。而《篱落秋光》更是构思别致，宛然如诗。画家眼中的秋光，就是那绽放在东篱一隅的帝女花。可见，画家写菊，诗人咏菊，皆因菊是浓缩了的秋景，是诗化了的秋韵，是绽放着的秋情。

涤非先生作画不拘一格，求新求变。警如新近创作的丈二宣《王维诗意图》，即一改先前恬静淡雅的画法，以酣畅的笔墨，恢廓的视野，再现了王维诗"明月松间照，清泉石上流"的高远意境。画中苍松傲立，圆月如盘，泉流击石，浑然天成，给人以自然大美的感受。这类"王维诗意"题材，常常触动国画家们的灵感，但呈清新婉约风格的居多。像涤非先生这样的恣肆豪纵，意蕴磅礴，我还是第一次领略。

常言道，画如其人。涤非先生凭着率真质朴的性格，温文尔雅的气质，诚恳细腻的情感，从容淡定的心态，使得每一幅作品都散逸着诗意的芬芳。其画的雅与美，还体现于题跋、书法、绘画的完美组合，这得益于他扎实的书法功底和深厚的文学素养。比如《清茗悠韵图》，画的是假山盆景、水仙兰草、紫砂玉杯，布局巧妙和谐、画面清奇淡雅，一袭悠悠茗香扑面而来。画中的四阕题跋，墨迹隽永飘逸，文笔清新酣畅。"品茗悟道"，悟出了"茶佛一味，禅茶一味"的玄妙。情在画中，意蕴溢于画外。接着，娓娓道出"六清"境界，即山之清幽、泉之清冷、茶之清香、心之清闲、器之清洁、侣之清高。最后"补诗"二题，为元人倪瓒的"香魂莫逐冷风散，拟学黄初赋洛神"，宋人张孝祥的"玉壶寒露映真色，雾阁云窗立半身。可但凌波学仙子，绝怜空谷有佳人"。整个画面本就闲适散淡，再以"涤非"二字落款，更是雅从中来，凸显远离俗世的清雅。可见，禅意不仅是一种美，还是一种情绪，一种态度，更是一种哲理。

我读涤非先生的画，如同读一则童话故事，一篇人生格言。有些画面，看似不经意间的勾勒，实则是深思熟虑过后的挥洒。比如《移从月里来》就赋予了童话之美。画以竹篮白菜为衬托，黑白双兔，相互依偎，一如久别重逢的情侣，娇态可掬。因为"月里来"，自然让人想到蟾宫玉兔，想到嫦娥舞袖，想到后羿射日，想到那久远而凄美的爱情……又如《鱼我所欲也》则是一幅极具幽默感的"猫鱼图"，颇让人玩味。画中猫威如虎，猫眼圆睁，狡黠地觊觎着那条悬挂着的鱼。作者"鱼我所欲"之主题，昭然于那两只炯炯有神的猫眼。猫眼中的"鱼"，则如同人眼中的"欲"，是一种诱惑，也是一种渴求。画作构图之简洁，寓意之深刻，不亚于漫画家们的机智与尖锐。我透过"猫眼"，读到了"希望与贪婪""取之有道与不择手段"两种截然不同的处世态度。

谭涤非先生无疑是位有社会责任感的画家，其作品以大观小、小中见大，往往起到"恶以诫世，善以示后"的教育作用，如《育雏图》《教子图》《德禽图》等不胜枚举。他在描绘物性之美的同时，揭示着人世间的灵性与真爱。他的《天伦乐》《河池双凫》等，就给人以这样的感受。自然有情，与人相通，即所谓近人性以尽物性，尽物性以"参天地之化育"。先生对自然造化的感悟，得益于老庄哲学及禅道，他的作品的生命力，在于借景借物寄寓人性之美。当他以细腻的笔触，专注地构思作品的时候，他的心早已与所绘之物象融为一体了。他的情思在枝枝蔓蔓间徜徉，于是，素洁的宣纸上就有了奇花异草的幽香，有了蜂忙蝶逸的羽翩，有了虫鸣蛙鼓的天籁，有了飞禽走兽的生气，有了春华秋实的喜悦，有了让人沉醉的万千色彩……

其实，涤非先生的画作，原本就是形象化了的唐诗宋词。比如，我从《花荫鸣雏》中读到了李白"紫藤挂云木，花蔓宜阳春"的柔媚；从《草虫纸上作秋声》中读到了杜牧"秋声无不搅离心，梦泽蒹葭楚雨深"的清幽；从《东篱秋思》中读到了李清照"东篱把酒黄昏后，有暗香盈袖"的婉约；从《长空一击》中读到了苏东坡的"惊涛拍岸，卷起千堆雪"的气势……可以说，他的每一件作品，都能让人萌发诗意的联想，获得诸多人生感悟。

我国自古有画与文、画与字同源之说，从战国至汉、魏、六朝的人物绘画，到隋、唐、五代、两宋的山水花鸟，再到元、明、清的写意画风，可谓源远流长。国画强调"外师造化，中得心源"，追求"意存笔先，画尽意在"，达到以形写神、形神兼备的境界，这些都始终离不开一个"雅"字。如同论语的雍容、诗经的无邪、楚辞的华丽等诸般大雅。作为画家，涤非先生的雅趣就沉淀在他的文人气质里，他通常以画面上的诗文跋语，表达自己对生活、人生及艺术的执着情怀，其作品亦融诗、书、画于一体，不仅画面清新典雅，文墨飘香，还使主题得到应有的升华。

涤非先生的印语，亦极富于哲理，让人玩味，如《不阿世》，表明了不屈从、不迎合的处世心态，将《得意忘形》释为"有形则尽失其意"，将《归于朴》释为"源头即尽头"等等，皆妙在其中。让人拍案叫绝的是《闭门思画》，作品为长方形四字重叠，一体浑然，犹如楼台拔地而起，绝妙之处为题头上的"独上高楼，望尽天涯路"。晏殊的诗句使得"闭门思画"这一主题大大延伸了。"独上高楼"即"闭门"，"望尽天涯路"即"思画"，登高望远，正是作者目穷千里、视野开阔、心胸旷达的真实写照。

涤非先生国画人生的启蒙老师是他的母亲，一个书香门第的大家闺秀。后师从大师宋吟可。他的国画一书风格之基由此奠定。

时间来到1978年，涤非先生成为贵州国画院专职画家，而时任国画院院长宋吟可正是他的恩师。良好的画院环境，旺盛的创作激情，使得涤非先生的绘画技艺日臻完美。他的草木鸟兽、花卉虫鱼更是独树一帜。而画中题跋的书写，亦让读者领略到他汪洋恣肆、挥洒自如的书法造诣。

随着影响力的不断提升，求画索字者趋之若鹜。"人不可有傲气，但不可无傲骨"，国画大师徐悲鸿的这句话，一直是涤非先生遵循的人生格言。若遇爱画、懂画之人相求，可分文不取；若借画沽名钓誉而重金相索，或亵渎艺术以势压人者，皆拒之门外。

有这样一段趣事，说某君为办画展，请涤非先生画猫，开出的润笔费为100元。这让画家很是尴尬，若为奉献，画只猫也无可厚非，可偏偏区区百元沽其价，确有亵渎艺术之嫌。于是，画猫尾巴一只与之，题跋曰："板桥润格：大壶六两，中壶四两，小壶一两，凡送礼物总不如白银为妙，公之所送未必敌之所好也。仰先生之风，余写猫亦定润格一纸：猫头三百，腰身二百，腿脚及尾各一百……"这幅《猫尾图》我有幸看过，实乃上乘之作。画中猫尾，笔力迅疾，虎虎生风，画在法中，意在笔外。若以"窥一尾而见猫"推之，那一定是只雄风凛凛、霸气十足的王者之猫。可惜某君不识珍品，怏怏而去。殊不知，若能收藏此画，岂不捡了大便宜。

涤非先生不阿世、不迎俗的品格让人敬佩。他爱画、惜画，毕其一生钟情于画。其实，他更是一个重义之人。凤起老师曾回忆说，因感动于涤非先生对国画的挚爱，便将父亲留下的一只铜制墨盒相送。那墨盒非比寻常，是马父的一位将军朋友所赠，上有姚茫父的颖拓艺术，十分珍贵。姚茫父乃清

口述史采集小组采访谭涤非先生后的合影

末民初享誉中国文坛画苑的巨匠，首创颖拓艺术，与陈衡恪并称"姚陈"，为民国初年公认的"画坛领袖"。多年以后，涤非先生又将墨盒回赠马家，称此乃贵宅传家之宝，理当"完璧归赵"。此事堪称金兰佳话，凤起老师以此家传之物送涤非先生，有"宝剑赠英雄"之美意；涤非先生又将宝物奉还，乃"君子不夺他人所爱"之风度。这一赠一还，足见挚友情怀。

涤非先生的慷慨，还体现在面对索画求字者时的气度与真诚，不以贵贱取人。我去他的画室叨扰过多次，每每造访，都有"室雅何须大"的感受。而涤非先生亦必烹茗相款，在氤氲的茶香里，沐浴着画室浓郁的文墨气息，聆听高论，领悟哲理，快意之至。其实，撇开作为画家的一面，涤非先生骨子里却是个文人。他的题跋、画展序言，以及友人间的书信，无不彰显出了一个文人的气质与才学。譬如他的《岭上白云序》就极具文采，其中一段是这样写的：

时下人心不古，风气日衰，作奸犯科以追逐物欲者，比比皆是。独周子永翔清贫自守，箕踞斗室，悟对丹青，延其佳思助其吟哦，几忘身在尘世矣！必也爵禄不及乎心，荣辱不闻乎耳也。古之士或寒窗苦读，或箪食瓢饮而不改其志者，卒能成其学以兼济天下。

然则，周子燕息云间，睥睨物表，将有所为乎？不然，何痴呆之甚也？蘧蘧然庄周之梦蝶乎，栩栩然蝴蝶之于庄周乎！

昔元帝不悲国亡毁裂书画，炀帝不哀身死而复取图书，岂人性之所著。人情之所同，固无间于遐迩也。

涤非先生竹帛丹青，痴心不改；画意人生，苦乐年华。一管纤毫，写活物性纯美；三尺画桌，尽现炎凉世态。虽年届耄耋，可笔下依然生机勃勃，春意葱茏，印证了艺术生命的常青常绿，风华永驻。

贵州省写作学会副会长、资深媒体人　涂万作

研究文化的终点

口述·史继忠

史继忠，1937年生于贵阳，教授。1962年，四川大学历史系毕业后，当过农民，参过军，做过工人。1978年，考取云南大学硕士研究生，师从方国瑜先生，主修贵州史和民族史，1981年获硕士学位。历任贵州民族学院（今贵州民族大学）民族研究所副所长、历史系副主任、行政管理系主任，贵州省文史研究馆副馆长兼任《贵州文史丛刊》主编。贵州省政协文史委员会副主任，兼任《贵州省志》副总纂、《贵州通史》副总编。

史继忠

童年记忆

抗日战争爆发那年，我匆匆来到人世间。虽说到处是兵荒马乱，但出生的那天腊月二十三，却是个良辰吉日。这是灶神菩萨上天的日子，家家户户燃香烛，放鞭炮，供敬灶糖，希望灶神上天能多说些好话，保佑一家人清吉平安。敬灶糖是用饴糖做的，麻片糖晶亮透明，上面洒着许多芝麻，麻秆糖是空心的，还夹着玫瑰，又香又甜又脆，小孩特别爱吃。儿时，因为这天是我的生日，所以大人特别优待我，分到的糖比别人多。这是我终生难忘的美好记忆。

我家兄弟姊妹五人，我最小，按排行当叫我"小五"。但我脾气太犟，跌倒不哭，挨打便跑，做事不依不饶，像头横牛，所以家里人都叫我"小牛"，亲昵时叫"牛牛"。算命先生说我八字太大，若不找个好的保爷，很难长大成人。我父母找了许多人都不合适，最后决定去拜四方河边的那堵悬岩。石岩又高又大，看去黑压压的，上面还长着一棵树，河水"哗啦哗啦"

母亲怀抱幼小的史继忠与家人合影

地淌，我心里有些害怕。祖母燃起香烛，摆上供品，叫我拜岩，从此这堵悬岩成了我的"岩保"。

儿时最大的乐趣是逗蚂蚁。打几只苍蝇或拿几粒米饭放在地上，不一会儿便引来了一群蚂蚁。密密麻麻的，为首的蚂蚁头特别大，我们叫它"蚂蚁王"。说来也怪，只要有一只蚂蚁发现了食物，便会回去报告，相互撞一下头，仿佛在窃窃私语，传递信息。蚂蚁可以搬走比它身躯大许多倍的东西，只见东西在地上慢慢移动，不一会儿就搬空了。倘若是较大的东西，一只蚂蚁搬不动，便会招来一群蚂蚁。数十只蚂蚁，生拉活扯地拖着一条蚯蚓，蚯蚓不断动弹，蚂蚁咬住不放，蚯蚓最终还是被拖进了蚁穴。

玩泥巴也是件快乐的事。几个小孩用手把泥土捧来，凭着自己的想象，堆成小山，做成小河。在小山上铺上一层青苔，插上几枝树枝，创造了一个青山绿水的"小天地"。拿一杯水，倒进小河里，让它慢慢地淌。水满出来，大家赶快用泥土去堵，一下子变成了"小湖"。小孩们的想法不同，有的要把山加高，有的要把小河挖长，有的觉得山上的那棵树不好看。小孩们争得不可开交，干脆一脚把它踏平，哭的哭，闹的闹，不过第二天还是约在一起玩泥巴。

养蚕也是件乐事。每天放学，都要约几个小朋友去采桑叶。会爬树的小孩，像猴子一样爬上树去，把桑叶摘下来，一群孩子围在树旁，抬着头、目不转睛地望着他。有幸采到红得发紫的桑葚，大家高兴极了，争着要吃，但还是一人一颗，吃得心里欠欠的（方言，指意犹未尽）。把桑叶放进纸盒，看蚕一口一口地把桑叶吃掉。蚕一天一个样，二眠、三眠变成蚕茧，破茧后长成飞蛾，蹲在盒里产卵，不一会儿就产出一大堆，让人感到好奇。

春天来了，活动的天地大为拓展，孩子们最喜欢到野外郊游。看到小溪中的蝌蚪，高兴极了，双手把它们捧进玻璃瓶里，拿回家来。黑黝黝的小蝌蚪在水中游动，不几天便长出前脚，再过几天又伸出后腿，尾巴摇落后便成了青蛙，一夜之间就全都逃跑了。那时南明河的水清亮得很，可以看见水里的鱼虾。趴在河边往下看，还能看见水底的螃蟹，我们就打了一只麻雀，把它的毛拔光，用绳子拴着麻雀的一只小腿，轻轻地往水里一放，螃蟹就立刻将它夹住，不费吹灰之力我们便抓住了许多螃蟹。山上也挺好玩，采野花、吹蒲公英、斗狗尾草。追逐蝴蝶、蜻蜓，刚扑下去，它们就飞走了。最好玩的是追野兔，丢出一块石头，兔子受惊，一溜烟儿往山上跑，窜进草丛。兔子前脚短，后脚长，被追赶下山，连滚带翻，小朋友们被逗得哈哈大笑。

冬天来了，天下大雪，地上结冰。那时贵阳常有"桐油凝"（雨凇），道路很滑，刚笑别人摔了跤，自己也滑倒在地。孩子是不怕冷的，手冻僵了也要玩雪。天亮醒来，见大雪纷飞，白茫茫的一片，拔腿就往外跑。在院子里堆雪人，堆成一个罗汉，还用火柴头给它做眼睛，看上去笑眯眯的。可是天气放晴，雪人化了，难过得大哭起来。大人说，明天还会下雪，这才高兴起来。小朋友盼望着美好的明天。

那时我家住在猫猫巷，如今猫猫巷已变成热闹的和平路了。巷子里没有电灯，大街上的路灯也半明半暗，黄色的灯光在电杆上闪烁。夜间出门，人们都提着一个"粑粑灯笼"，用纸糊成长方形，可以折叠，打开来在中间插一支烛，稍不留意，燃起的烛偏向一边，纸糊的灯笼便即刻烧毁。我坐在家里看着时明时暗的菜油灯发呆，只好听大人"摆龙门阵"（聊天），瞌睡来了也不肯去睡，勉强睁着眼睛等待，听到沿街叫卖的声音就高兴起来，吃一碗汤圆或炒米糖开水才心安理得地睡去。

过年是小孩最欢乐的日子。除夕之夜，一家人坐着"守年老者"（守岁），再困也不肯去睡，但还是不知不觉地睡着了，直到天明听见爆竹声才揉揉眼睛爬起来。爆竹烘托节日的气氛，又喜又怕，点燃爆竹，赶快蒙住耳朵跑得远远的。随大人到亲友家拜年，或有亲戚来访，都要给我压岁钱。我可以自主地上街买东西、看电影、看西洋镜和猴子耍把戏。最难忘的是耍龙灯，龙身飞舞滚动，"泥台花"（一种自制的礼花）向它喷出红艳艳的火花，舞龙的人不断跳跃、闪躲，有时还有"二龙抢宝"的热烈场面，小孩最喜欢的是"大头和尚逗狮子"，大头和尚笑嘻嘻的，拿着一把扇子，逗得狮子东奔西跑，翻滚在地。鱼灯一贯而入，一贯而出，灯上的铜铃叮当发响。踩高跷的，在人群中窜来窜去，还做许多滑稽动作。戏台被搬到街上，几个人抬着或放在车上，上面的人扮演各种角色，叫作"抬春"。

来到人世间，一切都感到新奇，事事都想探个究竟，一切都融化在大自然中。童年，金色的童年，天真烂漫，无忧无虑，然而，我的童年并不一切都是那样美好。战争打破了我童年的梦，给我带来了惊吓和忧伤，留下道道伤痕。

贵阳虽然远离前线，但也遭到日机轰炸。"二四"轰炸那年，我才两岁，听大人说，1939年2月4日上午，18架日本飞机轰炸贵阳，投下了120枚炸弹，顿时浓烟滚滚，火光冲天，大十字、中华路、中山路、正新街、金井街（今富水中路）、六座碑（今民生路）等处的房屋烧毁殆尽，死伤1200多人，是贵阳历史上最惨痛的一次劫难。

劫难之后，人们心有余悸，"躲飞机"成了人们提心吊胆的事，民谣说："天不怕，地不怕，只怕飞机屙粑粑（放炸弹）。"那时贵阳还没有警报装置，遇有空袭便在东山顶上挂起红灯笼，挂一个灯笼是预备警报，挂两个灯笼是空袭警报，挂三个灯笼就是紧急警报了。

白天遇有警报，父母就牵着祖母和兄弟姊妹赶快往城外跑，走出新东门，到坪子上"江西义园"躲飞机，直到解除警报才回家。若是晚上有敌机来袭，夜间怕遭人抢，不敢外出，只好躲在家里。在堂屋里摆两张大桌，桌上铺着厚厚的棉被，一家人躲在桌子下，说是可以防止炸弹的破片伤人，还可防止屋上的瓦片掉下来把人打伤。空气异常紧张，沉闷，大家不敢出声。只有老祖母喃喃呐呐地念："阿弥陀佛，菩萨散过。"我呆呆地盯着她，偎依在母亲的怀里。

东北沦陷，华北沦陷，沿江、沿海的城市相继陷落，逃难的人涌了进来，贵阳人口由十几万猛增至三十万。贵阳城里的人，南腔北调，口音不同，分不清来自何方，于是人们把华北和东北口音的人称为"北方人"，把长江中下游来的人称为"下江人"，把广东、广西来的人称为"老广"。孩子们最感兴趣的是他们卖的食品，北方的馒头、包子、烧饼、油条，江浙人沿街叫卖

"白糖方糕，黄松糕，豆面馍馍，条条糕"，还有"猪油玫瑰糕，玫瑰猪油糕"和"油炸臭豆腐"等等。

"黔南事变"那年，日军进犯独山、荔波，贵阳紧急疏散，我家迁到中曹司的小河，住在名叫"大坡"的村子里。一个月黑之夜，大坡突然来了抢匪。一群穿黑衣的土匪闯进村来，拿着明晃晃的刀，叫人心惊胆战。各户的当家人都被拉到院坝里跪着，土匪威胁他们交出财物。父亲不在家，就把祖母抓去，祖母还被打了两枪托。经过这次抢劫，村里人心惶惶，一到天黑就关门闭户。听见狗叫，便紧张起来，伏在门缝向外窥视。有人说，村外林子里铺着几张芭蕉叶，好像有人睡过，人们都毛骨悚然。

父亲在电信局供职，因公务在身，只能住在城里，星期六才回小河。母亲放心不下，吃过午饭便牵着我到小河边去等父亲。小河边有座土地庙，有人在那里卖盐葵花。两分钱买一杯盐葵花，我和母亲坐着慢慢地吃，耐心地等。午时过了，没有来，到了傍晚，仍不见父亲的身影。天已漆黑，正在焦急的时候，父亲突然出现，说是白天有空袭，不敢走。一家人喜笑颜开，烧火做饭。

那时志道小学也迁到小河，校址是一座庙，就在现四十四医院的那个地方。校长贾功台是我家亲戚，哥哥、姐姐都在这里读书，我也跟着进小学。抗战胜利那年，美国送来一批布匹，蓝色的，很厚实，大概就是做牛仔裤的那种布料，人们叫它"美国布"。每个学生都发一段，我当然也不例外。我抱着"美国布"欢喜若狂，一不小心，从田坎上滑到水田里，满身稀泥，哭着把布抱了回家。

抗战要胜利了，我家又搬回贵阳城区。小河到贵阳只有一条山路，翻山越岭，经过"一碗井"，望城坡，在猴场坝入城。家里租来一乘小轿，给祖母和我坐，一路颠簸。祖母怕我被摔下轿去，双手紧紧地抱着我的脖子，直到进了城才松开，我深深地喘了一口气。

搬回城后，我继续上学。离家最近的是正道小学，这是一所教会学校，分为男学部和女学部。家里人说我太调皮，用贵阳话说是"迁翻"，便把我送到女学部，和一些斯文的女生在一起，我很不开心。一年后转到三民小学，学校在三官殿里，这是一个挑水和发豆芽的地方，街上经常积水。买不起皮鞋，母亲便想出了一个妙法，先用油纸包在脚上，然后再穿布鞋，几十年后，家里人还把这"油纸包裹脚"作为笑谈。读了一年又转回志道小学，因怕我成绩跟不上，降了两级，从头读起。

志道小学是一所名校，民国初年便已经有了。教师都经过严格挑选，教学认真，学生成绩在贵阳数一数二。抗战胜利后从小河迁回旧址，在省府路的皇经阁。校歌我还记得，"志之所在，为天地立心，为万物立命""愿莘莘学子，斯不愧为人"，要求学生"勤学、诚实、清洁、整齐、节俭、守纪律、讲公德、不说下流话"。品学兼优的学生，发给"好学生"证章，犯规便将证章收回，调皮捣蛋的学生，编入"顽劣儿童班"，直到改正错误。

有一次，校长抽查作文本，见我字迹潦草，便批了"字太坏"三字。我心里不服，随手写了"坏就坏"相对抗。校长勃然大怒，在星期一的周会上把我叫到台阶上，当众打了三个手掌，然后编入"顽劣儿童班"。顽皮有之，其实并无大过，"劣"只是大人按他们的想法强加给我们的"罪名"罢了。我一向贪玩，上课东张西望，常在桌下玩东西，老师走到身旁还不知道，轻轻在我头上敲了一下才猛地省过来，装出一本正经的样子。下课铃声仿佛是我的福音，我像是出笼的小鸟，跑到操场上活蹦乱跳。趁"监护生"不注意，几个调皮的小孩偷偷跑出校门，去香炉桥买邮票，到城墙上打弹子。最常去的是同学家开的生生大药房，就在王家巷。我们在仓库的药包上打架，还偷吃山楂、刺梨、甘草、肉桂。白天玩累了，一到天黑便昏昏欲睡，从不温习功课。父亲见了很生气，连骂几句"报应"。

不过，我倒有些小聪明，平时不温书，考起试来还能急中生智。我喜欢蹲在书摊上看连环画，为书中的故事着迷，连吃饭都忘了。也许是那个时代民族感情特别强烈，也许是历史故事引起我的兴趣，我上历史课特别专心，听了岳飞、文天祥的动人故事，暗自流下眼泪，这无形中成了我后来学历史的动因。

母亲怀抱幼年史继忠与家人的合影

少年史继忠（左一）与家人的合影

青春年华

那是一个火红的年代，人们从旧社会走来，对新中国充满憧憬，激情燃烧，相信社会主义一定能实现。在"向科学进军"的号召下，青年学生意气风发，努力学习，攀登科学高峰，对未来满怀信心，把一切都看得非常美好。记得在一次班会上，同学们齐声朗诵："青春万岁！同志，我们和你同路前行，让青春所预想的一切，像是在美丽的歌曲中那样实现。"

1953年，我从贵阳一中初中毕业，考入贵阳六中。六中是一所新创办的学校，校舍全是新的，教学楼据说是按莫斯科高尔基中学的图纸修建的，教学按苏联模式，注重德、智、体、美全面发展。俄语是必修课程，原先学英语的老师都改教俄语。汉语同文学分开，注重古典文学和新文学。自然科学采用苏联教本，讲达尔文主义、米丘林学说、罗蒙诺索夫的质量守恒定律，书本中很少提欧美的理论。教师备课认真，按教学大纲写出教案和讲稿。实行"五级计分"制，5分为优，4分为良，3分为及格，1分和2分不及格，主科不及格必须留级。

老师特别受人尊重，被称为"人类灵魂的工程师"，言行举止为学生做表率。路上遇见老师，毕恭毕敬行礼。老师走进教室，同学们把课桌的桌面翻开，向外跨出半步，齐声高喊"老师您好"。学生提问，老师总是和颜悦色，耐心讲解。师生亲如一家，老师对学生嘘寒问暖，关怀备至，授业解惑，学生有心里话总是找老师谈。几十年后，同学们都已成家立业，见到老师还是尊敬如故，发自内心感谢老师。

那时在政治上强调"一边倒""向苏联老大哥学习"，把苏联的今天看成是我们的明天，向往共产主义。看苏联电影，读苏联小说，唱苏联歌曲，成为我们那一代人最鲜明的时代特征，在心灵上留下了深刻的印象。唱起《莫斯科郊外的晚上》《共青团之歌》《喀秋莎》《红梅花儿开》《灯光》《小路》《山楂树》，心潮澎湃。电影《走向生活》最贴近青年人的心，忠于理想，热爱生活，珍惜友谊。当时最流行的苏联小说是《钢铁是怎样炼成的》，保尔·柯察金成为那一代青年革命人生的楷模，铭记着奥斯特洛夫斯基的名言："人的生命应当这样度过：当你回忆往事的时候，不致因虚度年华而悔恨，也不致因碌碌无为而羞愧。在临死的时候，你能够说，我的整个生命和全部精力，都已献给了世界上最壮丽的事业——为人类的解放而斗争。"

在那热情洋溢、富于理想的年代，青年们对未来充满希望，都想做一番事业。尽管这种理想带有某些幻想的成分，但都是真心实意想做的事。有的同学立志要做"白衣战士"救死扶伤；有的同学想学农，做一个"米丘林"。看了电影《乡村女教师》，不少同学立志要做一名人民教师。喜欢数理化的同学，想做一个科学家。我喜欢哲学和历史，心中自有一番打算，但没有公开说出想要做什么"家"。在我们心目中，凡是有益人类的事业都是神圣的，没有高低贵贱之分，更没有考虑什么事业（职业）有名有利。

我在初中时就入了团，当过团支部书记。到了贵阳六中，团市委安排我做团总支副书记。那时贵阳只有一中、六中、女中三所完全中学设团总支，其余的中学只设分总支或团支部。团总支书记是专职干部，副书记由学生担任。我感到这是党对我的信任，是一份责任，除了自己以身作则以外，还要抽时间找同学谈心，开展各种活动，连课间10分钟也要抓紧工作。节日放假，学校把保卫工作交给我们几个团干部。我们拿着木棒和运动用的"手榴弹"在校园里巡逻，感到十分自豪。1956年，我还作为中学生代表，参加了贵州省第二届团代会。

我们班40多个同学，虽然家庭出身不同，但争取入团却是共同的愿望。团总支把我们班作为重点，积极发展组织，建成一个"团员班"。那时重视"家庭出身"，但团支部一致认为"出身不由己，道路可选择"，家庭出身不好的同学，只要表现好也可以入团。团支委分别找同学谈话，启发思想，解除顾虑，促膝谈心，帮助他们克服缺点，指出努力方向。到了毕业的时候，全班90%以上的同学都入了团。

我们班是一个团结、友爱、积极向上的集体，真挚的友情温暖着每一个人的心。白天在一起上课，晚上到学校集体复习，同窗共砚，整整三年。彼此都知根知底，包括他们的家庭、思想、品德、个性和兴趣爱好。没有世故，用不着编造谎言和说假话。没有利害冲突，自然没有解不开的疙瘩，偶尔发生口角或误会，很快就在友谊中冰释了。这样的友谊看起来简单、平淡，却没有一点虚假，真挚而地久天长，始终保留在每一个人美好的记忆之中。

我最不能忘却的是1956年到农村扫盲的事。在农业合作化高潮中，由贵阳市团委组织，贵州六中倡议，发动全市中学生到郊区扫盲，帮助农民识字。贵阳六中的同学，背着行李到朱昌、郝官、窦官一带扫盲，还组织了一个文艺宣传队，唱歌、跳舞、说相声、打快板，动员农民学文化，除"四害"中"第一害是麻雀，吾人要把弹弓学"的唱词我至今还记得。我和班上的几个同学一起到杨五沟，这是一个偏远的山寨，农民的生活不富裕。我们住在农民家里，同吃同住，晚上教他们识字。我们给农民放幻灯片，没有电源，只好用菜油灯作光源，用一块床单作幕布，图像模模糊糊，若隐若现，大家觉得怪怪的，很有趣。半个月过去了，大家依依不舍，农民用马给我们驮行李送回贵阳。

三年紧张、愉快的生活结束了，我们就要离别抚育我们成长的母校，离开敬爱的老师和朝夕相处的同学。高中毕业的那天晚上，同学们都兴奋极了，成群结队，三三两两，拉着手风琴，唱着心爱的歌，漫步在贵阳街头，度过了一个欢乐而又浪漫的夜晚。我们步履轻盈，琴声悠扬，歌声嘹亮，唱道：

"我亲爱的手风琴你轻轻地唱，让我们来回忆少年的时光，春天驾着鹤群的翅膀，飞到了遥远的地方。过去的事情就让它过去，我们并不惋惜。深深的战斗友谊就在那行进的路上，温暖我们的心，道路引导我们奔向前方。"

三年虽然短暂，却是我们人生中最难忘的一段时光，多少往事难以忘怀，多少情丝牵挂萦绕。往后的道路并不平坦，坎坎坷坷，各奔东西，相见日稀。二十多年过去了，同学们又在"科学的春天"相见，重温旧梦。联系又多了起来，在贵阳的同学，几乎每月聚会一次。

青年时期的史继忠

人生低谷

我1957年考入四川大学历史系，离开家乡到成都求学，坐汽车从贵阳到重庆，用了两天半，然后，从重庆坐成渝铁路的火车到成都。第一次坐火车，心情激动、新奇。火车在原野上奔跑，像是一条巨龙，汽笛长鸣，好似在诉说心中的弘誓大愿。

清晨来到"锦江春色来天地，玉垒浮云变古今"的成都。四川大学门前的锦江缓缓流动，船上升起白帆，侧边是登高临远的望江楼。走进牌坊式校门，两边是林荫蔽空的梧桐树，正对着一个宽阔的荷花池，仿佛沉浸在"荷塘月色"的美景中。大屋顶的红色楼房，掩映在绿树丛中，宁静、优雅而有书香气。

那时教育部直管的重点大学，在西南地区只有四川大学一所，学制五年。学生证上明明白白地写着："本校的宗旨，是培养大学教师和研究人员。"开学那天，教授们都端坐在主席台上。系主任徐中舒是古文字学家，先秦史专家，一级教授。宋史专家蒙文通、魏晋南北朝史专家缪钺、外国史专家谭英华、考古学专家冯汉骥、民族学家卢剑波……都是大名鼎鼎的学者。见到如此师资阵容，学生们都很兴奋，满怀信心，努力学习。

第一个学期教学秩序正常，授课的都是教授、副教授、讲师，助教只能做辅导。学生听课非常认真，做笔记一丝不苟，生怕漏掉一言半语，下课后与其他同学对笔记。吃了晚饭，大家都忙着到图书馆占座位，挤得满满的，除了翻书的声音，什么都听不见。借书处特别繁忙，我最爱借莎士比亚的书，为奥赛罗与苔丝狄蒙娜的爱情所倾倒，同学们都叫我"奥赛罗"。

之后，反右派斗争愈演愈烈，气氛越来越紧张，紧接着又发生了一系列运动。

再接着，为了适应"两弹一星"的需要，四川大学设立三个机密专业，无线电系对外称"六系"，原子能系对外称"七系"，生物物理和生物化学对外称"八系"。我被分配到无线电系，担任团总支书记兼一年级（七个专业）

主任。我在中学就是团总支副书记，做学生工作得心应手，工作很有起色，受到党委重视。后来教育部通知，不准抽调学生提前毕业，学校做了变通，将学籍保留在原班，继续留校工作，于是改为"半工半读"。因学生上午上课，学生工作只能在下午和晚上进行。我上午除上历史系的课程外，又选修哲学系和中文系的课，而且不参加考试。我有机会学习历史、中文和哲学，扩大了知识面。

"祸兮福所倚，福兮祸所伏"，在一帆风顺之中，我跌倒了，栽在粮食问题上。1961年左右，我因为肚子太饿挪用了公款，主动上报后被开除了学籍，也丢掉了工作。

一夜之间，我跌入人生最低谷，经历着孤独、苦闷、无助。后来我奋力爬了起来，走上一条漫长、曲折、坎坷的路，当了半年农民、3年兵、13年工人。"一失足成千古恨"，但我没有自暴自弃，没有坠落，"悟已往之不谏，知来者之可追。实迷途其未远，觉今是而昨非"。我终于走出绝境，迎来了"科学的春天"。

几十年过去了，2012年接到四川大学历史系五七级同学的通知，邀请我参加毕业五十周年纪念会，起初我不想去，不愿回到那个令我痛心的伤心地。但仔细思量，我被处分时没有一个同班同学落井下石呀。老同学见面，第一句话就是"龟儿子，我们找了许多年，都不知道你在哪里"。同学们对我的遭遇表示同情，为我重新站立起来感到高兴，希望知道我这些年是怎样奋斗的。第一天开会便要我第一个发言，我只是大概说了些经过，并没有讲什么成绩。会后，全班合影，都是白发苍苍的老人，个个喜笑颜开。有的同学还请我吃饭，促膝谈心。大家相约，两年后再来聚会，但老的老，病的病，再也没有见面，只是在节日时相互祝贺，让友谊地久天长。此为后话。

乡情难忘

大概是1985年前后吧，有一天，开阳县志办来人约我讲课，我高兴极了。我不能不去，因为那里是我绝处逢生的地方，在最困难的时候，乡亲们援救了我。

其实，我早就有故地重游的愿望，只因离开后的几年，景况不佳，"无脸见江东父老"。后来又因公务缠身，几次起念头都没有实现。这次有了机会，我是无论如何要去的，去看看那些淳朴、忠厚、善良的人，表达我多年蓄积在心的一点谢意。

三十多年过去了，人生又走了好长一段路程。往事如烟，能够忘却的都忘却了。唯有这悠悠的乡情，总是萦绕牵挂左右，叫我永远不能忘怀。

1962年是我一生中最晦气的岁月，仿佛是从巅峰上坠入万丈深渊。正值初夏，和暖的春风已经停息，太阳照在身上，觉得火辣辣的。我独自一人，在荒郊野岭奔走，背着沉重的包袱，一手提书，另一手提着预备今后自己做饭的锅。

我心里明白，下放意味着取消干部资格，放到"广阔天地"去自谋生路，"成龙上天，成蛇钻草"，就看自己的造化了。去的地点是开阳县顶兆人民公社，要在那举目无亲的地方安家落户。我从来没有到过那里，不知要走多远的路程，迷迷糊糊地走。我无心观赏沿途的风光，硬着头皮在烈日下煎熬，只是觉得泉水声声幽咽，山路是那样崎岖、漫长。

路上遇到一个包白布套头、身穿干部服的人，衣领敞开，缠着腰带，两手背在后面，拿着一根烟杆。我向他打听公社驻地，他反盘问我的来历。我的脸突然红得发烫，样子十分尴尬。他见我难于启齿，便表明了社长的身份。丑媳妇迟早要见公婆，我只好把下放的缘由告诉了他。

公社的房屋坐落在一片并不开阔的盆地，过了山坳便来到盆底。一列三间前后的木结构瓦房，刚建不久，刮去树皮的柱子还有些湿润，板壁尚未安装完毕。正中的那间有一张桌子和几条板凳，桌上放着算盘和一盏煤油灯。对称的两间，大概是公社干部的卧室兼办公室，除了板凳和木板床而外，没有别的用具。

我的心顿时冰凉，感到前途暗淡。本来，初见到社长的时候，心里就很不痛快，堂堂的大学生、大学助教、政工干部，如今竟成了乡干部属下的社员。我把盖着官印的户口迁移交给公社，只在社员花名册上写下一个极不显眼的名字，而且写在末页，有如石沉大海。见了公社这般情景，想起了刚离开的城市、学校和家庭，简直有些不堪设想。我极力保持镇静，不让他们看出我的心思。

社长带着我翻山越岭，走过田间小道，来到我不愿去又不能不去的地方。我被安置到谷丰大队下谷光生产队。下谷光到了，它坐落在小山岗上，房屋依山而筑，远远看去像是一群鸡舍。前面是一沟狭长的梯田，刚翻出新泥，还未下种。背后是长满杂树的栗木山，山腰有一口井。村庄对面，溶洞张着大口，从洞里流出的阴河，在洞口积为一个深潭。据说潭里曾经有犀牛出没，看上去阴森森的，有些毛骨悚然。

接着，走进一个破庙，没有山门，我也无心去问它从前是何寺庙。正殿中间空荡荡的，成了开会的场所。左侧变成了仓廪，堆放社员们交来的公益粮。右侧隔成前后两间，前面的一间是大队办公室。后面那间，经社长同大队商量，便成了我落户的新居。

厢房里住着两户人家。一户是"马锅头"，姓陈，赶了几十年的马，妻子双目失明，拖着一大堆孩子。另一户住着两个还俗的尼姑，她们原先是庙里的主人，还俗后又无家可归，也和我一样，成了编组在生产队的社员，也把俗名记在社员的花名册上。

一日的劳顿，有点精疲力竭，一头躺在床上。床当然不会比公社更好，睡在上面，吱吱作响。推开木窗，月光冷冷地照射进来。大地寂然，唯有一片蛙声，伴随着凄凉的我。更深夜静，正要入睡，忽然听见有狐狸的叫声，由远渐近，又由近渐远，好像哭泣一般。想起白天老尼讲的故事，说庙里有个白胡须老人，不觉淌下一身冷汗。

哨声"嘟嘟"地响，接着是队长的呼唤声，这是出工的信号，同时也是队长的命令。这种命令天天都有，大家不以为然，队长又吼又骂，这才慢吞吞地扛着锄头走出家门，还顶嘴说："不吃饭怎么做活路。"稀稀拉拉的队伍，走下山岗，穿过田埂，又爬上山坡，到耕地已是晌午时分。

我第一次出工，正是插秧时节。大家排成一队，各站一行，插满一行然后转身，先插完的便停下来等待。队长特别关照，叫我站在他的身旁，一边插一边教我。用三个指头捏着秧根、直直地插进灌满了水的田泥，脚陷在稀泥中，好不容易才拔出来，腿上的汗毛被拔去。回头一看，别人插的是一条笔直的线，而我插的却是"龙摆尾"，弯弯曲曲，引起哄堂大笑。

工间歇息，倒挺有意思。男的坐在田埂上，"吧嗒吧嗒"地抽烟。女的腰间取出针线，打袜垫或做鞋子。小伙子调皮，唱起山歌，指桑骂槐，逗得姑娘们追着他打。也有代大人出工的小孩，趁着空闲，爬上树梢。摘下一兜杨梅，然后分给大家，得吃的人免不了要夸他几句。

这正是粮食紧张的时期，按我在城里的定量，只有二十几斤。社长为人宽厚，特别跟粮管所打招呼，给净米、不配搭苞谷。又虑及我不够吃，要大队在公益粮中补足口粮，待秋收分配时扣还。这真是雪中送炭，温暖了我的心。见到社长，我不知所措，是惭愧，是内疚，是感激，还是歉意，很难说得清楚。

初来乍到，生活无着。收工以后，便上山砍柴，一刀砍在脚上，病急乱投医，赶忙在地上抓一把青苔敷在伤口上，血止住了，过两天居然痊愈。生起火来，自己做饭，佐食的是盐巴辣椒加苦蒜，也许是饥不择食的缘故，狼吞虎咽地吃了几大碗，还觉得心欠欠的。

陈姓邻居的妻子见我如此劳累、清苦，于心不忍，要我把米交给他们，合在一起吃饭。她没有见过我的容貌，只是从声音里感到我不像坏人。水煮南瓜、黄瓜、瓜花和天星米，是我们的家常菜，蘸起辣椒水特别香。小孩饿得慌，大箸夹菜，陈姓邻居的妻子凭她的感觉，用筷子敲一下小孩的头，说他们不懂规矩。就这样，我并入了陈家，生活安定下来。

已是薅苞谷（摘玉米）的时候了，山里传来阵阵布谷鸟的叫声。队里分一块约摸球场大小的地给我，就在庙旁，算是我的"自留地"。苞谷是分地前种上的，只是没有除草。收工归来，大家见地里杂草丛生，知我不会务农，又无人手，便七手八脚地帮我把草除尽。禾苗青青，欣欣向荣。乡亲们告诉我说，吃菜油要用菜籽去换，不栽油菜籽恐怕今后没有油吃。于是大家帮我开了一片荒地，把草木砍倒，一火而焚之，雨后撒上菜籽，我走后人们便把它叫作"史继忠土"。

自留地前边，有一棵大白果树，据说已有百年。微风吹来，无数扇形的叶片不断摇晃，金黄色的叶片纷纷飘落下来，铺满一地。成熟的果实挂在树间。风吹树动，滴滴答答地掉了下来。我和老同学翁家烈来到树下，搬了几块石头坐着谈心。他是我中学的好友，在我落难的时候专程前来看我，帮我渡过难关。人生难得一知己，白果树下的谈话，叫我终生难忘。

人地生疏的感觉，渐渐淡漠。粗茶淡饭的生活也习惯了，和大家一样，"日出而作，日落而息"，什么都不用想。人们与我渐渐熟络起来了，他们亲切地叫我"史同志"。到了傍晚，饭后无事，稍有点年纪的人便踱上岗来，坐在庙里聊天。他们好奇地问起城里的事，打听我的身世。听说我还未成婚，感到诧异。二十多岁了，至少应当有两三个孩子，现在又被下放农村，想必是犯了错误。他们心中有数，仍以"同志"相称，这对我已是莫大的安慰。精神压力忽然减轻，至少，他们并不嫌弃我，初来时的担心和忧伤，似乎觉得多余。

生产队开会，照例在晚上，每户必须有一人参加。"雷打不动"的原因，是要评工分。虽然在工分簿上只写下些歪歪斜斜的数字，但它关系到年终分配，关系到一家人的衣食。他们并不在乎队长的训斥，各自谈笑、打闹、抽烟、纳鞋底、睡大觉。可是，评工分是极认真的，聚精会神，一丝不苟，稍有一点差池便跳起来抗争，为一分半分争得面红耳赤。可能是我还未意识到工分的价值，与世无争，大家都说我厚道，把我推作记分员。

又过些日子，原任大队会计被甄别改正，回城里工作去了。留下的空缺，公社便以我充数。待遇不错，每年补贴稻谷六百斤，工分照拿，自留地不变，月终还发几元几角零花钱。后来，六百斤谷子我只吃了一些便参军去了，大队又把它折成钱寄到部队上。

名为会计，实际上是大队文书，读文件、编计划、造报表、分摊公余粮、分配口粮都是我的事情。会议增加了一项新的议题，每次开会结束，大队长便说："史同志还没有成家，有合适的姑娘，请大家费心物色。"

这话果然灵验。赶场天（赶集）时有人对我说，某村的姑娘要来，在场坝上见面。介绍人远远地指着人群中的某一个，说她如何如何的好。又暗中指着我，夸奖一番，姑娘腼腆地垂下了头。虽说后来没有结果，但使我体验了一次乡村相亲。

忽然有一天，队长气喘吁吁地跑来，说女儿病了，没钱医治。我虽说囊中羞涩，只有母亲给我作生活费的几十块钱，我不加思索，便拿十块钱借给了他。病好了，他无论如何要请我吃饭，而且一定要把小女拜继给我，说是有缘。事情传开了，有一天我到公社去开会，站在路边的一个女人问我是不是贵阳来的史同志，我答应是，便把我请到家里将幼儿拜继给了我。结缘的越来越多，一共收了七个。这可好了，一家亲便成了一寨亲、几寨亲，再也不孤独了，杀猪请客都少不了我。

1985年前后那次去开阳，讲的是修《开阳县志》，非去不可。在县里讲完了课，我和翁家烈急着要去下谷光。又是初夏，雨过天晴。沿着崎岖的山路，寻找我的足迹。溪水在道旁流淌，溢出路面，发出淙淙的响声。穿过一片林子，鸟语花香，叫人心旷神怡。远远望见飞瀑，悬挂在岩壁上，又想起当年情景。

啊，我回来了，回到阔别多年的第二故乡！白果树还高高地立在山岗上，依旧不停地摇着它的"扇子"。鸡鸣犬吠，快要进村了。我还是平静地走着，思量着怎样告诉乡亲，这些年我走过的艰苦历程。走进人家，一群小孩围在门口，好奇地问"他是谁"，大人告诉他们，山上的那块"史继忠土"就是他的。我永远不会忘记，不会忘记我绝处逢生的地方，不会忘记淳朴、忠厚、善良的人。

重获新生

年关到了，我打算到场上买些东西，回家过年。刚要出门，忽听喜鹊在树上叽叽喳喳叫个不停，心里一阵欢快。

公社武装部长在人群中穿来穿去，问是否有人见到了我。见了我，二话没说，便拉着我到县武装部检查身体。原来，公社接到招兵的通知后，干部们一致认为，我年轻，有文化，各方面表现不错，群众反映好，又无家庭负担，便推荐我去参军。我毫无思想准备，检查后便回贵阳。

大年初三刚过，接到县武装部的通知，叫我马上赶回开阳。坐了半天汽车，到县城时已是正午时分。参军的人集中在武装部门前，然后给我换上军装，戴着大红花在锣鼓声中参加游行。游行之后准了一天假，让我回生产队收拾东西。村里的人听说我要走，都有些舍不得，每到一家都要招待我吃东西，从清晨到晌午一一告别。乡亲们把我送到村口，放了一串鞭炮，高喊："史同志高升了！"然后用一匹小马驮着我的行李去县城。马蹄声"嘚嘚"地响，把我送到大路，我不时回望那难忘的山庄。

说真的，参军的事，我连做梦都没有想过。出乎意料地参了军，我心里忐忑不安。这年（1963年）招的是铁道兵，在贵州招了一团人，一千多新兵都集中在清镇旧飞机场训练。我是做过政治工作的，知道隐瞒历史的后果不堪设想，若是开除军籍，比开除学籍更加严重，可能永世不得翻身。

到新兵连的第二天，我便去找指导员。他姓施，东北人，为人耿直、厚道。我把经历和犯错误的事实告诉了他，他感到惋惜和同情。他立即向营、团党委汇报，首长们多是南征北战的老同志，听了后认为应当慎重处理。部队派人到贵阳市把我的档案调来，认为交代是如实的。团党委研究之后，给我做了"好人犯错误"的结论。教导员找我谈话，勉励我好好在部队锻炼，争取做个好战士。他还对我说，过去部队上有些同志犯了错误，后来改正了，为革命立了功，改正了就是好同志。一股暖流在我心中涌动，我没有说话，只是默默地点头。

在"落难"时参了军，别人感到意外，我也感到突然。乌云散去，雨过天晴，我在部队获得新生，就像快要枯死的禾苗，在一场好雨之后，又突然转青。我在自己的日记上写道："生活像牧歌式地进行着，有春天也有雷电，有乌云也有晴天。"入伍那年，我已是二十三岁了，是这批新兵中年龄最大的，战友们风趣地叫我"胡子兵"。新招的大部分是农村兵，过惯了艰苦生活，能够吃苦耐劳。我长期生活在城市里，是个肩不能挑、手不能提的书生，要过艰苦、严格的军事生活，无疑是一次严峻的考验。

三个月的新兵训练结束了，我被分配到铁道兵五师8724部队33分队，驻扎云南宣威。部队清晨开拔，乘坐几十辆军用卡车，由清镇出发，经盘县、富源到宣威。战士们站在军车上，威风凛凛，意气风发，迎着太阳向西挺进。一路军歌嘹亮，高唱"我是一个兵，来自老百姓"，感到无比自豪。

到了连队，我分到三排一班。班长、副班长都是1958年参军的老兵，勤

史继忠（前排右一）
与战友合影（一）

史继忠（后排右一）
与战友合影（二）

劳、朴实、忠厚，对战士和气、关心，很快就成了我的好朋友。农村兵文化不高，常来找我帮他们写信，信封上还要加上"快去快来如鸟飞，见信如同见亲人"的话。我虽然觉得有些好笑，但感受到他们朴实无华，一切都是真情的流露。

铁道兵的工作很艰苦，除了八小时劳动以外，还要出操、站岗放哨、学射击、搞拉练。我们连的任务是打通田坝隧道，没有机械，开挖、打洞、浇灌混凝土、放炮、运碴全是人工操作。田坝隧道多是紫色的风化石，遇水便成了泥浆，班长编了一个快板，唱道："田坝隧道真稀奇，洋灰要打一尺一，遇着天气的变化，石头也要变稀泥。"他的表演引起哄堂大笑，我至今仍然记得。

劳动对我来说，是一种艰苦的事，我咬紧牙关，坚持到底。隧道靠我们一锄一镐地挖出来，每一块泥土都浸透了汗水。遇坚石必须爆破，用钢钎打炮眼，人工点火引爆，稍不留意便有生命危险。坑道用木料支撑，以防崩塌。水泥全用人工搬运，我最初扛一包（25公斤）都很吃力，后来居然一次能扛三包，真不知当年哪来这么大的力气。混凝土作业更艰苦，人工配料、人工搅拌、人工浇灌、人工捣固，三班轮流倒，不能间断。为了抢工期，不分昼夜，挑着担子打瞌睡，被后面的人撞了一下才突然惊醒过来。我经受了三年的严峻考验，被评为"五好战士"和"神枪手"，把喜报寄回家，宽慰母亲那颗破碎的心。我在部队获得新生，重新站立起来。磨难或许是一种财富，使我一生受益匪浅。

废物利用

三年义务兵役役期一满，我复员回家。我本想在贵阳找一份适合的工作，要求不高，只想当一名小学教师，让所学的知识多少发挥点作用。可是，复员军人安置办公室的人对我说："我们需要的是布匹，绫罗绸缎用不上，复员军人只能当工人。"按"哪里来回哪里去"的原则，我应当回开阳，加之我过去犯的错误正当"四清运动"的风头，于是把我分配到正在筹建的骨胶厂当工人。

"骨胶"为何物？我一无所知。原来，人们把肉吃了，剩下的骨头便作废物抛弃，废品公司把这些骨头收集起来，卖给骨胶厂做原料，称为"杂骨"。别看"杂骨"又脏又臭，但可从中提取骨胶做黏合剂，又可提取明胶生产照相胶片，骨油可以做肥皂，剩下的骨渣可做肥料。骨胶厂变废为宝，是废物利用的工厂，我分配到骨胶厂，也算是"废物利用"吧！

骨胶厂坐落在火车站背后的片子山下，那时还是一片荒坡，光秃秃的没有一棵树。因为还在筹建，只有几间用油毛毡搭好的工棚和一间简陋的厨房。工人们在山上挖土方，用水泥浇灌厂房的堡坎，安装生产骨胶的化工设备。这些工作和我在部队修建隧道差不多，不同的是由"军工"变成了"民工"。

也许因为我是"岩保"，遇到危难便有贵人相助。主管骨胶厂的是塑料公司，书记和经理都是转业干部，他们看中我年轻、有文化，又是复员军人，决定派我和贫下中农出身的工人张德全带领8个青年学徒工到苏州化工厂学习骨胶生产技术，今后成为骨胶厂的技术骨干。

到了苏州化工厂，我们10人都被安排到车间工作，分到不同工序跟着师傅实际操作。我和张德全既要掌握高压釜、浓缩器操作，又要熟悉生产流程。苏州人温文尔雅，说话轻言细语，师傅们都很和气，耐心传授技术。我们10人团结一致，一心一意学技术，希望骨胶厂早日投入生产。

也许是命运的安排，我和两个知识青年都在骨胶厂工作，一个名叫胡克全，另一个名叫孙笃光。他们都是高中生，参加修铁路回来，分配到骨胶厂当学徒工。胡克全的伯父是贵州工学院化工系教授，孙笃光的父亲是省化工研究所的总工程师，他们在父辈的熏陶下，对化工很感兴趣。意气相投，又有专家指点，我们在一起研究，知道骨胶是一种复杂有机物，含有胶蛋白、油脂、有机磷等多种化学成分，从杂骨中提取骨胶、明胶只是一个方面，油脂不但可制肥皂，还可生产硬脂酸和油酸，骨渣可生产磷酸二氢钙、三聚磷酸钠、六偏磷酸钠等一系列化工产品。我们在实验室做试验，成功地研制出磷化工产品，将样品送天津化工研究所检验，符合化工部颁布的标准。

思路豁然开朗，我们写了一篇《杂骨综合利用》的报告，贵阳市科委十分重视，将这个报告上报燃料化学工业部，居然得到批准，拨款18万支持这个项目。18万在当时是一笔可观的资金，我们用来征拨了几亩土地，建起了一幢两层楼的大车间，购买了冷冻机、过滤机、蒸馏釜等化工设备。我们又到杭州骨胶厂、秦皇岛油脂化工厂参观学习，掌握了硬脂酸、油酸的生产流程。正值上海迁来的几家橡胶厂在贵阳组建橡胶总厂，生产轮胎急需硬脂酸，于是与橡胶总厂签订供销合同。油脂车间投入生产，产出硬脂酸一吨多，支持了轮胎生产；油酸用于制造蜡纸，全部供给文教用品厂；骨胶用于木工厂，由化工原料公司包销；骨粉是一种有机磷肥，农村广泛使用。

皇天不负有心人。我们成功了，杂骨的综合利用有了新的进展，不但"变废为宝"，而且有利环境保护，十年后编写的《贵阳市志·科技志》写道："承担和落实省科委下达的综合利用项目，利用杂骨提取油酸磷酸盐等项，均获得成功。"杂骨综合利用，变废为宝，我们这些被称为"臭老九"的人，也因此得到利用。"文革"结束，"科学的春天"到来，我考上云南大学历史系研究生，胡克全调到建筑材料研究所工作，孙笃光也考上了大学。

怀念导师

先生方国瑜离我们而去已有许多年了。他的学生都很怀念他，特别是我。

1983年，忽然接到先生去世的讣告，我悲恸欲绝，泣不成声，即刻带着小孩奔往昆明悼念。去时先生已是长睡不醒，再也听不见他的声音。想起他慈父般的教诲，百感交集。"长歌当哭，总是在痛定之后"，是该大哭一场的时候了。先生教我三年，我没有见他最后一眼。我跟先生学了三年，临终竟未在他身旁。人间的真情，谁可告诉？我默默地把刚出版的《明实录·贵州资料辑录》奉献于先生灵前，作为我"立雪程门"的回报，表达我继承先生遗志的决心。

记得在1978年，"科学的春天"刚刚到来。不经意间，在报上看到一条消息："为了广开才路，中央决定把研究生报考年龄放宽到四十岁。"报上的字，在眼前晃来晃去，有些半信半疑。

春雨贵如油，一场霖雨之后，枯黄的禾苗渐渐转青。我这年刚好四十岁，也许是冲出绝境唯一的机会了。我没有犹豫，但也没有多大把握，只觉得机

云南大学研究生毕业证书

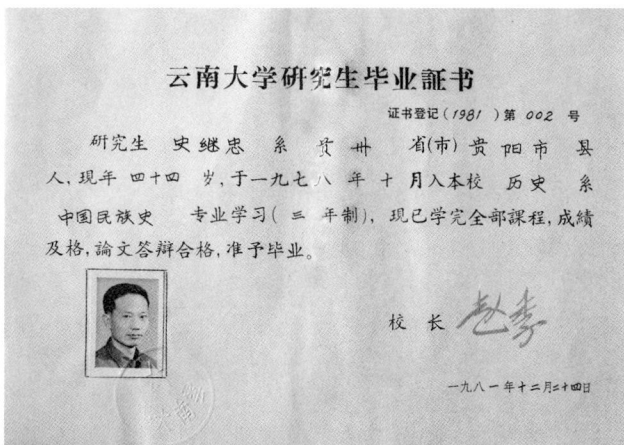

会不可错过，破釜沉舟或许有一线生机。

离考试的时间只有一个月，要温习历史、古汉语和政治，还有那荒废已久的外语。贵州师院（现贵州师范大学）背后的照壁山，是我儿时追野兔、打麻雀的乐园，此时成了我的读书处。旭日东升，我便爬上山头，夕阳西下才走下山来。书包沉甸甸的，但背在身上反觉格外轻松。一壶水，一盒"大方饼干"，聊解饥渴。

邮递员走进大杂院，叫着我的名字。我慌忙跑了出来，拿着信，两手直发抖，不知命运如何？拆开一看，原来是云南大学通知我到昆明复试，惊喜若狂，有如"范进中举"。

面试那天，我第一次见到方国瑜先生。他是纳西族，丽江口音，不善言辞。穿一身旧式对襟衣，一双布底鞋，完全没有教授的派头。看上去并不聪慧，有些古板，做学问全凭自己刻苦。年逾古稀，因患青光眼，双目近于失明，不知是否看清我的模样。

考试完毕，最使我担心的是"政审"。"四人帮"覆灭不久，"左"倾思想并未完全消除。"犯过错误的人"，即使成绩再好，也未必能通过这一关。我主动向云南大学党委陈述了自己的经历，负责人也感到棘手。党委调阅了

在云南大学

中年史继忠（二排右二）与师生们留影

我的档案，争议颇大，学校征求了方先生的意见。先生说："他经过许多磨难，如今还有这种成绩，说明他有决心，有毅力，可以培养。"一句话改变了我的人生，改变了我的命运，知遇之恩，没齿难忘。

报到那天，我去拜望先生。他招呼我坐下，语重心长地说："不管过去如何，现在毕竟有了新的开始。三年的时间不算长，转眼就过去了。若是只想修一间茅草房，写篇论文便可毕业。如果要想建高楼大厦，就得扎扎实实做学问。万丈高楼平地起，须得一砖一瓦往上砌，一字一句下功夫。"我噙着热泪，一句话也说不出来，内心却是感激先生。

新的生活开始了，又回到二十年前的大学生活。看着活蹦乱跳的大学生，又想起当年情景，感到自己年轻了许多。看着校门上的"云南大学"四字，仿佛在放大，在闪光。一口气登上九十五道石阶，回头一看，翠湖就在眼前，柳暗花明，白鹤在空中飞舞。也许是"废物"重新得到"利用"，也许是感到重上大学来之不易，格外珍惜，想用三年时间，夺回二十年的损失，于是废寝忘餐，每天坚持十二小时学习。

那时的研究生很少，云南大学只招了八个，分属历史、中文、数学、生物四个专业。方先生招了两个研究生，一个是云南的林超民，另一个是贵州的我。两人的研究方向不同，林超明研究云南史，我主攻贵州史。两人分别授课，课堂就在先生的书房。听声音，先生就知道我来了，师母给我倒了一杯茶，然后上课。

授课方式完全不同于本科，不是"老师讲，学生记"。上课在交谈中进行，讲观点，谈方法，重在研究和思考。每次上课都提出一些问题，启发学生思考。回答可以不同，可以发挥，但必须言之有据。研究生嘛，就是要"研究"，在学习中研究，在研究中学习。

第一周，我认真读了一本书，满以为不错。可先生一听，提高嗓门说："一周看一本书，一年能看多少书？天下这么多书，你要何年何月才能看完？"我默不作声，无言以对。先生教我"一目十行，过目不忘"之法，从目录学入手，打开读书的门径，了解学术源流，然后博览群书。书读多了，触类旁通，抓住脉络再去精读，经过深思熟虑，自然便"过目不忘"。

上课首先要谈自己的心得。先生听了，若不满意，便厉声说道："书未读遍，不可乱下雌黄。"如果满意，脸上露出笑容，但总是说："还差得很远，不要自鸣其得。"他深有体会地说："我们读过的书，比没有读过的书少得多。没有研究过的问题，比我们研究过的问题不知要少几多，不要总想一鸣惊人，功夫不到是'鸣'不出来的，'鸣'了也未必能够惊人。"先生之不朽，就在于永远谦虚，永远勤奋，永远探索。每当想起先生的教导，随时向自己敲起警钟，在治学的道路上从不敢有丝毫的懈怠。

先生谆谆告诫，做学问首先必须学会做人，人品不好，学问也是做不好的。做学问一定要心胸宽阔，有"独上高楼，望尽天涯路"的气概，心地狭窄的人，成天想着功名利禄，哪里还有心思做学问。他千叮咛万嘱咐，不要轻弄笔端，要深思熟虑，有新意，有见解，"不能立说，不必著书"。治史要以事实说话，以"实事"求其"是"，"论从史出"。凭着自己的想象大发议论，是靠不住的，以讹传讹，贻误后人。

他常说，"不要淹没前人，要胜过前人"，做学问务必要"详人之所略，异人之所同，重人之所轻，忽人之所谨"。能"详人之所略"，势必"略人之所详"，别人已经能说清楚的事用不着再去重复，要在薄弱环节上下功夫，学术方有进展。"异人之所同"，就是不要轻易苟同，有卓然特立的见解。"重人之所轻"，意在显微阐幽，发前人之所未发。而"忽人之所谨"，就是不拘泥成说，敢于创新，另立新说。用心体会，治学的真谛全在这四句话中，我终生受用不尽。

先生说，读书首先要识书。第一学期大部分时间都是在图书馆的书库中度过的，书架上的书依次翻了一遍，大体知道研究什么问题需看哪些书。学校对研究生特别照顾，每人发十个借书证，每证可借阅一部书，一部书可多达几百卷上千卷，开学时用背包去背。《明实录》二千七百卷全部借来，从头至尾看了一遍，然后把有关贵州的资料抄写下来，这便成了后来出版的《明实录·贵州资料辑录》。

研究生最后一个学期，集中精力写毕业论文。题目是先生选定的，他说"则溪制度"关系彝族社会经济和贵州历史发展，但史书语焉不详，你就先做好这个难题吧。资料要认真发掘，不但要查阅从正史到地方志的各种汉文文献，还要查阅大量的彝文经典。他一再强调要实地考察，了解黔西北彝族地区的山川形势、风土人情、人名地名、文物古迹。我回到贵州，到毕节看彝文翻译组查阅彝文经典、请教毕摩，考察了彝文碑刻、九层衙门、奢香墓、蜈蚣桥，还发现了"水西成化大铜钟"，完成了《明代水西的则溪制度》的毕业论文，共18万字，阐述了黔西北彝族的历史发展和社会制度，成为我的开山之作。

研究生毕业答辩在云南还是第一次，云南大学历史系全体师生都来参加，云南民族学院、昆明师范学院也来了不少人，把会场挤得满满的。答辩进行了一个上午，气氛严肃、紧张，坐在台上的专家抓住要害提问，听会的人也不断提出质疑，但对我的回答都表示满意。我顺利通过答辩，成为新中国第一批硕士研究生。三十年后在云南偶然遇到大理市博物馆馆长，他说当时他是昆明师范学院的学生，参加了这个会，对我有深刻印象，所以一见面就认出了我。

研究生毕业是我人生的一大转折，是我学术生涯的开端。躺在草地上，太阳照在身上，暖洋洋的。看着高广无云的天空，引起无限遐想。"睡美人"的倒影，映在滇池里，丝丝秀发仿佛在水中飘动。我就要离开昆明，离开母校，离开先生了，依恋之情，一言难表。

史继忠（右一）与老师方国瑜（中）合影（一）

史继忠（右一）与老师方国瑜（中下）合影（二）

临行前去看先生，坐了许久，相对无言。先生站了起来，拉着我的手说："去吧！贵州还有许多事要做。无论到了哪里，都要清清白白做人，扎扎实实做学问。"不料，这次会面竟成永诀，我再也没有见过先生。

先生离我而去了，他的笑貌，他的声音，他的为人，他的风范，他的教诲，时时激励我的心，催我奋发，催我前行，指引我走上学术的正道。十年之后，我到云南开会，有机会前往丽江，拜谒先生陵墓。我深深地鞠躬、再鞠躬、三鞠躬，多少陈年往事，涌上心头。2007年5月，方国瑜先生故居修复开馆，丽江市人民政府给我发了邀请书，邀请他的亲属和研究生参加，往来机票及一切费用由市政报销。揭幕仪式十分隆重，与中国科学院国家天文台"丽江星"命名仪式同时举行，由全国人大常委会副委员长司马义·艾买提主持。丽江古城是世界文化遗产，三江并流处是世界自然遗产，天上有一颗永恒的"丽江星"，诞生在丽江的方国瑜先生被誉为"纳西语言与历史学之父"。陈列室里的照片和实物，展示了先生的学术人生，数百万字的《云南史料丛刊》是先生一生的心血，《滇史论丛》《纳西象形文字谱》《彝族史稿》《中国西南历史地理考释》都是先生的呕心之作。和同门师兄弟在一起促膝谈心，当年读书的情景历历在目。我和师弟林超民（时任云南大学副校长）在先生的铜像前留影，留下了一生难忘的记忆。

学术生涯

研究生答辩刚结束，云南民族学院院长马曜便派人来找我。他要我留在云南，一切手续由云南民族学院办理，包括家属调动和子女读书。江应樑教授也希望我留下来，在云南大学西南边疆研究所工作，帮他完成傣族研究。正在迟疑之时，贵州民族学院院长安毅夫来了，他是辛亥革命元老安健的公子，彝族，抗战时期在浙江大学读书，参加了中国共产党，后被任命为贵州民族学院院长。他很爱才，听说我的经历也很坎坷，又是方国瑜先生的弟子，亲自到云南大学来找我，要我到贵州民族学院工作。我又拜访了方先生，他与云南大学党委商量，希望把我分回贵州。是留在云南还是回到贵州，我心里十分矛盾。也许是"士为知己者用"的缘故，也许是因为我学的是贵州史、民族史，我终于决定回到贵州，对马院长和江教授的好意表示抱歉，至今心里不安。

那时贵州民族学院才刚恢复，在北至烂泥沟、南至大水沟的荒坡上修建校舍，我也在这里开始"拓荒"。我在贵州民族学院落实了政策，加入了中国共产党，政治上获得新生。我重新走上大学讲坛，拿起笔来写文章，开始了我的学术生涯。我一边上课，一边搞民族调查，还在贵州省地方志办兼职，忙得不亦乐乎。在贵州民族学院工作的十年，是我最繁忙、最舒畅、最有成就感的十年，令我终生难忘。

初到贵州民族学院时，我被分配到政治系历史教研组。安院长对我很器重，要我带云南大学刚毕业的韩雪峰和中央民院刚毕业的石海波一起搞科研。我们到黔西北考察，重点是奢香夫人开辟的"龙场九驿"，实地踏勘之后，写了《龙场九驿十八站》。我们还在赫章考察彝族，到威宁考察"大花苗"。不久，我们到成都收集民族学资料，在四川大学图书馆查到许多华西大学保存的苗族论文，非常宝贵，回来后编成《民国年间苗族论文集》，1983年由贵州民族出版社出版。为了配合民族识别工作，我们三人又编了一本《贵州待识别民族资料汇编》，由贵州民族研究所印发。

1983年初，由中国西南民族研究会和贵州民族学会联合发起，组织"六山（指雷公山、大小麻山、武陵山、乌蒙山、云雾山和月亮山）六水（指都柳江、清水江、乌江、舞阳河、北盘江、南盘江）民族调查"。贵州民族学院组织调查组到荔波调查瑶族。由民院党委办公室主任柏果成（布依族）和我带队，调查组成员有姜永新、杨庭硕、石海波、石开忠、张胜荣、袁明权。荔波有三支瑶族，瑶山的"白裤瑶"、瑶麓的"青裤瑶"和瑶埃的"长袍瑶"，相距不过一二十里，称谓、服饰、婚俗、语言各不相同，令人不解。经过调查，认识到"支系"是客观存在的，它形成于"部落内婚、氏族外婚"时代，称谓是支系的自称，服饰是支系的标识，语言、习俗因支系分散而有差异。

初到瑶山，发现地图上标注的村落有的已是"人去房空"，有的村落在地图上查不到，这又令人不解。其实，这是"赶山吃饭"的必然结果，刀耕火种与狩猎势必要不断迁徙，粗放的农耕正是瑶族经济长期滞后的根本原因。瑶山因长期停留在刀耕火种阶段上，保留较原始的"油锅"组织。瑶麓逐渐定居，形成了"石牌"制度。瑶埃发展了定居农业，社会与周边民族相近。后来，柏果成、石海波到黎平、从江调查"盘槃瑶"和"过山瑶"，到罗甸调查"油迈瑶"。瑶族调查受到贵州省民族宗教事务委员会重视，资助出版了《贵州瑶族》一书。回来后，贵州民族学院成立民族研究所，柏果成任所长，我和庹修明任副所长。也许是"一日遭蛇咬，三年怕井绳"的缘故，我对担任行政职务心有余悸，一再推辞，但安院长认为没有头衔不便工作，我只好勉为其难。民族研究所资金充足，时间充裕，研究人员各有所长，于是拟出研究计划，柏果成和我调查布依族亭目制度，我和罗勇研究彝族历史，石海波研究苗族，吴世忠到西南各地调查苗族服饰，石开忠研究人口和侗族，潘朝霖研究水书，庹修明研究傩戏并支持顾朴光研究傩戏面具。

后来民族研究所并入历史系，侯绍庄任系主任，我和罗友林任副主任，张德昌任党总支书记，我们关系很好，合作愉快。我重新走上大学讲坛，感慨万千，是高兴是自豪说不清楚。我写的《方志丛谈》出版，开设方志学课程，培养了一批修志人才，不少学生后来成了县志的骨干。我与侯绍庄、翁家烈开设贵州民族史课程，各讲一段，后来将讲稿修改整理成书，由贵州省1990年度出版基金资助出版《贵州古代民族关系史》，获贵州省哲学社会科学研究成果一等奖。那时的学生奋发努力，勤学好问，下课后与我交谈，亲密无间。看到他们朝气蓬勃的样子，自己也感到年轻，唤起我当年"青春岁月"的豪情。同学生们在一起，愉快、温馨、和谐，感到人间自有真情在。一届又一届学生毕业，一批又一批人才的成长，使教师感到无比的欣慰和自豪。学生们对老师念念不忘，不时有师生聚会。

贵州民族学院是我著书立说的新天地，在这里找到了用武之地。我在云南大学与余红谟、陈国安编辑的《明实录·贵州资料辑录》出版了。我的研究生毕业论文《明代水西的则溪制度》也收入《贵州彝族研究论文选编》。这一时期，我的研究重点是彝族史，写了《自杞国初探》《自杞国再探》《亦溪不薛考》《罗殿国非罗氏鬼国辨》《试论明代"水西"的政治制度》《贵州水西安氏成化大铜钟初揭》《龙场九驿、水西十桥》一系列文章，被选为贵州彝族学会副会长。又发表了《说溪洞》《试论西南边疆的羁縻州》《略论土司制度的演变》《贵州汉族移民考》《贵州置省的历史意义》等，出版了《贵州民族地区开发史专论》。

我与云南大学教师龚佩华（后为中山大学民族学教授）合写的《景颇族的山官制度》《两百年间独龙族社会的变迁》《金平"拉祜西"的"卡"》，在云南发表后，1987年收入《中国南方少数民族社会形态研究》，由贵州人民出版社出版，这实际上是民族学研究。通过瑶山调查，写了《瑶山的房屋建筑》，被评为国家民委社会科学研究成果二等奖。1987年，《贵州民族研究》三期连载我写的《南方少数民族社会形态比较研究》，在此基础上写成了《西南民族社会形态与经济文化类型》，1997年由云南教育出版社出版。后来扩大范围，写了关于研究满族八旗制度、蒙古族盟旗制度、维吾尔族伯克制度等文章，与侯绍庄所写的汉族地区的土地关系史研究十分合拍，于是合著《中国封建社会结构研究》一书，1997年获贵州省哲学社会科学研究成果二等奖。

1990年前后，院党委决定由我担任行政系主任，受到教师们欢迎。此事突如其来，我毫无思想准备，何况我对行政管理一窍不通，与历史学风马牛不相及。我勉为其难上任，听取各方面意见。在行政系半年，谈不上有什么建树，唯一的作用就是不偏不倚，保持"平衡"，维护教学秩序。

正值贵州省文史研究馆升格为正厅级单位，需要物色正、副馆长。我与文史馆素有联系，有人推荐我做副馆长，省委组织部派人到贵州民族学院考察，历史系、行管系的同志对我的评价都很好，于是我被任命为副馆长、党组成员。省委组织部副部长找我谈话，我要求继续留在贵州民族学院，在文史馆兼职，组织部不同意，说我不去就无法建立党组。我又一次改变人生，依依不舍地离开贵州民族学院。但是贵州民族学院始终没有忘记我，离开那里三十年后，还把我写的民族史、民族学文章辑为《史继忠学术论文选》，由贵州人民出版社出版。

编修史志

过去的事情就让它过去，新的开始要有新的作为。时代发生了巨大的变化，正逢盛世修志、盛世修史的大好时机，历史受到重视，我姓史，学的是历史，我也得到重用，于是有了编修史志的二十余年。

我的导师方国瑜先生，很早就参加《新纂云南通志》的编修，把方志学的知识传授给我。我写了一篇《方志十讲》，交《贵州文史丛刊》发表，李大光先生看了，对我说："内容不错，但标题不妥，'讲'有为人师之嫌，应当虚心点，改为《方志浅谈》。"文章发表之后，山东、安徽、新疆、杭州、黑龙江等八省（区）市《史志通讯》纷纷转载。1983年，我和陈福桐先生被邀请参加在山东泰安召开的中国地方志协会年会，我当选中国地方志协会理事。

我参加修志是从贵阳市志开始的，1980年，时任贵阳市副市长赵德山参加中国地方志协会成立大会归来，率先成立贵阳市志编纂委员会。赵任编委会主任，赵西林、王荦华、王燕玉任副主任，我为编委会委员。王荦华先生约王燕玉、何静梧和我在他家拟定贵阳市志纲目，谈了半天，一顿豆花饭宣告胜利结束。赵德山重金聘请编志人员，要我同何静梧编写《贵阳市志·建置志》。我们深入各区调查，查阅文献资料，终于写成《贵阳市志·建置志》，成为贵州省、贵阳市的第一部志书，1994年获全国新编地方志优秀成果二等奖。

文史馆副馆长刘镕铸参加中国地方志协会成立大会回来，呈请建立贵州全省的编志机构，经省委批准，成立省志编写筹备组，在文史馆办公。1983年，筹备组与贵州师范大学历史系联合开办新编地方志理论培训班，参加的学员有30多人，由陈福桐、杨祖恺、王燕玉、张祥光和我授课，培训了贵州第一代修志骨干，被誉为贵州修志的"黄埔一期"。十多年后，修志老人张德枢、李祖炎、崔道贵等还对人说："我们修志是在培训班得到的启蒙。"是年，我写的《方志丛谈》出版，既是贵州民族学院学生的教科书，又是修志人员的读本。后来，我们又在贵定办了一期学习班，主要是培训黔东南民族地区修志人员，数年后大家在一起畅谈修志工作，还在雷公山上合影留念。

1983年12月，贵州省地方志编纂委员会刚成立，老干部秦天真任主任委员，王虎文、安毅夫、蹇先艾为副主任委员，编委多是老干部、老专家。秦老尊重知识、尊重人才，要我到省志办工作，他与安院长商量的结果，让我继续留在贵州民族学院教学、做研究，在省志兼职，大力支持修志。我本来就不想做官，只想做事，从未考虑个人的职务和待遇，于是欣然同意。我

1983年，贵州省地方志学术研讨会留影（史继忠位于二排右五）

在贵州民族学院拿工资，在省志兼职，纯粹是做"义工""尽义务"。秦老找我谈话，开门见山对我说："编委会成员都是老干部、老专家，你是刚毕业的研究生，资历不够，就先担任省志副总纂吧！"编委会聘请我和陈福桐为副总纂，陈老德高望重，提携后进之人，一定要把我的名字放在前面。"知我者，谓我心忧；不知我者，谓我何求"，后来的人对我们这些不计较个人名誉、地位和待遇的做法不理解，还说三道四，说任命没有红头文件。其实，在省志初创时期，许多工作都是靠这些"义务者"，如陈福桐、杨祖恺、朱文华、熊玉瑛、刘咏唐等，这是那一代人的风范。

修志之初，许多官员不知修志为何事，我们便到各地州市县"游说"，到兴义、威宁、安顺、黔东南找县长、书记，宣传修志工作的重要性。记得我同陈福桐、朱文华到黔东南，坐的是吉普车，当时人们称之为"反帮皮鞋"。驾驶员的技术不高，见对面来车便害怕，为了安全，我们对驾驶员说："慢慢开。"于是半天只走40公里，在黔东南足足走了半个月。我们的方针是"先试点，逐步推广"。先选定贵阳附近的清镇、惠水、黔西三县作试点，被称为"小三角"。后选边远的赤水、黎平、安龙试点，称为"大三角"。地州市县的修志工作蓬勃展开，在全国处于领先地位，中国地方志指导小组副组长董一博大加称赞，题写了"熏风南来，大有席卷中原之势"。

对省志的编纂，秦老的意见是先修一部《地理志》做样板，然后逐步展开，聘我为《贵州省志·地理志》主编，朱文华、屠玉麟为副主编。平心而论，人文地理部分我还在行，历史沿革是我的强项，现行政区、人口、城镇大体可以把握，在专家们的努力下，1984年《地理志》上册便成稿付印。可是，我对地质、地貌、气象、水文、土壤、动植物、自然灾害等知之甚少，有些稿纸根本看不懂，不敢轻弄笔端，主编工作难以进行。科学是实实在在的事，来不得半点虚假。不懂就是不懂，不懂就老老实实地学。我们拿着稿子，登门拜访，向专家请教，还看了不少自然科学的书。经过三年切磋琢磨，1988年出版了《地理志》下册。全志78.5印张，180万字，出版后，《人民日报》(海外版)做了专题报道，并获全国地方志优秀成果奖。

《教育志》是最先审订的专业志，请了许多专家审读，提出修改意见，然后由我及省志办的陈福桐、朱文华、钟莉、《教育志》编写人员共同改稿，花了一周时间，最后定稿。《贵州省志·教育志》在全国领先，受到好评，外省多来取经。我们还群策群力以认真负责、一丝不苟的态度编写了《科学技术志》《交通志》《机械电子工业志》《黑色冶金工业志》《煤炭工业志》《轻纺工业志》《气象志》《名胜志》《邮电志》等等。因为是省志办与各专志共同审稿、改稿、定稿，所以书上都注明：《贵州省志》副总纂史继忠、陈福桐、肖先治，分纂朱文华、熊玉瑛、钟莉等。

1991年，我调到贵州省文史馆，不再主持修志工作，但仍然参加审稿，包括省志和地州市县志。2016年，贵州省地方志编纂委员会发给我"为贵州省地方志事业发展做出突出贡献"的荣誉证书，并入选贵州省地方志专家库专家，对我也算是一个极大的安慰与褒奖。

我担任贵州省文史研究馆副馆长兼《贵州文史丛刊》主编后，学术界许多朋友建议编一部《贵州通史》，我把这一建议提交党组和馆长会议讨论，大家一致同意，由我向省政府写一个报告。省长会议上意见有分歧，最后由时任贵州省省长的王朝文一锤定音。因为事关重大，非文史馆一个单位所能承担，改由省委直接领导。省委、省政府下文成立《贵州通史》编委会，省委书记、省长为顾问，省顾问委员会副主任何仁仲为编委会主任兼总编，各有关部门领导为编委会副主任。我是编委会副主任、副总编兼编辑部主任，主持编写工作。经费由财政厅拨给省委办公厅财务处，按计划开支。

《贵州通史》是一个庞大的系统工程，需要各方面的专家密切配合，需要广泛搜集资料，深入研究历史。何老的任务主要是把史学界、社科界的专家团结起来，掌握大政方针，协调众议，组织编写，而编写业务主要由我负责。我放弃了许多工作，甘愿坐十年冷板凳，一心只想把《贵州通史》写好，尽管仕途上多有损失，但我始终无怨无悔。《贵州通史》是一个开创性的工作，尽管民国年间编过《贵州通志》，但实际上只是一个资料长编，并未成史。周春元先生等主编的《贵州古代史》和《贵州近代史》，偏重于历史沿

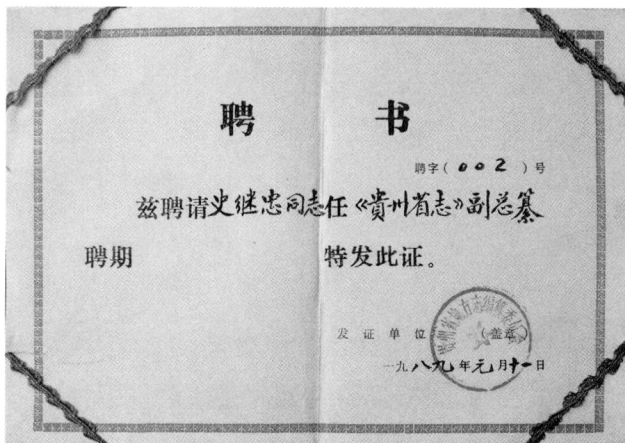

聘请史继忠任《贵州省志》副总纂的聘书

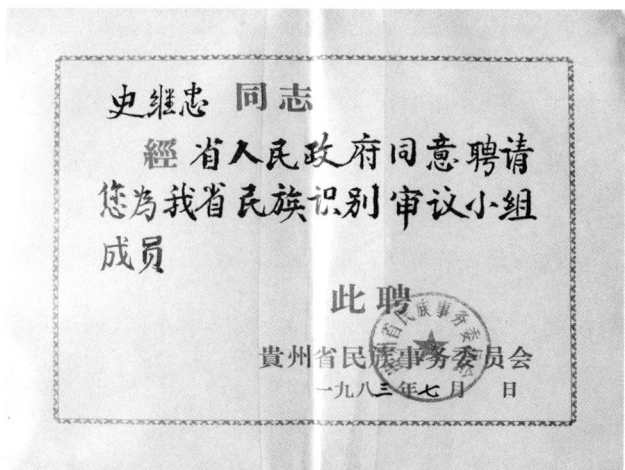

贵州省人民政府聘请史继忠为贵州省民族识别审议小组成员

革和政治演变，未成通史。通史贵"通"，"直通"贯穿古今，"横通"囊括政治、军事、经济、社会、文化教育各方面，这种新的体例实际上是由《贵州通史》开创。

诸葛亮在《出师表》中有"五月渡泸，深入不毛"之句，因为他名气大，文章动人，这"不毛之地"便深深印入人们的脑海，以至长期以来，人们都把莽莽的云贵高原想象成一片荒漠，一阵阵"蛮烟瘴雨"，把贵州漫长的历史湮没。《贵州通史》第一次运用考古发掘资料，把古人类与"史前文化"写入贵州历史，将贵州历史向前延伸到30万年以前。光彩夺目的史前文化告诉我们，云贵高原是古人类的摇篮之一，观音洞文化是我国南方旧石器时代早期文化的典型代表，"水城人"开创了"锐棱砸击法"，普定穿洞的骨角器独领风骚，盘县大洞是旧石器时代晚期最有代表性的遗址，司马迁发现了"夜郎最大"。

贵州是一个多民族地区，但历代史家只重汉族历史，忽略了少数民族对贵州历史的推动作用。《贵州通史》把贵州史与民族史密切结合起来，写出了各民族共同开发贵州，共同缔造贵州历史。"土流合并"是贵州历史发展的主要途径，由汉晋的"郡国并存"演变为唐宋时期的"经制州与羁縻州并存"，进而演变为元明时期的"土司与路府州县并存"。明代开始"改土归流"，清代进一步削弱土司，"开辟苗疆"，行政建置"渐比中州"，以这种新的观念写贵州历史，实由《贵州通史》开创。

人们常说："贵州建省晚，社会经济落后。"《贵州通史》以雄辩的史实，阐明了"贵州是第十三个行省"，贵州因战略地位重要，建省是历史的必然，建省是贵州历史发展的重要里程碑。自明以来，政治、经济、文化、教育勃然兴起。总之，《贵州通史》是一部前所未有的史书，不足之处主要是"历史局限"，如当时贵州的许多古文化遗址尚未发掘，对民国年间的经济、文化写得不充分。

一次偶然的机会，在省政协会上遇见省参事室主任李振纲，他说无事可干，我说："可做的事很多，怕你不肯干。你当过王省长的秘书，可建议由他出面编一部《贵州六百年经济史》。"王朝文当过贵州省革委会副主任和十年省长，一直在探索贵州致富之路，欣然表示同意。又是他一锤定音，真是无巧不成书。不过，那时他已不是省长，说经费由他找企业赞助，于是成为非官方的学术著作。他担任编委会主任，我和李振纲、范同寿三人任主编，组织专家学者编写。全书分为三篇，第一篇古代经济由我撰稿，第二篇近代经济由杜文铎、张祥光、林建增、顾朴光编写，一、二两篇由我负责统稿。第三篇当代经济，由社科院谢一、聂秀丽、曲平、张万铎、索晓霞编写，范同寿负责统稿。这些人对不同时期的经济都做过研究，所以一年多的时间便完成书稿。《贵州六百年经济史》是一部学术专著，记述了贵州建省以来六百年的经济发展状况，突出了贵州地理区位和能源、矿产资源的优势，分析了贵州经济滞后的原因，指出了改革开放的美好前景，为贵州经济发展提供了宝贵的经验。该书于1998年12月出版，获贵州省哲学社会科学优秀成果一等奖。

《贵州通史》出版后，2003年贵阳市地方志编纂委员会决定成立《贵阳通史》编委会，聘郑荣晴和我主编《贵阳通史》。贵阳的历史，历来模模糊糊，虽然道光年间修了一部《贵阳府志》，但主要记载明代至清道光年间的历史。《贵阳通史》将贵阳历史上溯到1万年以前，向下延伸到2005年，填补了许多空白，写出了贵阳千百年的沧桑。《贵阳通史》突出了贵阳是贵州省会，是全省政治、经济、文化中心的重要地位，贵州因贵阳战略地位重要而建省，贵州省名因贵阳原称"贵州"而得名。贵阳因几条驿道交会而崛起，因"移民戍边"而兴盛，又因抗战时期在西南政治、经济、文化日益重要而设市。中华人民共和国成立后，特别是改革开放以来，贵阳各方面建设日新月异。《贵阳通史》分为三卷，上卷《远古至清末的贵阳》由侯绍庄主编，中卷《民国时期的贵阳》由张祥光主编，下卷为《当代贵阳》，有《贵阳市志》积累的大量史料，有各方面专家通力合作，经过八年时间，几易其稿，2011年10月由贵州人民出版社出版。对我来说，《贵阳通史》是我编修史志工作的延续，退休后继续坐了八年的冷板凳，了却了我编史修志的愿望。

写作不止

研究生毕业回来，我仍住在和平路的一个大杂院里。这套住房原先是阔人家的轿厅，三面的墙壁是竹篱笆糊着报纸，前面是后来胡乱安装的木门窗。顶棚是竹席做的，经常漏雨，"外面下大雨，家里下小雨"，雨水滴滴答答地掉到脸盆里，叫人心烦。蹲在门前的油毛毡棚子里生火、煮饭，每天还要到巷子里排队挑水。一家五口挤在不足20平方米的狭小空间，家里放不下一张书桌，只好把"伏案"改作"伏床"，坐在小板凳上伏床写作。有人把这一情况告诉秦老，秦老出于对知识分子的关爱，要省委办公厅给我一套房子，两室一厅，在南湖河畔70年代修建的五层红砖房的顶层，于是我搬进省委大院，一住就是20多年。

南明河在省委旁边转了一个大弯，垂杨拂柳，水光潋滟，风景佳丽，这大概就是明清时期的"渔矶湾"吧！这里是"画师停笔看溪山，诗人辍吟听风雨"的地方，长河逶迤，绿树婆娑，远山如黛，落日熔金，倒也颇有情趣，引人遐想。距离我的住宅约摸百米的地方，拦河筑起一道滚小坝。平静的河水，流到这里陡然降落，轰鸣作响，如瀑如涛。有一年夏天，几个朋友在家里聚会，天南海北，谈笑风生。静梧兄推开窗户，一阵涛声涌了进来，灵感生发，忽然道出"听涛斋"三字。事隔不久，伯康先生在报上发了一篇短文，写的就是那天聚会的情境，从此，"听涛斋"的雅号便常被朋友谈起。

我在这里一住20多年，没事便躲在这书斋里。涛声总是伴随着我读书、写作，涛声不断，写作不止。犹如那悠悠的流水，总是淌个不停。春江的月色，盛夏的风雨，秋水的微澜，冬日的雪花，引起我几多怀想，几多情思。四时变化无穷，唯有那涛声始终有节奏地在耳边响起，无时无刻不在催我前行，无时无刻不使我心潮澎湃，写出了一篇又一篇的文章。更阑人静，家人都熟睡了，书斋里只有我，还有那从窗户透进的月光和随风飘来的阵阵涛声。虚壹而静，只听见笔尖在纸上滑动发出的沙沙声。坐在书斋里，除了写作而外，什么都不用想。没有喧嚣，没有烦恼，一个人在无声无息中享受读书、写作的快乐。看着那朦胧的月光，柔和似水，心境泰然，不觉想起了王维的诗句："深林人不知，明月来相照。"

我的写作，说是有计划吧又未必都按计划，说是随心所欲吧，也不一定是随心所欲。一个新的念头，往往引出了许多文章。我很想用散文、随笔来写贵州的人和事，把历史写得活泼一些。为王阳明的遭遇和奋发精神所感，写了《王阳明"龙场悟道"》《千古龙岗漫有名》《贵州成就了王阳明，王阳明恩泽贵州》。为杨龙友鸣不平，我噙着眼泪写了《望烟波，谁吊忠魂》《一个真实的杨龙友》。为丁宝桢一身正气所感，写了《有胆有识的封疆大臣：丁宝桢》。写了《安龙夕照》《情系沙滩》《情连中日两墓铭》《喜读但批〈聊斋〉》《穿越时空的人才观》《一个令贵州人深切怀念的巡抚》《人口论：马尔萨斯与洪亮吉》《开发台湾有功的周钟瑄》等一系列文章。在《李端棻举才》中，哀叹"有德有才者重才，有才无德者嫉才，无德无才者毁才"。有感于人才之不易，写了《伯乐与千里马的困惑》，进而加以发挥，写成《"虫"与"龙"的辨析——贵州人才生态环境透视》一书。俯仰古今，深感封建专制的危害，奋笔写了一篇《宫廷深深》的长文，是历史散文还是杂文说不清楚，发表在《花溪》1998年第3期。

谈天说地，用散文笔调写了《自然造化，贵州由沧海变高原》《地球与生命：古生物王国》《贵州是一个聚宝盆》《世界喀斯特奇观》《莫道"天无三日晴"》《贵州拥有一片"福天"》。我以新奇的眼光漫游世界，感到大自然威力无穷，地球与生命、光彩夺目的史前文化迎来了人类文明的曙光，写了《诱人的"伊甸园"——贵州史前文化》一书。我又与曹泽田合编《贵州古人类与史前文化》。省旅游局聘我做顾问，同他们一起考察了贵州的山山水水，悟出"山因水而灵，水因山而秀"的道理。我们亲历黄果树瀑布群，从陡坡塘瀑布、黄果树大瀑布到螺丝滩瀑布、银链坠潭瀑布，惊呼："这里才是飞流直下三千尺。"我与杨胜明、张晓松、陈竹等主编《贵州导游》，阐明贵州在世界旅游业中的定位：绿色喀斯特王国与文化千岛之旅。我们还写了《历史文化名城镇远》，后来再版时改名《水际云烟都如画——寻迹镇远》。

人世沧桑，2000年我退休了，文史馆副馆长已成过去，省政协也换届了。职务对我来说倒也算不了什么，但我读了20年书，44岁研究生毕业，才工作18年就退了下来，所学的知识未能充分发挥作用，别人不可惜，但我很可惜。彷徨中，遇见学长余宏谟，他对我说："走出小天地，走进大社会。"我豁然开朗，看见社会需要知识，需要文化，投入社会必将大有可为。果不其然，不久贵州电视台的张霞来找我，说是要开一个《发现贵州》的栏目，希望我大力支持，为他们出点子、做策划。我们一起到镇远，做了一个《歪门斜道镇远城》的专题片，审片时大家都觉得很好，的确有新的发现。电视台招来一批年轻人，我对他们说："发现并不是看见事物的存在，而是要发现事物背后的故事，发现它们的价值。要做好《发现贵州》，首先要有贵州情结，有发现的眼光。"年轻人思想活跃，目光敏锐，从自然、历史、民族文化中发现了许多新奇之处，"小中见大""平中见奇"，做了许多短小精悍的节目，令人耳目一新。每天播放一集，5分钟，收视率不断创新高。日积月累，做了一千多集。把知识服务于社会，我感到心满意足。贵阳电视台摄制《山高水长》的纪录片，也聘我为历史顾问。

进入"读图时代"，我受贵阳市委宣传部委托，编了几本图集。先是参加编《贵阳百年图鉴》，我懂得图文并茂是一种新的传媒方式，有文无图不能给人直观印象，有图无文不能了解历史内涵。就在这一年，法国摄影家菲利普·法丹带来了许多百年前贵州老照片，这是19世纪末传教士拍摄的。他希望能将这些照片出版，市委宣传部请我审阅。我查了许多资料，肯定了照片的历史价值，并著《历史的图像》一文。菲利普是想找到当年拍摄的地点和现在的变迁，故将图册取名为《漂移的视线》，找回即将忘却的历史记忆。次年，又受宣传部委托，编一本关于古夜郎的图集，取名《触摸夜郎魂》，找回失落的文明。世界反法西斯战争胜利60周年纪念，中共中央宣传部要求各省提交项目，省委宣传部委托我来做这件事情，我提出了国际援华医疗队和镇远和平村两项，项目被批准后，贵阳市委宣传部派人到档案馆收集图片和文献资料，由我著文、编图，2005年由中宣部外宣办主持出版《国际援华医疗队在贵阳》。到了世界反法西斯战争胜利70周年纪念，中宣部下文再版，中文版在国内发行，英文版向国外发行。我根据档案资料，编写了《经霜的红叶》一书，讲述了这些反法西斯战士的故事。中央对贵阳图云关红十字救护总队和国际援华医疗队十分重视，下文修建纪念馆。

涛声不断，写作不止。退休后出版的书，比以前多好几倍。2000年，我把自己对贵州文化的认识和理解写成《贵州文化解读》(第一版)，由贵州教育出版社出版。2004年，我与刘学洙合著的《历史的理性思维——大视角看贵州

史继忠部分著作

十八题》出版。同年，当代中国出版社出版了我写的《地中海——世界文化的漩涡》。2006年，我主编的《中华地域文化大系·贵州文化》出版。2007年，贵州人民出版社组织编写贵州省情教育读本，约我写《多彩贵州（干部版）》，获贵州省第七届优秀图书奖。2008年，我与张幼琪合著的《贵州：开发引出的考量》出版，后被评为贵州省哲学社会科学优秀成果二等奖。2012年，贵州民族出版社出版《夜郎之谜》一书。2013年，我与三白编著的《历代治黔方略：民族·宗教卷》出版。2014年，《华夏之裔·汉族》出版。2016年，《史继忠学术论文选》出版。2017年《文化西迁到贵州——滚滚的文化潮》出版。2021年《听涛斋文集（史继忠文选）》出版，上篇贵州史研究，下篇文化史探索。

对文化史的探索，已经持续30多年了。"路漫漫其修远兮，吾将上下而求索"，在文化史探索的道路上，我始终没有停歇，由民族文化，地域文化到中华文化、世界文化形成一条漫长的路。文化是人类的创造，是人类智慧的结晶，是衡量社会发达程度的重要标尺，内涵极其丰富，包括语言文字、文学艺术、宗教哲学、伦理道德、政治法律、科学技术及风俗习惯等，从人的言行举止到社会规范，从物质生活到精神生活无所不包。文化的魅力实在是太大了，每接触一种文化，就产生一种新奇感，仿佛由一个境界进入另一个境界，"柳暗花明又一村"，有说不出的喜悦。

我的探索是从民族文化、地域文化开始。20世纪80年代的民族调查打开了我的心扉，把直接观察、实际体验与文献记载结合起来，对贵州各民族文化有了新的认识和理解。地方志和贵州史的研究，加深了对民族文化和地方文化的理性认识。在此基础上，我主编《贵州文化》，并把我对贵州文化的理解概括为《贵州文化解读》，明确提出多元文化与山地文化是贵州文化的基本特征。中国地域辽阔、民族众多，社会经济发展不同，因而形成多种地域文化。贵州文化有别于其他地域文化，学术界承认它是一种独特的地域文化，所以把它写进《中华地域文化大系》丛书，与燕赵、三晋、三秦、齐鲁、中州、荆楚、吴越、巴蜀、安徽、江西、松辽、闽台、岭南、滇云、塞北、甘肃、西域、青藏等地域文化并列，成为中华十九种地域文化之一。

也许是受了影片《河殇》的刺激，我深深陷入沉思，难道中华文化即将坠落陨灭？我不相信，也不敢相信，于是拟定了30多个题目，深入研究，发表了一系列文章，如《民族文化乃民族之魂》《"农历"解析》《中医的理论与科学法则》《中华诗词的特色》《中国封建法制评说》《对科举制度的历史考察》等，后来辑为《中华五千年文化探索》一书出版。认识不断升华，写了《中国文化的世界意义》《中国文化在经济全球化时代的定位》《论汉字文化圈》。《论汉字文化圈》在《贵州师范大学学报》2001年第2期发表，同年被《新华文摘》第8期转载，引起学术界关注。

在探索中华文化的过程中，我蓦然发现，中华文化绝对不是封闭在长城以内的"黄土文化"，它深受佛教文化、西域文化、中亚文化、欧亚文化影响，于是我产生了研究世界文化的念头。我如饥似渴地阅读关于世界文化的书，独立思考，写成《拂去历史的尘埃——给人类文明史一种新的诠释》，2003年在《思想战线》发表，后被载入大型文献《中华新纪元文库》，并获优秀文章一等奖。我认为长期以来，人们习惯性地把世界文化分为东、西两大板块，套用一种"刚性"模式来研究世界文化。拂去历史的尘埃，用全球观念审视人类文明，在长时段中考察，世界文明首先在东方崛起，地中海是一个巨大的文化旋涡，五大文化圈互动，"文艺复兴"是世界文化的变奏曲。我进一步深入研究，出版了《地中海——世界文化的漩涡》一书，书中写道："人们越来越认识到世界是一个整体，地中海是世界文化的漩涡，各种文化在这里交汇，多种文化在这里分流。平静的地中海从来不平静，它牵动世界几千年的历史，如今仍然是世界诸种矛盾冲突最激烈的地区。地中海位于欧、亚、非三洲之间，很难把它说成是'东'还是'西'。"之后，我又发表了《世界五大文化圈的互动》《论游牧文化圈》《世界文化之源在东方》等文章。

看了英国学者汉默顿编著的《思想的盛宴》很受启发，意识到人类"大智慧"实在太重要了，它是一种"超越时空"，不受国界和民族限制、经得起几千年时间考验的人类"智慧"。譬如"中庸"，亚里士多德在《伦理学》中写道："对人来说，就是灵魂活动。经过取舍，就会一直在'过'与'不及'之间保持中庸之道。"这与孔子所说的"不偏不倚"不谋而合。东方和西方的哲人都认识到，立身行事、观察事物、研究问题都必须把握一个客观的

口述史采集小组采访史继忠先生后的合影

"度"，取其适中而不偏执，不能"过度"也不能"不及"。我感悟到"中庸"不但是人们应有的处世态度，而且是研究历史、研究科学的正确原则，是人类的"大智慧"，于是写了《"中庸"是智慧的结晶》。"天人合一"的思想，经过长期的考验，也证明是人类的"大智慧"。"和而不同"极富哲理，强求"同一"反而不和，千差万别才能丰富多彩。毕达哥拉斯提出的"神秘的数"，长期被人们忽视，甚至认为是客观唯心主义。可是，世界万物都离不开"数"，社会的发展离不开"数"，科学的发展离不开"数"，如今一切数字都可转换为信息，一切信息都可转换成"数"，证明"神秘的数"是人类的一大智慧。我还在孜孜以求，探索人类的"大智慧"。

我沉浸在读书、写作之中，"不知老之将至"。我今年已85岁了，可谓是"八〇后"的人。"年既老而不衰"，每天清晨6点起床，洗漱完毕，喝一杯咖啡，然后开始写作，直到吃午饭，从不间断。写作已成习惯，是我生活中不可或缺的内容，对我来说，这是一种享受。通过写作，可以充实人生，增长知识，拓宽视野，活跃思想，写作实际上是我的人生境界。写作与我个人的名利已不挂钩，不管别人怎么看、怎么说，我都毫不在乎。我依旧埋头写自己想写的东西，求其人生"大自在"。我用不着因利害得失烦恼，"无挂碍，心无挂碍"，自由自在地生活，与八〇后的青年并肩同行。

一生情系蔓萝花

口述·罗星芳

罗星芳，1940年出生，贵州省关岭人，布依族，中共党员，一级演员。1952年，参加贵州省委人民文工团（即贵州省歌舞团前身），终生从事舞蹈表演艺术。曾担任第三届全国人大代表，第四届中华全国青年联合会委员，贵州省青年第二、三、四届副主席，贵州省政协第五、六、七、八届委员。全国第四次文代会特邀代表，中国舞蹈家协会第五、六届理事。贵州省舞蹈家协会第二届副主席。代表作《蔓萝花》曾获第十六届洛迦诺国际电影节荣誉奖、捷克国际电影节优秀奖、中国金鸡百花电影节美工奖。2003年，在贵州省歌舞团退休。

罗星芳

童年往事

　　我的老家在关岭布依族苗族自治县沙营镇法那村的一个布依族山寨。父亲十多岁就被拉去当兵离开家乡，在军中度过半辈子。父亲经历了战乱、动荡不安的年代，从贵州的关岭走到广西百色、广东韶关，曾经是滇军警卫营的一名勤务兵。1922年国民革命军打败了父亲所在的滇军，他被国民革命军收编在第三军八师二十三团三营五连当勤务兵。1926年随军北伐到福建漳州，又在东路大队当班长。经大队长推荐到总指挥办公室当勤务兵，当时总指挥是贵州兴义人何应钦。

　　父亲遇到了老乡。很重乡情的父亲，从此跟随何应钦到上海、苏州、南京等地。父亲原名罗天明，何应钦给他改名罗仕钦。父亲自愿放弃了去黄埔军校学习的机会，因为他认为自己没有文化，愿留在何公馆做事。就这样，父亲留在何公馆管理勤杂和采购工作，被称为侍从官。

　　1933年，经人介绍，父亲与我母亲贾素玲在南京结婚。我母亲是南京人，二十几岁她就和我父亲在南京结婚了。那时候结婚就是登个报，就像现在去民政局登记一样。跟父亲结婚后，母亲就是家庭妇女，没有工作。

　　1940年2月10日，我在重庆一个名叫"山洞"的地方出生。父亲希望以后再生一个男孩，就给我取了个小名"转子"。隔了两年，母亲果然生了一个弟弟，父亲特别高兴，也依旧很疼爱我。

　　父亲说我小时候很调皮。在父亲看管防空洞期间，我们住的是郊区农家的老房子，房子是用泥巴砌的墙，茅草做的屋顶。屋旁有一小块菜地，父亲休息时就种点菜、喂点鸡。只要一听母鸡叫，我就会跑去鸡笼里掏蛋，把蛋敲个洞喝里面的蛋汁。等大人来捡蛋时，看鸡笼里是空的，再回头看我衣服围兜上流的蛋汁，就晓得是被我偷吃了。还有菜园里长的毛辣果（西红柿）

熟了，大的摘不下来，我干脆双手捧着用嘴啃。我从小好吃，很少生病。虽是战乱时期，但我们家的日子还过得去。后来发生了一件很不幸的事——我的二姐被疯狗咬死了。她遭狗咬时，我就在现场。记得那天，我们几个姊妹到野外游玩，突然一条狗向我们几个冲来，我赶快往旁边跑，二姐背着妹妹在原地站着不动，她用一只手拦狗，那狗一口咬住她的手不放，这时有人拿着扁担赶来打狗，狗才跑掉。姐姐被送到医院抢救，那时的医疗条件差，姐姐少打了一针狂犬疫苗就离世了。这件事在我心里的印迹太深了，直到现在我依然不喜欢狗，还特别怕狗，见到狗就会离得远远的。

那时家中事情不断。一次，父亲上街买东西，用了一张《新华日报》的旧报纸包东西回何公馆，被何应钦的老婆王文湘发现了。她责备父亲糊涂，并因此解除了他在公馆的工作。她对父亲说："这个公馆你以后就不要来了。"父亲离开了何公馆，被调到四十七军副官处工作，后来又被调到后勤部军医处管理科工作。他不断更换工作，收入也减少了，家庭人口增多，生活负担加重。有朋友劝父亲送个孩子给别人，以减轻负担。

有一天，一对年轻夫妇来到我们家。父亲把我们姐妹几个叫到一起，让来的人看。我看见那位阿姨朝我走来，拉着我的手问我愿不愿意到她家去玩。我点头表示愿意。她高兴极了，马上要把我带走。母亲赶快给我梳好小辫子，换上我喜欢的连衣裙，姐弟们都用羡慕的眼光看着我。当那对夫妇牵着我的手离开家时，我回头看到母亲背过身去，父亲站在门前，脸上很严肃的样子，当时我并不明白他们要将我送人，觉得姊妹中只选中我去玩，因此还有点得意。那户人家生活过得很好，他们很喜欢我，给我做新衣裳，还给我胸前戴了一副金锁，把我当成他们的心肝宝贝。过不了多久，我就开始想念爸爸妈妈，想姐姐和弟妹，想回家。他们哄我说，这儿就是我的家，他们就是我的爹妈。我不答应，天天哭闹着要回家，他们只好送我回家。父亲从此再也不提把孩子送人的事。

定居贵阳

抗日战争胜利以后，国民党裁减人员，父亲在裁减人员之列。父亲年纪大了，又没有很高的文化水平，加上他从小就离开家乡贵州，对家乡的思念之情很深，就决定回贵州。1947年，我们全家人从重庆回到贵州。

到了贵阳，父亲找到原在何应钦处当过秘书的谢伯元，经他介绍到了贵阳环城南路新桥粮食仓库当仓务员，安顿全家住贵阳市贵惠路一座兵营的旧房子里。房子的大门口有一条通往花溪的马路，那时的交通工具是马车。马车上挂着铃铛，我们经常听到贵阳到花溪、花溪到贵阳的马车"叮当、叮当"过，赶马车的车夫最喜欢唱山歌。山歌的歌词听不清，但山歌调还是很好听的。我们住的屋后是些荒坟坡坡，只有几家农民的茅草屋，到了晚上才怕人，还会听到人们称"螺狗"的动物"嗷嗷"地叫着，很吓人。马路的对面有条清亮亮的河，大人说那就是绕着贵阳市的南明河了，顺着河边走就是河滨公园。我们姊妹几个经常跑到公园看人们划船、游水，对公园这一带很熟悉。河对面的山坡上还有一所中学，好像名叫"立行中学"。后来修了一座木桥，可以直接到学校，我们就偷偷地溜进学校玩。我们闻到花香，就去偷摘那又香又白的栀子花插在头上，非常开心。我们还会跑到附近的农家田里摘豌豆吃，还会把长着没收的麦子折了，用火烧后，用手撮来吃，可香了！我们住在兵营旁边，除了看兵天天练操外，最吸引我的东西就是伙房里烧饭后留在锅底的又黄又脆又香的锅巴了。去伙房守锅巴吃的时候，我们会去讨好伙夫，帮他干杂活。我们虽然生活贫困，但心里快乐，无忧愁。

父亲有了工作，家也安顿好了，就想回趟老家祭祖。回关岭法那寨祭祖，不能全家都去，因为没有那么多的路费钱。他们就让姐姐、我、小五妹留守贵阳看家。父母带着弟弟和还在吃奶的小六妹回老家，我妈是第一次回父亲家。跟父亲结婚时，只晓得人们说他是个"贵州苗子"。这次跟我父亲回家去，那真是难得哦！

父母回老家祭祖轰动了整个布依山寨，罗氏族人举行了隆重的祭祀活动。杀猪、宰羊，热闹得很！家族的姑姑、嫂嫂、叔妈、伯娘都来看望我母亲。在那偏僻闭塞的山沟里，人们认为父亲有出息，很了不起。在外工作还娶了一个南京老婆，给族人争了面子。

　　因为父亲在外工作时，家乡也不断有侄子到外地去找他。这次回老家，人们对他特别热情，祭祖活动搞得比较隆重。我母亲虽然听不懂他们的言语，不知他们说什么，但是从姨娘们的眼里、行动中感受到了她们的热情、温暖和友善。她们用农村晒谷子的大簸箕摆在院坝里，让那吃饱了奶的小六妹随意地在里面爬滚着玩。大家开心地笑闹着。父亲少年离家，许久未见面，心中非常感动，很想多待些时日，但那年头，穷山沟里还有土匪。他怕被误传在外做官发了财。为了防止意外发生，安全祭祖后，他们就赶快回了贵阳。他们从老家带回来的东西，让我们留在贵阳的几个人快乐了一阵子。一麻袋的核桃天天被我们用石头敲来吃，那用火烤的糍粑又糯又香，我们吃着腊肉，就像过年一样高兴。听父亲说，老家的寨门前有一棵长得很茂盛的护寨神树。寨后是被森林覆盖的大山，寨前有一条小河。寨子所处的位置风景很

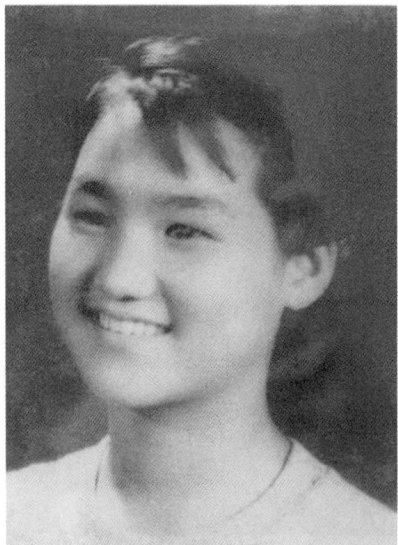

青年时期的罗星芳

优美，听父亲述说了老家的情景后，我觉得老家非常美好。我对老家的印象，直到1979年采风回去一次后，才有了亲身的感受，当时我还写了一篇《乡曲》在关岭县的县报《红崖》上刊登。

拜师学艺

1949年春，我在湘雅村青山坡小学读三年级，有一天父母说带我去看京戏，其他弟妹都不去。我记不得当时看的是什么戏，只记得台上演戏的人穿着五颜六色的戏装，被灯光照着很好看，锣鼓声很热闹。有朋友与父母打招呼说，等戏散了，介绍我们与当时的京剧名角周少轩夫妇认识。见面后，从大人们的言语中，我听到他们在说我。大人们不时用眼睛瞟我。父亲说我爱唱爱跳，想让我学唱京剧，看周家愿不愿收我为徒弟。当时旁边有人评论我的长相说，眼睛小了点，还是单眼皮。只见周家的老奶奶走到我身前，看着我的脸，然后双手在我脸上两边眉眼处按着往上拉吊着，左右观看后，说道："扮相还可以，周家还没有收过徒弟，这次就收下这孩子吧，就这么定了。"那年我九岁。

1949年3月15日那天，周家请了不少的客人。屋中间，摆有一张桌，桌上铺着戏台上用的桌布，还摆有香烛笔砚和一张红纸合同书。双方家长证人都在红纸上签上名，我就在香烛的桌前向师父师母跪拜叩头，改姓周星芳，从此我与演艺生涯连在一起了。师徒合同订得很严格，所有见证人都签了名，拜师学艺九年，外帮一年。我九岁去那儿，到十九岁的时候，正是赚钱的时候，合同约定，在我正式赚钱的时候，就要为师父唱戏赚钱。虽学出来了，成功了，但也要成了名角儿才卖得出票，才有人来看戏。父母让我学京剧，我没有想太多，只觉得新鲜好玩，没觉得把我丢给人家了。拜师后，我要留在周家了，母亲临别时跟我说："你要好好地跟师父学戏，听话、守规矩哦！"我只是点头答应。当晚我住在师父家，睡的是地铺，一张席子铺地，只有薄薄的被褥，睡在上面感觉很不习惯，有种很陌生、很不安的感觉，不舒服但是又不敢吱声，只有忍着。第二天清晨，师父带我去演戏的戏台上，请在台上练功的一个叔叔帮忙看看我的腰腿如何。过去艺人练功都在戏台上练，不像现在有专门的练功房。天啊！我的腿和腰都被那叔叔扳上扳下，痛得我直冒汗不敢吭声，硬是咬着牙忍受着。师父还教我学合顶，双手撑地，双腿倒伸靠墙，往后下腰，双手着地练腰功。

从此，我天天都要去练。最后是老爷子（师父的公公）来守着我练，每日天不亮就爬起来，先合顶，然后练下腰。合顶的时间很长，下腰也是。他拿着棍子守着我练，不满意时，一棍子就打下来了。练腿、练腰，我没少挨棍子。功夫真是打出来的。

我在师父家练了一个月就上台演戏了。师母周素兰是唱旦角的，她要演《三娘教子》，让我给她配戏演她的儿子。我开始学戏，先学唱腔，由周老奶奶口授唱段，然后学走台步，再就是怎样来配戏。知道了锣鼓声响"蹦、咚、锵"，一亮相要稳得住，镇住，有神。让台下看戏的人目光都盯着你看，吸引看戏人的注意。我学唱腔时，师父强调要字正腔圆，吐字清楚。台下看戏的人，有些不光是来看戏，还来听戏，唱得有味，听的人才会跟着唱，更会评说好坏。

京剧《三娘教子》演出那天，戏开演了，师母已在台上做戏，老奶奶牵着我的手在舞台的上场门等着，锣鼓声一响，一声"出场！"我随着锣鼓声迈着台步走上了戏台。一亮，台下的掌声响了，有来捧场的人大声说："这是周素兰的徒弟。"掌声不断，我发愣了一下。京胡过门一响，我回过神来随着京胡唱起来。边走，边唱，按师父教的去做。我同三娘、老人家的戏配合得很好。直到最后三娘牵着儿子（我）的手从下场门出场，后台两侧看戏的艺人长辈们个个都高兴地笑着，对师母说："你这徒弟可以哦！一定会有出息，成你的摇钱树哦！"我听到了长辈们的夸赞，心里特别欢喜。突然周老奶奶手拿着个竹棍过来，抓着我的一只手，用竹棍抽打我的手心，一边打一边说我唱得不好，不用心，该挨打！痛得我哭了，我感到委屈，心里很难过！过后师母跟我说："当学徒，打你手心，你就委屈了？挨打是常事，你要受得住才行。学戏就是要刻苦，不刻苦哪来的真功夫！"师母的这番话，让我心里的委屈尽了，收住了眼泪。

过不久，母亲来看望我，我偷偷地恳求母亲带我回家，说我不想学戏了。母亲说："不行啊，有合同的呀！那合同上写有'拜师九年，外帮一年，走南闯北随师，天灾人祸各凭天命'。如果你中途回家，中途逃走了，家里就要承担一切损失。现在家里有七口人，全靠你父亲一人挣钱养家，生活的负担很重，哪有钱来赔偿损失？你还是忍着点，待在周家学戏吧。"这样，我在周家待了快三年，每日练功，受皮肉受苦，还要做杂活。跟着大人们到大西门菜场买菜，我拎东西，回来就背小孩。小孩一哭闹，就让我背出去玩。但是也有好处，晚上演戏时，我就背着师父的娃娃到戏院看戏。大人说："不要出去玩。"怎么办？我又想看戏。我想让她哭闹起来，就揪她一下，她哭闹了，大人就会不耐烦地说："背出去！快背出去玩！"我就背着我的小师妹去戏院看戏喽。

那时的新生戏院后面是一座大庙，里面立着许多大菩萨塑像。艺人都住在后面或两边的厢房里，我师父全家就住在厢房里，旧社会艺人的生活条件差，没有保障。戏票卖得多，收入多，分成多；卖得少，就没有多少收入，日子过得并不宽裕。有时我会对着那些菩萨合掌，祈求他们显灵，让我能回家："我要回家，我不想学唱戏，不想在这里过下去。"在这唯一的乐趣就是看戏，看戏可以忘记一切烦恼。我背着娃娃，几乎天天晚上都可以看戏。所以我对戏的细节清楚得很，知道传统剧目都有哪些戏，知道生旦净末丑等每个行当，知道各种脸谱表示的身份、性格和任务。武打的，枪棒棍花样多；旦角的，身段、手、眼、身法、步，韵味很美，要求演员练打坐，都要到位。我虽然人小，但听大人讲，加上看，就有了自己的收获。传统戏曲文化对我的影响还是比较大的。

解除合同

1949年冬季，有一天，戏院进来了许多端着枪的解放军。他们巡视了一阵又走了。后来听大人们说贵阳解放了。贵阳此时汇聚了不少从全国各地来的戏曲艺人。以前的戏院都是由私人办，解放后这些戏班都转入了国营剧团。原来的新生戏院改制后更名"黔光京戏院"。还成立了艺人工会。这是新社会团结艺人的群众组织，我与师父都参加了。

新中国成立后，党的文艺方针政策大好，提出"百花齐放，推陈出新"，派来了一些干部搞戏改，提倡演新戏。艺人们紧跟时事，积极排练并演出了现代京戏《九件衣》《江汉渔歌》《棠棣之花》等。我还在《棠棣之花》演了一个卖唱的小女孩，我记得导演是赵少农。他的弟弟是演武生的，名字叫赵师华。那时我与师母配戏，演传统京戏《琐麟囊》《荒山泪》时，卖戏票的窗口海报还挂有周星芳的牌子。艺人们的日子比过去好多了，我的心情也比过去好了。可我还是不想在师父家待下去，又苦、又累，像个奴仆一样被人呼来喝去地使唤着。师徒合同不解除，我就没办法脱身，严重的还要付赔偿款，想到这些，我的心就很烦。有对我好的艺人长辈了解了我的心思，就悄悄地跟我说："现在解放了，是新社会，你同师父订的合同是在旧社会，解放前的事情。要解除这合同可以去找法院，让新政府出面来解决。"听了这话，我好开心。我向母亲说解除合同的事，她就带我去了法院。我向负责的人说明情况，并向他提出帮助解决师徒合同的要求，最后法院决定解除我与周家的师徒关系，并当着我的面烧了师父手中的那一份合同，保留了我母亲手中的那一份合同。如今那一份师徒合同，已成了我那段学艺生涯的纪念品，也是那个时代的见证。我终于可以回家了，我是自由人了！回家之后的心情是无法用言语诉说的，我天天同家人在一起，特别开心！我家由贵惠路搬到环城南路居住，为了让弟妹们好好上学，为了减轻家庭负担，我想帮助母亲多干点事，就每天跟着大人到父亲工作过的单位——新桥粮食局仓库，去补装粮食的破麻袋。两个人补一天下来，可以挣到买小菜的钱。到了夏天，晚上我就和大弟弟两人背一捆蚊烟香，走街串巷地去叫卖。有时，弟弟与别的卖蚊烟香的小孩吵架。看到那些人想欺负我弟，想殴打他时，我就赶紧挡在弟弟身前，双手叉着腰，摆出一副要同他拼命的样子，把那些人吓跑后，我才松了口气。其实，我那是装魁，吓别人的。

来黔光京剧院做戏改工作的干部中有个人是老红军。红军长征路过遵义市，她就跟着红军走了。全国解放了，她回到贵阳，参加文化艺术的宣传工作，她就是梅松同志。她跟我师母的关系一直很好，我脱离周家的事她也清楚。有一天，我同母亲在街上遇到了梅松同志，她问了我的近况后，跟我妈说："让孩子来考文工团吧！"并告知了文工团地址，又约定了时间。到了那天，妈妈带我到了文工团。听到团里的人称梅松同志为"梅指导员"。我才知道，她是团里的领导人。见到我们，她就叫来几个人，其中有一位手里还拿着一把胡琴。大家坐着叫我给他们唱段京剧听听，我请拿琴的同志给我拉

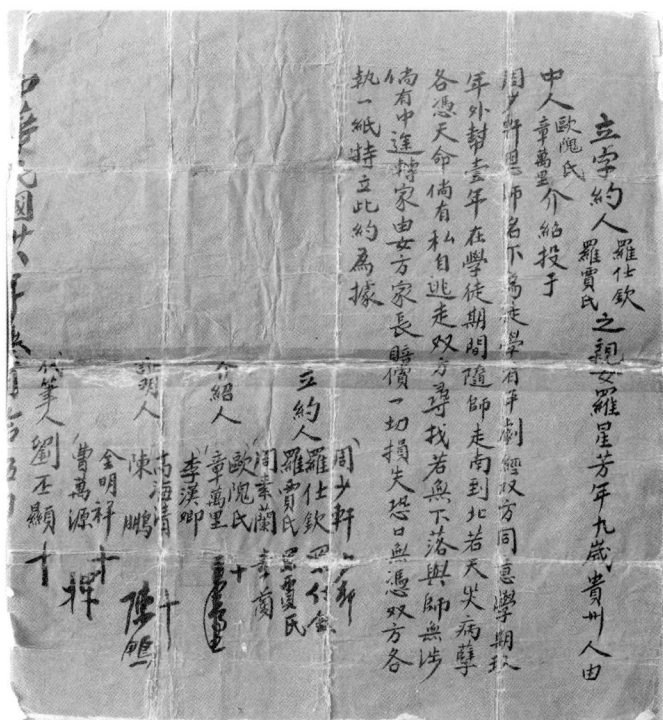

罗星芳的师徒契约书

琴，我唱了一段《苏三起解》，听的人都说："好！好！好！"我也兴奋了，主动要唱一首当时流行的草原歌曲《歌唱祖国》。大家都说我行。梅指导很高兴，马上让人拿纸和笔来，叫一位同志把我的情况写下来，她当场就决定让我留下来。那是1952年的3月份，阳春三月，春暖花开的季节，我才12岁就成了贵州省委人民文工团最小的一位文工团员。

文工团员

文工团（即贵州省歌舞团前身）原是二野五兵团文工团。西进贵州后更名为贵州省委人民文工团。在贵州解放初期，该文工团到清镇参加"土改"工作时，遇到了土匪闹事，清镇政府、团里牺牲了许多同志，回到贵阳后，重新进行整编。团里正需要用人，当时就吸收了各方面的艺人。其中有20世纪30年代有名的电影明星罗军，有演话剧的老艺术家林薇，有专门演老太婆的陈曼，有在罗军导演的话剧《龙须沟》里扮演陈麻子的刘学文，有搞音乐的黄江帆，拉手风琴的曹玉凤，拉大提琴的王平波，还有唱河南梆子的老艺人等。有些我都记不得了。我是唯一一个最小的，学京剧的团员。

现在我还记得，我被留下的那晚，领导安排了我的住处，老同志抱来了被褥，还帮我铺好床，好让我安睡。这使我感受到了同志间的温暖。大姐姐彭敷埠带我上街买皮鞋。因为我脚上穿的布鞋脚趾头都出来了，还去裁缝店给我量身做衣。用的都是公家的钱，我一点都不用操心。

那时文工团的待遇是供给制。吃、穿、用、住国家都包下来。老同志请保姆，公家可以报销的。后来改薪金制了，听领导说我年纪小，怕我乱花钱，按行政最低一级给我。我随领导安排。我是在团领导的培养和老同志们的关爱下长大的。

团里指派乐队吹长笛的罗仕爽教我文化、生理知识。学识谱"哆、来、咪、发、唆"，合着乐谱唱出音来。我还学会了拼音字母和查字典。他们很认真地教我音乐、文化。对我很关心的彭敷埠大姐教我每天记日记。连星期天休息，她都会带我去新华书店走走看看有什么适合我看的书。我喜欢童话故事及小人书。文工团的大哥哥、大姐姐们都是我的老师。

文工团在业务上要求的是一专多能。我刚进团就参加排演东北秧歌剧《光荣灯》，在剧里演小男孩锁柱儿。林薇演锁柱妈王二嫂。罗军导演话剧《龙须沟》时，让我演一个男孩二嘎子，同志们看了也满意。当时拍的剧照还刊登在《贵州省话剧团四十周年》的纪念画册里。文工团里有很多种艺术，只要群众喜欢看，我们都争取能排练好演出。对我来说，这些工作不难，做起来还很轻松。

1952年的冬季，由舞蹈家吴晓邦担任团长的中央访问团到贵州进行慰问演出。他们到民族地区演出，省里领导要我团跟着他们一块去演出，团领导起初不让我参加，怕下去要行军走路，我年纪小受不了。可是我又在节目《光荣灯》和新排的花灯剧《五朵红花》里演小幺妹，无人顶替，再加上我一直要求领导让我跟团下去。最后，团里还是让我参加了。我跟随中央民族歌舞团的同志一起演出生活，向他们学习到了许多东西。这一时期我心情愉悦，收获使我永远难忘。2003年12月11日的《贵州民族报》上刊登了我写的文章《那年那月我在苗乡》，我在那篇文章里回忆了当时情景。

中央民族歌舞团丰富多彩的演出，充分展示了我国各民族的歌手风采，这使我眼界大开。我学的第一支舞蹈是传曼如大姐教我的维吾尔族独舞《迎春舞》，第二支舞蹈是我向朝鲜族演员学的双人儿童舞《童心舞》。两个民族的舞蹈风格独特，我很喜欢。独舞《迎春舞》在慰问解放军或是下乡给农民演出时都少不了。该舞蹈成了保留节目。

向传曼如大姐学跳《迎春舞》时，我们都还年轻，直到2009年中国舞蹈家协会六十周年纪念活动，我们在北京再见面时，她已是满头白发。时间过得真快！

1953年至1956年间，文工团为适应时代文艺事业发展需要，改名为贵州省民族歌舞剧团，从贵州民院调来一些人，其中少数民族成员多，女性苗族演员都是台江县人，而男演员都是黄平的，布依族演员多是罗甸人，也有汉族同志。从贵阳师范学校调来一大批艺术系的学生，还有从劳动局也分来一些人员。各大文工团也调人来，人才聚会好不热闹。

我年轻，能唱能跳，就在歌舞队。在歌舞队参加全国人民慰问解放军的演出活动时，我们慰问团的团长是时任省领导的苗春亭，我们慰问的演出路线在安顺、兴义、贵阳一带。在贵阳附近演出时，我告诉部队首长我有个哥哥在贵家桥的部队当解放军，他们就用车送我去看望我家二哥（我亲大伯的儿子）罗星富。

1955年，我第一次出省到北京演出。当时我们有来自贵州西部鸦雀苗（苗族分支之一）跳花场的群舞节目《花树手》，是由团里的老同志作曲，表达苗族人民在节日中的欢快情绪。我们到了北京，住在团中央招待所。听领导说，这支舞蹈入选了在波兰华沙举办的世界青年联欢节的演出节目。后来被中央歌舞团青年女编导改编成"苗族青年舞"，由中央歌舞团带去演出。我们团出两个演员，领导决定让我和一个苗族男演员杨再强去参加中央歌舞团的排练工作，还叫我交了一张照片。我没有照片，只好跑到北京街上一个小照相馆拍了个半身像交上去。最后中央歌舞团说，女演员人多，缺男演员，就把我换了。我们团的两个苗族男演员参加了"苗族青年舞"的表演。

那时候，文艺团体太少了，全省就一个民族歌舞剧团，所以什么事情都少不了去热闹一下，逢年过节更是忙得要命。去北京演出，少不了；到下面演出，更少不了。那时候，好像没有休息日，我可以一天到晚穿练功衣排练。好玩得很！人家休息的时候，就是我们搞文艺的人最忙的时候。我们下乡都是步行，还要自己带背包。哪里像现在，有汽车，有宾馆给你住。那个时候，生活条件苦啊！

我们每到一个地方都是自己搭台、搭灶，自己搞饭吃，就像在部队生活一样，但是我们过得很愉快。因为我年龄很小，那些大同志都会带我。看我走累了，就讲故事给我听，还讲笑话逗我开心。他们对我非常爱护。以前的剧团生活很愉快，紧张是紧张，闲的时候，大家也开联欢晚会，相互交流。

那个时候，每个星期组织都派我们团的乐队去贵阳市交际处组织舞会。

20世纪50年代时，会在交际处专门开舞会。反正我们团只要不演出，就是去舞会。那时候，最广泛的群众性活动就是交谊舞。

为了适应人民群众对文化生活的迫切需求，文艺部门也进行体制改革，话剧队改成了省话剧团，歌舞队改成了省歌舞团，抽调了一些老文艺骨干下到两个自治州建立歌舞队，还建了省花灯剧团。

贵州省歌舞团于1956年正式建立。冀洲来省歌舞团担任团长。那时全国歌舞团最流行的是"三灯一跪"节目。一灯是"荷花灯"，由舞蹈家戴爱莲改编成女子群舞；二灯是"采茶灯"，也就是"采茶扑蝶舞"；三灯是安徽的"花鼓灯"；跪就是三人"跪驴舞"。歌舞团都被命令演这些节目。我跳过"荷花灯""采茶扑蝶舞"。我们团里也演过"跪驴"。团长一上任就开展全团大讨论，讨论怎样来办团。

团长说："现在全国编号一号团、二号团、三号团，大家都演一样的节

1957年，贵州省歌舞团到各自治州筹建当地的歌舞队

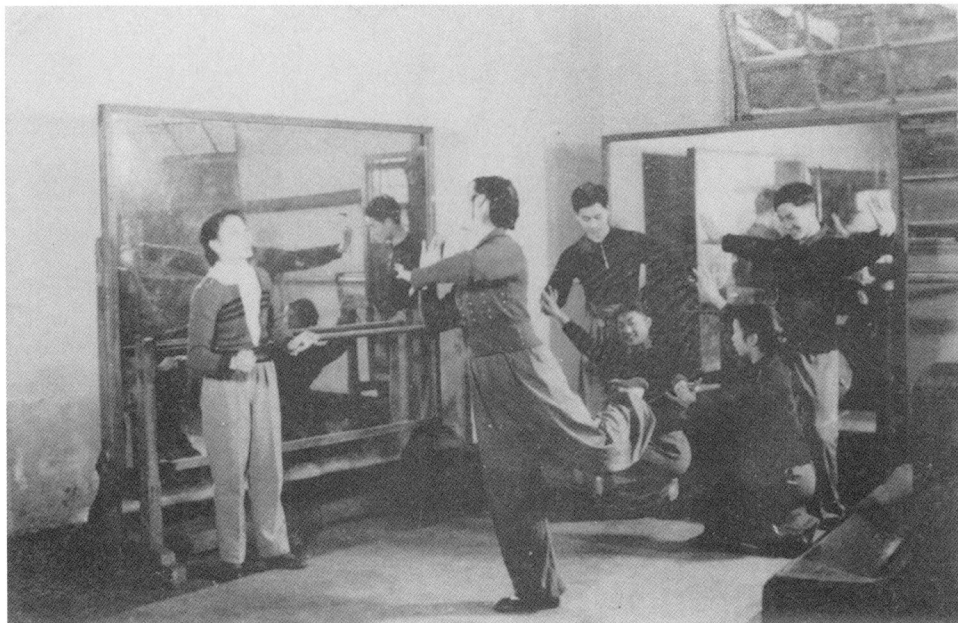
歌舞队日常的排练

目。观众无论走到哪里，看的节目都一样，都是那几个节目。那贵州省歌舞团就要有自己的个性，走自己的路。在贵州，就要走贵州民族民间的挖掘、整理和创作之路。发掘本地的东西，有特色的东西。"大家讨论，制定出总的文艺方针后，又要求每一个人定计划。我那时还小，不晓得怎么定，就定了一个七年规划：我要成为一个贵州民族民间舞蹈演员。

1956年底，我们又准备参加全国专业团体音乐舞蹈会演。歌舞团刚成立没多久，没有很多节目，成不了一台晚会，就带了半台晚会和别的省组合。我承担了跳彝族的阿西里西的群舞和小舞剧《筛娘》。

我们到北京参加全国专业团体音乐舞蹈会演时，让我最难忘的是1957年1月23日那天。记得我们刚从北京人民剧场排练回来，一到旅社就听见领导宣布："快些吃饭，一点半钟上车。"上车去哪，去做什么都没有说，虽然领导没说，但从面部表情上来看，每个人的心里都差不多猜到了。大家都忙着梳头洗脸，不少同志还穿上了自己的民族服装，大家兴奋激动地上了汽车。

汽车开进了一座带有古代风格的红门，门前有两个威武的解放军战士守卫着。进了门我又紧张又激动，大家一句话也不说，下车就让排队。这时已经有很多团体排好队站着。我们由一个工作人员带领，走进一座摆着很多梯子的草地，我们按指定的地方站着。这时我的心跳得更厉害了。突然，大家都骚动起来，向着一个地方看，我也朝着大家看的地方死死盯着。不久就出现了一群人，这时全场响起了雷鸣般的掌声，人们都欢呼起来！在这群人中，我第一眼就看见了毛主席。毛主席个子高高的，身穿一套银灰色的中山服，向我们微笑和招手。他身边有刘少奇、邓小平和其他中央首长。当时不知怎么的，我的喉管都哽了，眼泪从眼里直往外流，眼睛一直盯着毛主席看，根本就忘了照相。我多么想跳到毛主席面前对他说："你老人家可好？"我真羡慕坐在毛主席前面的那些人，他们离毛主席那样近，而且还和毛主席握了手。

照完相，大家又欢呼起来，在欢呼声中，毛主席和其他中央首长离开了我们。虽然毛主席已走远了，但是他的影子在我脑子里留下了难忘的印象，那是我最幸福和最难忘的一天。

我的剧照被登到1957年11月的《民族画报》上。我们上山下乡演出的成绩比较突出，北京的《人民画报》《民族画报》都来采访。《人民画报》有一个摄影师何世尧就给我拍了一个正在准备上台的照片。他说："你穿布依族衣

罗星芳到北京参加全国专业歌舞团体歌舞会演时的合照

服，我给你拍个照。"那是一个专版登的大照片，上面还写了图片说明"准备登台的布依族演员罗星芳"。这个资料现藏在图书馆。

从那以后，我就开始一直登台表演。我觉得我的运气很好！

那个年代，我们歌舞团要求下乡，在乡下，我们什么节目都表演，既跳舞又唱歌，还要演点小话剧，要让观众高兴。

1959年，我参加了国庆十周年献礼活动，还收到了国宴请帖。我们到北京演了苗族组舞《欢乐的苗家》。时任贵州省委宣传部部长汪小川说要拿出一个有贵州特色的节目，大家就集中精力排练《欢乐的苗家》。《欢乐的苗家》这台剧是一种创新，男演员演奏的芦笙只有民间才有，《欢乐的苗家》里有一段就用了无乐队伴奏，很鲜活。北京比较干燥，我们怕那个芦笙声

罗星芳受邀参加中华人民共和国成立十周年在人民大会堂宴会厅举行的招待会的相关材料

歌舞团下乡演出（一）

歌舞团下乡演出（二）

歌舞团下乡演出（三）

破，又将芦笙进行了改良。最后这个苗族组舞还被拍在彩色歌舞电影《百凤朝阳》里。

1960年，周总理到贵州来视察，得到通知演出时间有限。当时是三个团出演一台晚会，包括西铁文工团、省花灯团和我们团。我们只演《蔓萝花》第一、二幕。表演完后，总理及领导人上台接见。周总理平易近人，他说："你们辛苦了啊！"那时我太激动，不晓得讲什么话合适。现在想起来，总理说的这句话包含很多。那个年代确实困难，我们也辛苦，为了圆满完成这一台晚会，全团动员歌手来演打手、跑龙套。冬天，天气非常冷，吃得也少，我们在排练厅一边编一边排，同时还要改，是真辛苦！

后来，邓颖超也来观看了我们的《蔓萝花》，她看完了整场演出。那一次，我还受伤了。舞台上，一个新学员演打手，他不太懂假演，就像一个真的"狗腿子"一样来抢我，然后把我拖到侧幕，用力扯我，我的手马上肿了起来。后面还有一幕戏，我忍着剧痛接着演出。表演跳江的情节时，有一段控诉舞，需要表演得很悲愤，我当时手痛，眼泪忍不住直淌。观众看起来觉得我很入戏，实际上我是真的痛！新学员不懂演戏，但是很认真，也不能怪他。好玩得很！

电影《蔓萝花》

我很幸运，我参演的歌舞剧都有电影记录。《蔓萝花》被拍成了电影，《伴嫁歌》和《姹紫嫣红》也被拍成了电影。

1956年，黔东南州还没有建自治州，州府还在镇远，当时准备要挪到凯里了。那时候，中央新闻电影纪录制片厂的中德合拍友谊片摄制组到贵州来，在凯里舟溪拍电影。这个电影的导演是一个国内吴姓导演和一个外国导演。他们向团里要求派两个演员，随时跟拍。团里就派我跟另外一个舞蹈队的女同志去参加拍摄。我们在舟溪穿着苗族服装，在苗寨里饰演当地群众。那是我第一次接触电影，也是我第一次看到拍电影的摄像机，当时觉得很有意思。

罗星芳在《蔓萝花》里的演出造型

一讲《蔓萝花》，大家都晓得"曼多多，蔓萝花"，这是凯里舟溪青曼一带一个口耳相传的民间故事。我的先生伍略还是高中生时，无意间就把家乡的口头故事变成书面文学，发表在《贵州文艺》上。当时，《蔓萝花》这个故事出来了，找不到作者。画家宋吟可根据故事情节画了一册连环画《蔓萝花》，宋吟可把"曼多多"叫蔓萝花。都匀京剧团又根据这个连环画排成一个京剧到贵阳来演。之后，贵阳越剧团又把这个故事编成越剧。戏曲界无形中形成了一股"蔓萝热"。

有一位深圳的电影导演很喜欢《蔓萝花》，他甚至跟我们下乡，他问老乡："你们这'蔓萝花'是什么样子的？"老乡说不晓得，没有这种花，不知道长什么样子。其实，"蔓萝花"在现实生活中根本不存在，它在民间的口头中流传，后通过文人的艺术创作呈现，是一种想象。后来我们团演出，就把它塑造成喇叭花的样子。"蔓萝"是舞剧里的一个人物，蔓萝投江后变成了一朵花。人们为了追悼她，叫她蔓萝花。

我们在上海拍电影《蔓萝花》，学了不少东西。1961年，国家非常困难，

《蔓萝花》演出海报（右）。左图是来自"小粉丝"的手绘临摹图画

《蔓萝花》剧照

《蔓萝花》小画书

拍电影的压力很大。但贵州艺术团的待遇很好，大家很照顾我们。秦怡、赵丹这些名演员还来探班，带外宾到摄影棚来看我们。他们很重视，还说："这朵花要开到黄浦江上。"

拍摄《蔓萝花》的阵容很大，不光有贵州省歌舞团的人，还借调了西铁文工团的男演员，用了两个州里的舞蹈演员。大家组成了一支贵州文艺队伍，共同拍摄《蔓萝花》。

我在电影的拍摄过程中，收获很大，懂得了很多表演上的艺术创造，当然过程也很曲折。我是单眼皮，小眼睛要专门打白乳胶。那时候化妆不像现在，不仅化妆品丰富，方法还科学。白乳胶含铅，粘得我恼火，一拍下来，我这眼皮全部是黑的。脸上也开始起斑斑点点，都是化妆太多引起的。几个月时间，天天要化妆，我的皮肤损伤很多。我手上的小骨头也断过，也患了腰肌劳损。拍电影很累很累！每天都在摄影棚里。我摔伤以后，拍摄就要停工。我一病倒，这个片子就要受影响。是很恼火！当时医生还陪我去锦江饭店养了几天伤，休息了一个星期。

另外，还有胶卷问题。1961年，胶卷都是国外进口的，有苏联的，有德国的。最好的是德国的胶卷，质量好，拍出来的片子偏蓝色，颜色比较正。

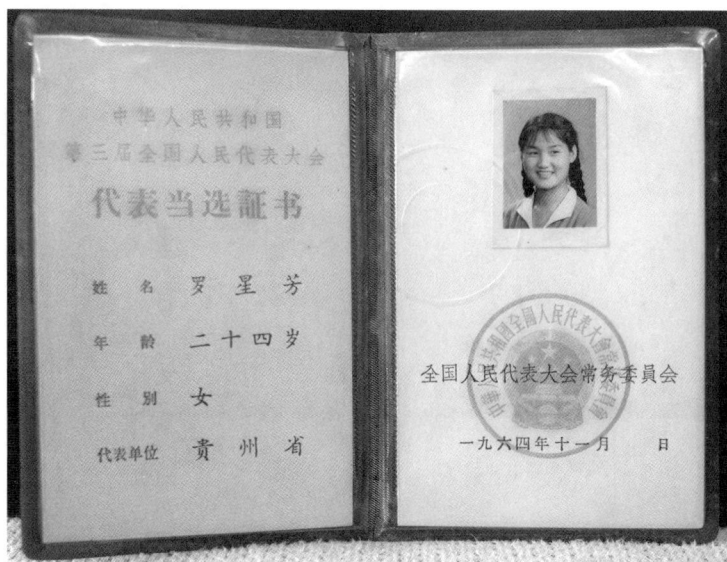

拍电影还要看演员情绪，常常一个镜头要拍几次。有时候情绪好了，胶片不好，要重拍；等胶片好的时候，有时候情绪又不是很饱满，但不能再来了，因为只有那么点胶片，最后就只有将就了。

不过最终电影呈现出来的效果还不错。在跳崖这个镜头，我跳下去以后，底下的工作人员接到了我，还说我这个"蔓萝"很上镜！他们说我上镜，说明他们满意了。我听了，很高兴。

电影拍完后，在上海公演了四场舞剧《蔓萝花》。当时，上海市人民政府市长曹荻秋亲自上台接见，演员尤嘉（电影《枯木逢春》女主角）以及其他全国有名的编剧、舞蹈演员也上来献花。拍这个电影见识增长了不少。

拍完电影回到贵州，团里又给我提了一级。虽然感觉很苦，困难很多，但任务也算圆满地完成了。后来，我还当选了第三届全国人大代表。

我的创作

我从舞台上退下来后，文化厅的处长就让我去做群众文化工作。

做群众文化工作也很有意思，这让我又学到了好多东西。

贵州刺梨花很有特色，而且和布依族文化有关。《好花红》是惠水有名的民歌，主要部分是这样唱："好花红，好花生在刺梨蓬，好花生在刺梨树，哪朵向阳哪朵红，朵朵向阳朵朵红。"我们团的女声小合唱也唱过这首歌。我听好多人唱《好花红》都没有唱出味道来，完全是按谱子唱。其实它有民间唱谱，我们团排练合唱的时候强调尾声"好花生在那刺梨蓬啊诶……"那个拖音很有特色。这首布依族的唱曲，我一直哼了很久。为了庆祝关岭布依族苗族自治县成立，我编了一个《刺梨花红》去演出，后来团里的朱淑华根据《好花红》的音调写了一个舞曲，编了一个独舞，我就去即兴演出。他们

贵州省老艺术家委员会第三次会员大会主席团成员合影，右三为罗星芳

说，音乐舞蹈一滴水。这个舞曲用音乐的节奏快慢来表达了我的心情。最后，观众上台献花，我用一句布依话来祝贺他们的演出大获成功，效果特别好。后来我又跳了《六月六》，也是根据《好花红》音乐即兴创作，表现自由的一个独舞。还有一次，在望谟县的民族节日"六月六"，我们团里曾玉成的女儿曾小燕在海正歌舞团当歌唱演员，她回到了家乡望谟，要上台演唱布依族这首歌，就约我说："我们一同来表演好不好？"我说："可以嘛。你来唱，我来给你伴舞。"后来我就上去给她伴舞，在台上就形成了歌伴舞，歌言志，舞抒情，效果很好。

后来老艺术家委员会成立开展纪念活动，非要我出节目。我就把曾小燕唱的这个版本的《好花红》拿出来表演了，打把伞就表演了布依族的柔美、欢快。

还有一个舞蹈《送秧青》。秧青是种稻谷的肥料。我跟罗时隆（演《蔓萝花》的男主角，罗甸布依族）在荔波做文化工作时，远远看春江河上的三板船过境，很美。我觉得可以编个舞蹈。后来再想，贵州山民劳动时的高挑也很有特色。劳动时，箩筐是在上面，扁担穿过箩筐架在肩膀上运东西叫高挑。高挑是贵州根据山区的地理特征发明的方法。我就想到用根竹竿，表现陆地上的上坡、下坎和送肥，而姑娘们中间休息下水到江边时，就用它表现江上的划船、唱歌、对歌……这一定是很抒情的女子舞蹈。

演出始终是两个结构，一个陆地上的，一个水上的。虽然节目不是很成熟，但是最后还是公演了，观众评价一般，还有些人说罗星芳编舞不行。我自己也就没有了信心。

这就是生活给我们的感受，我想表达自己的心意，但不是很成功。这人也不是全才。我善于表演，但我不见得善于编。虽然编剧不是很成熟，但是演出了，给观众见面了，了结了自己的一个心愿。

20世纪50年代《新观察》刊登的一幅漫画《开渠的早晨》，就是表现人们兴修水利的场景，有一个老太太抱着孙子去送儿子到工地上去修水利。1958年，国家兴修水利。后来，我想干脆编一个老太太的舞蹈，就发动群众搞创作。那段时间，国家发动大家搞创作，人人都可以搞创作。

四个老同志要去工地上劳动，四个老太太就要送亲人上工地，她们每个人的手上都抱着婴儿，但她们也想跟他们去工地上。那怎么办呢？家里又要有人照顾娃娃。她们就想，干脆来划拳，把四个娃娃交给一个人来带，其他人就到工地上去劳动。

节目《四个老太婆》到文化局参加全省专业表演时，大家都觉得很新鲜。

演出完了，观众都没想到《四个老太婆》是根据一幅漫画改编的。这个剧在话剧团引起轰动。他们觉得戏剧性很强，哑剧成分又多，集合了老太婆的戏剧夸张动作。作曲吸收的是北方音乐，有滑稽性。这种带有戏剧性的东西，还有点意义。

后来，吴保安请我跟他合作中型舞剧《母亲》。这是表现贵州红军三个母亲的故事。解放了，红军要回到曾经救过她的乡村去看望为她牺牲的一家人的后人时，看到小女孩长大成人了，他们就一起回忆红军被追击的往事。老太太为了掩护红军，就把红军当成是她的儿媳妇，敌人来搜捕的时候红军就躲过去了。但是在这时，她真正的儿媳妇回来了，怎么办？老太太就否认了这个人是她的儿媳妇。她牺牲了儿媳妇保护了红军。这个故事有点感人。这是我在歌舞团第一次上演反映现实题材的歌舞剧。我演女红军战士，表现与敌人搏斗、追击时，就用了些学戏的翻滚，还有芭蕾舞跳跃、旋转的技能。吴保安负责整个剧情的安排，我跟他合作，自编自跳。

那时反映红军题材的舞剧很少，贵州的这个作品还算是中型舞剧，在全国也挂上号了。我们团的舞剧在全国都挂上号了，也算突出了。

我搞创作也是一种学习，也是想在这方面尝试一下。我知道自己主要的成绩还是在舞台表演上。

先生伍略

跟伍略认识是一件很自然的事情。因为我们家就住在老歌舞团的房子

罗星芳与先生伍略的结婚证书

罗星芳与先生伍略的结婚照

里，对面就是文联，伍略是文联的专职作家，伍略是其笔名，他本名叫龙明伍。

有一次，同为第三届人大代表的蹇先艾对我说："你晓不晓得，那个人就是《蔓萝花》原作者。"有很多人加工过《蔓萝花》，其实我搞不清楚原作者。我一看，说："咦！这个人穿件苗族土布染的衣服，还那么年轻。我还以为是个老者！"这样，我就晓得他了。我觉得这个人还可以。以后进进出出经常打招呼，我们就认识了。

那时候，我没有地方看书，歌舞团的图书馆图书也很少。他们说文联的图书比较多，我就去借书。我真的是请他帮我借书，也介绍点好的书给我看。

他帮我借的第一本书是《勃朗宁夫人的十四行诗》。我那时看普希金的诗看得多，也看苏联小说，对其他书籍并不是太了解。我们隔壁就是图书馆，我就去借《格林童话》《丹麦童话》等书来看。后来我们团里的那些大同志说："你天天看书，念一篇给我们听嘛。"在宿舍里，我就给那些女同志念《格林童话》，每一篇童话最后都有"给你一个吻"。我也不认识"吻"字，就认半边字，念的是"给你一个勿"。那个"口"字加"勿"，我念不出来，就念错了。那些人就说："什么？给了一个什么？"我说："给了一个'勿'。"人家就跑过来看，我闹了个大笑话。

后来就变了，就变成说罗星芳和伍略谈恋爱，伍略写信来说"给你一个吻"。

那时候我们也没有正式谈恋爱，我对他的印象就是他在《人民文学》上不断发表他的作品。他经常写苗族，我也经常深入苗族地区去生活，我就觉得他写的苗族生活确实还可以。他的文笔好，抒情性更强。我对他就有了更好的印象。

我们表演舞蹈的人，也看重形象，看到他的外表好，长得年轻、英俊、性格朴实、不多话，就慢慢与他有了更多的接触。

而且以前他家里的藏书很多，是个大家族，他也看了很多书。美术家协会的一个老干部给我说："你应该向他多学习，他的历史知识比较丰富，你应该多向他讨教。"意思是多接近他嘛。

我只有小学三年级的水平，读夜校是读到了初中。每次报名都是读初中，永远读不完那本书，因为刚刚读了几天书，又要下乡演出了。我们团办了个文化班，有学音乐的、作曲的，他们就给我们上唐诗宋词的课。我对白居易的《长恨歌》印象深刻。

我希望找一个文化比我好，能够帮助我的人。伍略写作好，我对他就有好印象。我拍的《蔓萝花》是苗族的故事，他对我也有肯定，认为我不会把它演错，能把苗族故事演好。我们彼此产生了好印象。

认识没多久，我们就准备结婚。当时领导都不准，希望我一心一意搞业务。我说："他经常下乡，好不容易在贵阳休息一段时间，就那段时间有空。"于是我们就选了个日子去登记结婚。

那时候，我们还没有房子，就在文联租了个客房，简单布置了一下。团里的老同志对我们都很好。我们结婚的照片是舞美设计师周敉同志自愿来给我们拍的。我很感谢他，我说："不是你给我拍照，我结婚的纪念照都没有。"我结婚那天，大家都很高兴，很多人都来给我庆祝。现在想起来，好多人都走了，都不在了……

生活感悟

我看戏看得多。我没看《三国演义》《西游记》等书，但我晓得《红楼梦》写的是什么情节，应该怎么演里面的角色。在看戏中，我无形间晓得了很多东西，懂得如何"做戏"，在舞台上站有站相、坐有坐相。如何一上台就把观众的目光吸引过来。

"师傅领进门，修行靠个人"，我的师傅教我学艺，但是以后这路怎么走，要靠自己慢慢地一步一步走，表演也是一步一步演。

我最羡慕进过学校的人。我除读了三年小学，进过夜校，没有其他训练。在团里，工作也忙，每次演出都要参加。学习就要有时间，我羡慕进行过专

业训练的人。我有时候想，如果我的舞蹈技巧再达到一个高度，有些细节会处理得更好，会爆发得更好。但是因为我没有进行过正规艺术学校的舞蹈训练，这就成了我的终生遗憾。

我只是舞台实践多。我喜欢人家看我表演。

我不强求我的孩子们都学我的本行，但是他们都可以熟悉舞蹈。专业从事舞蹈，要求很高，付出得多，能做的时间又短。

我的外孙女到团里办的班去学习，让她劈腿下腰，她都说："哎哟，好痛哦！"怕痛，绝对干不了这个事情。后来她果然干不下去，就到北京去学化妆。化妆现在也是一种很时尚的职业。现在好了，有各式各样的职业，可以去选择做喜欢的事情。

我现在老了，有三个儿女都围着我转，都招呼我，我也非常高兴。上了年纪，就是要多活动，你能做，你就做；你不能做，你就休息，养身体。但不能贪睡，也不能贪吃，要动点脑筋，看点书，看点电视。我现在最喜欢看古装戏。古装戏选景费事，装扮费事，但古装的头饰很漂亮，服装设计也非常好看。

老了，多晒晒太阳，多看风景，好好地活着，就行！

本色主演秦娘美

口述·刘玉珍

刘玉珍，1940年生于贵阳，一级演员，著名黔剧表演艺术家，贵州省黔剧团书记、副团长。曾任贵州省政协委员。黔剧代表剧目《秦娘美》中"娘美"的饰演者。1960年，被贵州省政府授予全省先进工作者称号。2001年，被评为贵州省1996至2000年度优秀党务工作者。

刘玉珍

我已记不清楚祖上的事了。我好像听父亲讲过，祖上是从江浙那边过来的，一说是扬州，一说是杭州。但我的老祖太（贵州方言，意为曾祖母）是安顺人，她是地道的贵州人。我的父母亲和我都是土生土长的贵阳人。

童年记事

当时我们家住在现在省美术馆的那个位置。那个地方曾是个村子。我舅舅和我妈，他们只有两兄妹，他们的父母走得早。舅舅就送了一间房子给我妈。房子在云岩村，邻村是江西村。那里以前算是郊区。我妈用这间房子来结婚。这间房子不是瓦房，是茅草房。虽然是茅草房，但是很宽敞，有一间大客厅，一间大卧室。那间房子住起来非常凉快。后来，因为要在我们住的地方修省博物馆，所以我们就搬到了永乐路。我们在永乐路的房子，有一楼一底，有两间。我还记得搬来这里之前我家附近到处都是坟坡坡，永乐路这边的家就是临街的房子。

搬到永乐路时，我已经有十五六岁了，就进入霁云小学读五年级。这个学校在永乐路和毓秀路交叉再拐弯过去一点的地方，离我们住的地方很近，右边拐上去就是市北小学。我读到五年级的时候，大姐正在读师范学院。她读完后，原来说是要定向分配到贵阳，突然省里面政策有变化，她要支援下头专区、县份，就被分配到金沙县去了。大姐出去了以后，父母的第二个小孩得了疝气。我只记得，母亲拿个鞋底——以前穿的那个补丁鞋弄热了给他捂肚子。结果，他还是一岁多就走了。父母的第三个娃娃是个姑娘，也是因为生病，在她一岁多就走了。第四个才是我。第五个又是一个妹妹，第六个是个弟弟，也是一岁多就去世了。我还有印象，他去世的时候大人拿一个小的洗衣板当棺材，他就躺在那个板板上。第七个也是个弟。我父母生了十二个孩子，存活了九个，两个儿子，七个姑娘。他们说笑道："你家是七仙女！"大姐出去工作了以后，我就是最大的孩子。我跟父母讲我要做家务活，带弟妹。就这样，我就主动辍学回家了，五年级就没读书了，回来把弟弟妹妹带大。小的时候，我们家是吃蒸的那种甑子饭。我家的灶台有点高，我就背着九妹站在板凳上蒸饭。结果九妹在我背后一动，我们俩就一起摔倒在地，粮食也洒在地上了。我摔下来后哭了好久，想到父母回来还要吃饭，我又开始重新煮饭。本来我们家就不富裕，我把粮食弄翻了。我就赶快给我的父母承认错误。我说："你看嘛，我把这个……"结果，他们两个不但没责怪我，还说："你看嘛，你背着你妹去煮饭，没有摔到哪里，就算好的啦。"妈妈说："不怪你，不怪你，你又赶快把饭煮了。"得到父母的安慰，我还是很高兴。我说："谢谢'北北'（贵阳话，爸爸）妈妈。"他们对我说："自家人，不用说谢谢，没有摔到就好。"

长大以后，我的弟妹们都有工作。目前第五个妹在大山洞的粮油公司。第六个弟走了。第七个弟——因为他前面几个都是女娃娃，就他是男娃娃——大家更稀奇他、宝贝他一点，他在云岩区印刷厂工作。老八在蔬菜公司。九妹在贵州民族商品厂。第十个小弟在凯里〇八三厂。第十一个妹也是在粮油公司。我家姊妹中，有好几个妹都在粮油公司当营业员。最小的这个妹在一个公司当会计，目前也退休了。我整整大她二十岁。

我们家是一个比较清贫的家庭，日子过得也比较苦。因为都要等我父母工作来养家糊口。我的父亲继承了我祖父打丝帕的手艺。以前，戴在头上的丝帕是自己打，自己染，加工后再来拿去卖。他拿丝线去露天打，线牵得很长。我的母亲就在蔬菜公司工作，当营业员，直到退休。蔬菜公司就在现在的人民剧场附近，话剧团也在那里。家里的基本情况就是这样。

文艺委员

白天，我就帮父母带弟弟妹妹，把饭做好。有时间我就参加街道的一些积极分子活动。我那时十五六岁吧。我还记得他们给我说："小刘我们看你也活跃，你就来给我们当治安委员喽！"我说："什么是治安委员哦？"他们说："你来一边做，一边就熟悉情况了。"就这样，我白天在街道做街道委员，晚上去读夜校。

那一班的老师们喜欢教文艺，他们也教了我一些，还喜欢搞一些文艺节目和文艺活动，主要是用文艺来帮大家学文化。我记得最清楚的就是《姑嫂忙》的情节。所以他们说："你来排《姑嫂忙》。"之后，我们就经常去参加宣传、演出活动。我除了晚上继续读夜校，就是参加一些文艺活动，原来街道喜欢文艺的老同志还是比较喜欢我。这样，我在街道搞了四五年。

我在街道工作时喜欢参加文艺活动，正好省里就搞了一个民间业余文艺会演。夜校的老师就帮我们排了一个小戏《龙女与汉鹏》。1956年，全国有一个"民族民间业余文艺会演"活动，贵州就要出一些节目去演出，我被选上了。选上后，我就去参加排练，被集中在太慈桥艺校排练了一个多月后，就到北京去演出。

我记得我参演的节目有《红军灯》《贺灯》《元宵观灯》。《红军灯》主要是歌颂红军，是个花灯剧。我是群众演员，和好多群众一起跳。第二个节目是《贺灯》。我也是一个群众演员。第三个节目《元宵观灯》，剧情大致就是四姊妹元宵节观灯。我演的是三妹。我记得那是1956年的冬天，天气还很冷。

从北京回来，我们代表团的团长、当时是文化局的办公室主任，他就给我讲："小刘，我看你搞文艺还可以，干脆，我介绍你去贵阳市川剧团，你就跟廖荣花学演戏。"廖荣花嗓子好，当时是他们那里的大主角。我就笑笑回应，没有完全答应。

我们去北京演出的节目是花灯剧。有个搞黔剧的老先生就给我讲："小刘，你不要去学川剧。川剧是四川的，你是贵州的，你去学文琴戏。我听你的嗓子，保证学得好文琴戏！""回去，我们要成立一个贵州业余研究社。"我记得，六七月份，黔西文琴剧团到贵阳来演出，住在原来人民剧团那里。我去看他们演的《苏小妹》《人面桃花》《搬窑》。文琴戏的唱腔比较优美，我还比较喜欢，但我也还没有想到要去学。这样子的话，我就答应他们说："我回去考虑下！"他们就说："明年就要成立剧团，成立后我来喊你。"

第二年，就到了1957年。罗少梅老师会弹三弦，也会唱，那些老师全部是坐唱，没有表演。黔西文琴剧团把文琴戏搬上舞台以后，他们就要表演。我看了以后，我就喜欢这个唱腔。加上，他们来喊我，我就去学文琴戏了，而没有听代表团团长的话去学川剧。我记得现在的老人民剧场背后，有好几间房子，其中有两间是贵州省业余戏曲研究社的驻地。我就去参加了这个社。社里的老先生教我唱戏。他们都是男角唱女角。在研究社，我只排了三部戏，其中《借亲配》《卓文君》是两个大戏，《三难新郎》是个中型戏。它们的作者都是同一个人。

这样一来，只要有客人，我们当时的省领导周林省长就经常叫我们去省政府礼堂演出。周省长特别喜欢《借亲配》这个戏。他还给演王正魁的那个演员提意见说："你还没有我这个省长会打算盘。王正魁这个角色非常抠门，到处算计，就是为钱，你要演这个角色就要把算盘打得滚瓜烂熟！"

入黔剧团

排了这三台戏后，贵阳市就想成立黔剧团。但那时不叫黔剧，叫文琴戏，后来就干脆把贵阳市文琴戏叫黔剧。我们叫黔剧，但是我们也有梆子，也搞贵州梆子。就这样，贵阳市黔剧团就进入了贵阳市筹备委员会阶段。1958年4月开始筹备，河滨剧场才修好就交付我们，挂牌正式命名为贵阳市黔剧团。

贵阳市黔剧团在各个学校招新，我们虽然是在研究社，但是全部都要重新考试，包括老先生。所以，我们都是考试考进来的。那时和我们一起进黔剧团的人都是十七八岁，都不是科班出身。我也不是科班出身。这么大了，才来搞这个。

9月1日，贵阳市黔剧团在河滨剧场正式开演，演出的戏是《渔郎蚌姑》。

黔剧团团员合影

结果，第一天一上演，观众就非常喜欢。因为讲的是贵阳话，他们又听得懂。我们在河滨剧场一场一场地演《渔郎蚌姑》，整整演了一个月。才演完，他们就把川剧团的黄团长调来当导演。

团里又给我们排了好多戏。接到第二部戏，我就排了《红霞》。我记得，他们派我来演红霞。因为团里多是现招来的学生，他们没有底子，我起码还有贵州业余戏曲研究社的基础，之前也演了一些戏，又会唱黔剧。后来，我又演了《望江亭》。在《望江亭》里，我演谭记儿，也是主角。接到《大炼钢铁》的时候，我们还演了一出宣传剧《袁天成革命》。在市黔剧团，我演了很多戏，比如《生死牌》，我演女主角黄秀兰。

后来，省里面就晓得了我的能力。周省长就搞了一次调演。1960年元月开始调演，但是在1959年6月就给大家布置了任务——排新戏参加调演。还是由苗春亭副书记来主持调演的。

贵阳市选上了一台戏，就是我参演的《秦娘美》，当时叫《珠郎娘美》。为了拍这个戏，我们就下去体验生活。我们到榕江体验生活时，和侗族青年男女同住，男同志就住男同志家，女同志就住女同志家。住在侗寨里，侗族妇女就教我侗族纺纱和梳头。我的生活就和他们一样，每天跟着他们。我们和他们不同吃，我们都在大食堂吃。那里没有好吃的菜，就是搞一大碗白菜。一个跟着我们下去的大师傅，做菜放好多盐巴，非常咸。但是饭看起来特别好，白生生的米，好看又好吃。我现在都还有印象。

　　我们白天体验生活，晚上排练。那时又没有电灯，都点汽油灯。我们点起汽油灯就来排戏。我们的黄团长好玩，他一边作曲，教大家唱，一边又要排戏。晚上的汽灯吸引了非常多的蚊子，其中尖嘴蚊很多。我们团长不准我们打蚊子。我们在那里整整待了一个月。

　　排完以后，我们就到了凯里。因为当地的王州长也非常喜欢黔剧。我们就给他汇报我们排的《秦娘美》。凯里有一个开会的礼堂可以当剧场，但是我们还在排戏过程中，没有准备服装、道具，又没有布景，一样都没有准备

刘玉珍饰演的秦娘美

刘玉珍出演剧照

好，就是穿着便服排给他看。他看完这个戏以后，非常喜欢，他就讲："不错，不错。你们这个戏，回去好好排一下，再把服装做起来，省里头肯定会支持你们。以后你们还要到北京去演，还要拍电影，还要出国。"

我们真的到北京去演《秦娘美》了。第一天晚上表演，一炮打响！人们晓得了一个新生的剧种——黔剧。那次演出的新闻还登上了《北京晚报》，讲我们是"一夜春风花满树！"

他们赞我们黔剧有三新：一是剧本新，二是舞美新，三是演员新。这个剧是一个侗族戏剧，它的舞美设计像侗族的花桥。这台剧的演员平均年龄才十七岁，年龄都比较小，所以个个都挂上了号。这就应验了王州长讲的话。至于他说的出国，我们虽然没出国，但这出戏被拍成电影后，后面的年轻人还是出去过两趟。

1960年元月，时任贵州省委副书记苗春亭来主持调演，各个专区都调节目上来演出。我们就开始演《秦娘美》。我记得遵义地区带来的剧目是《林黛玉》。开幕式第一天，安排我们就演《珠郎娘美》。一演完，省里的领导也对这出戏感兴趣了，就召集专家重新加工剧本。结果有个专家提出来说，这台剧干脆不叫《珠郎娘美》，就叫《秦娘美》，就像越剧有《梁山伯与祝英台》，我们有《珠郎娘美》。这十场"娘美的故事"是主要的故事脉络，《秦娘美》是一个区别于老剧种的名字。就这样，这出戏的名字改成了《秦娘美》。

调演完了以后，剧团就把我们这一批人整合在一起，成立了一个贵州省代表团，大概有一百多个人，有来自遵义、毕节、六盘水、安顺的团员，大家都集中住在河滨剧场。原来，我记得那条街有小的罗马店，就是小旅馆。一百多号人都住在这些旅店里。我住在河滨剧场二楼。剧团在观众休息室改装了些房子，安装了上下铺。

成立贵州省代表团后，我们集中力量排了四场大戏。其中一马当先的戏就是《秦娘美》，还排了一出苗族戏《张秀眉》。因为当时大炼钢铁完以后，国家号召要种粮食，我们又排了一场《红旗食堂》，主题就是粮食。我们还排了一出现代戏《女矿工排》。除此之外，还排了一组小戏，有《搬窑》《拷红》《黛玉葬花》等。本来我还要参演《借亲配》中《借亲》那一场的角色，后来有老师就说："不要给刘玉珍增加负担，就让她好好演《秦娘美》。"所以，我就只参演了一组小戏和这四场大戏。

塑造角色方面，就拿《秦娘美》来讲，我是比较本色的演出。演完这出戏，我对人物的理解更深刻了，各方面也有了很大的进步。

见周总理

1960年，我们计划6月1日出发去北京，这个时候有一个插曲。

那一年在贵阳市召开了全国性的文教群英会，从贵阳市到贵州省，到全国的文教群英专家、人员都聚集到贵阳。它是教育、文化、卫生几个口都归拢在一起的。这个大会开会的时间正好就是我们演出的时间，时间也是在6

月。但我是省市代表，后来我又被选上了全国先进工作者，所以他们都没有让我跟着代表团走，直接去了北京。

到北京的那一天，正好周总理设宴宴请大家，请代表们一起欢聚。宴请部就给我打电话，通知我说："你都到北京了，你要来参加大会！"

那一天是周总理设宴，当时，我们团长还把我当小娃娃，就派个队长跟着我去人民大会堂。那天，我见到了很多专家，包括白杨、严凤英、常香玉、梅兰芳等。我很喜欢看他们的戏。他们的各种戏我都看，所以我也认得他们。

宴会上，我见到了周总理，但不好意思去打搅他。我如果胆子大点可能就会跟总理说："总理，你在贵州时看过我的戏哦。"此前，周总理去贵州，临走的时候都说："你到北京来哦！我还看你的《卓文君》。"我给总理演过《卓文君》，但他没看过我演的《秦娘美》。我们演《秦娘美》的时候，总理正好去北戴河开会了。那天是7月1日，我们在中南海怀仁堂演出，陈毅副总理来看演出，朱德委员长也来了。在会上，陈毅副总理很高兴。大家觉得《秦娘美》不错，能到北京中南海这个最好的地方演出，还是很难得。大家也兢兢业业，献出了最好的演出。"一点差错都不能有哦！"我们导演也要求我们，搞得大家还是比较紧张的。看了以后，我记得陈毅副总理还说："哎呦，周总理给我讲了，本来他要来看你们的戏，结果他去北戴河开会去了，所以就来不了了。你们演得好，国务院请你们吃饭！"表演中大家本来还很紧张呢，结果他这一讲，大家都笑起来了，气氛一下子就活跃起来了。他就拉着我们，亲切地慰问我们。第二天国务院领导在人民大会堂的三楼宴会厅宴请我们。在北京演完以后，我们又到上海演，后来又到杭州演，演完回来以后，就决定拍电影。

1960年我们去北京前，总理到贵州访问。访问了几个国家后，他中途到贵州歇一下。五一劳动节来临之际，他在省军区礼堂观礼，晚上看了黔剧、花灯。我们演的黔剧是《卓文君》《佳期拷红》两出戏。

4月30日，省里举行联欢晚会。我还记得，当时的市文化局局长杨志仁带我一起去找总理题词。晚会开始之后，总理请在场的人跳舞。等中途休息，音乐停了，我就抱着纪念本去找总理。"总理！"我刚刚喊他一声，他就说："'卓文君'，你来啦！"因为他看了《卓文君》以后对我印象也深。他喊我坐在他旁边，问我有什么事。我就给他说："总理，这是我们全团人的希望，希望总理提点指示，为黔剧的发展做点指导，帮我们看看应该怎么走。""可以！可以！"总理欣然同意，他接过去，并且马上就递给他的秘书。"我题好以后，就给你们拿去！"他对我讲。

不一会儿，音乐又响起来，要开始跳舞喽。总理就请我跳舞，我说："总理，我不会跳。"总理说："没关系，我教你。"我还记得，当时我不大会跳交际舞，所以还踩了他一下。我说："总理，不好意思。""没关系，没关系。"跳完舞，总理这样讲。

之后，我就和局长回去了，结果晚上总理就把我们的题词题好，第三天

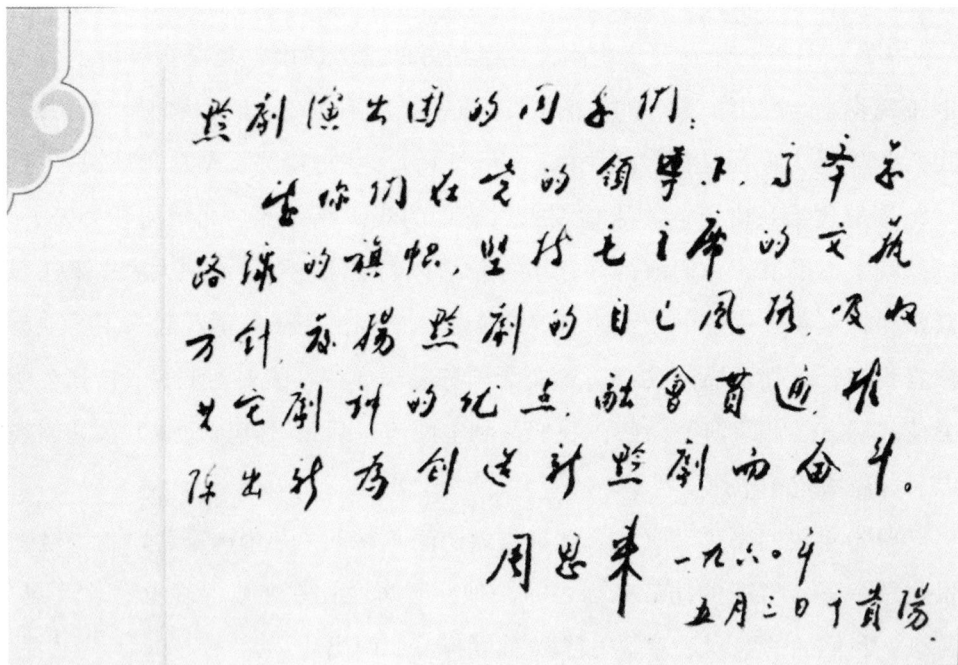

周恩来总理为贵州黔剧团题字

早上他临走前就喊秘书给我们送来了。总理的题词为"黔剧演出团的同志们：望你们在党的领导下，高举总路线的旗帜，坚持毛主席的文艺方针，发扬黔剧的自己风格，吸收其它剧种的优点，融会贯通，推陈出新，为创造新黔剧而奋斗。"后来，我们知道在全国，他就给两个剧团题过词，一个是石家庄剧团，一个就是贵州省黔剧团。

后来国家博物馆收藏了总理的题词本。此外，还有梅兰芳及好多名人的题词都在里面，现在都藏在国家博物馆。博物馆把题词复印了一份给我们。我们现在有的都是复印件。

为了纪念总理，我写了一篇文章（见附录）。我原来是省政协第二至七届的委员。政协要登一篇纪念文章，他们想到我去找总理题过字，就喊我写了一篇。

学艺过程

因为我们都要到北京去演出，那时教我们的老师黄团长是从川剧团专门调过来的，还有朱美琴、雪又琴、赵师华等老师，都来教我们，就是为了培养我们。拍《秦娘美》的翟强是重量级导演，他一到贵州就来加工《秦娘美》。还有罗军，也是话剧团派来支持我们的。罗军来排完以后，翟强又来给我们排戏。

我们演的第二场，娘美逃上山以后，它就卡在八分钟。翟强说："就是这一场戏，不要那么长，多一分钟也不行，少一分钟也不行，就要卡到八分钟。你们演员要跟着我的节奏完成。"他这样精简化处理后，戏就好看了。

这出戏还请了各个剧种的老师专家来指导。他们手把手地教我们这一批年轻人，最后效果还是不错的。

1960年到1962年，我们去学习昆曲，这也是省委决定的。当时的省委汪部长（汪小川）很重视黔剧的发展，他认为我们要"远交近攻"。川剧离我们近，为什么要跑到上海去学昆曲？一方面昆曲是戏曲之母，它的表演、创作等各方面都比较好，特别是昆曲的表演非常细腻。我第一次出去是1961年，在上海市戏曲学校学昆曲。我还拜了昆曲的"传"字辈老师为师。昆曲的各个行当都非常棒，我演旦角，我的老师朱传茗就是旦角，他是男生。他的表演非常好。他教了我《游园惊梦》，又教我《思凡》，这两出戏都是他比较拿手的。我记得《新民晚报》还登了一篇《秦娘美》到上海市戏曲学校学习昆曲的文章。1962年，我们又到无锡去学习。我们打算学习《珍珠塔》，在决定排《珍珠塔》后，剧团把演员分配好后就直奔无锡。正好那几天他们在演出《珍珠塔》。我记得他们的主要演员叫王彬彬，演女主角的叫梅兰珍，她们两位确实演得好。还有一位演员演方朵花。她们三位演员的这台戏演得太棒了。我们通过跟他们学习，自己的表演能力也得到了提高。

《珍珠塔》用的是贵州的弹词本，没有照搬他们那个版本，改成了贵州版的《珍珠塔》，还用了我们的方言。而且我们贵州版的《珍珠塔》演出效果非常好。当初中央的首长到贵州来，我们就拿《珍珠塔》这出戏招待他们。

昆曲的表演，我觉得还是比较好的。比如我演《珍珠塔》里的那个小姐时，我就把一些细腻的表演融到里头来。学南昆打基础，这个决策比较英明。除了后来戏校从川剧班调了一批到黔剧团来的演员练了基本功之外，我们这一批演员大部分都是从各个中学招来的学生，都需要加强基本功训练，所以我们要去学习昆曲。戏曲中的古装戏，没有扎实的基本功是完成不了的。

省里的老师带我们去学昆曲，慢慢带我们出道，为黔剧付出了很多。1962年，我们在无锡学习了《珍珠塔》以后，我又一次到了杭州昆苏剧团。他们当时就演了一台戏《十五贯》，靠一台戏救活一个剧团。本来他们这个剧团已经运行不下去了，结果周传瑛、王传淞他们几个"传"字辈的都演《十五贯》。演出结束后，这个剧团在全国打响了。

我们在昆苏剧团学习，还跟周传瑛的爱人张贤学习，她教我们学《断桥》。两次学南昆，我们受益匪浅。有一天朱宏院长（现黔剧院院长）还对我讲，他们的计划是准备签合同，派演员去学昆曲，让演员们把基础打扎实，到时候还要去学一些小戏。

把《秦娘美》这出戏翻拍成电影的是老导演孙瑜，他是出名的大导演。他来给我们导《秦娘美》这个戏，演出效果、反响都非常好。我们只拍了四个月就把整部电影拍完了。元月拍完了，我们就回来，到第二年（1961年）就放映了，整个过程只用了几个月。

《秦娘美》电影上映后，演出的效果和社会上的反响还比较好。这对黔剧这个剧种有一些帮助，扩大了黔剧的影响。

社会影响

演出《秦娘美》后，我收到过很多封信，有学生、有工人，也有普通市民写来的信。北京的两个学生还来看过我。在收到的信中，我印象最深刻的就是从贵州去湖南工作的一位观众，他说："我是贵州的，在湖南工作。尽管我只是一般职员，也不富裕，但是我去买了五十七张票。"我记得他那封信："我买了五十七张票，我就分给了和我一起上班的同事，还有从贵州去那里上班的同志，一些和我要好的同志，还有一些亲戚。他们看了以后，觉得贵州有这样一个戏很不错，语言又亲切。"他在言语里表达了对这部戏的肯定，我看到后很高兴。

还有好多封从全国各地来的信。但是可惜，这些信都没有保存下来。这样一些事一些人，我觉得也是对我们黔剧的一种宣传。

《秦娘美》在各地演出的场次难以计数。北京演出结束后，我们就到上海演了好多场，后来又去了杭州、天津。在天津，我们一口气演了七场。天津的观众也喜欢。剧场给我们正儿八经地卖票，七场都满座。那时候能连演七场就不错了！

我们到各个专区演出，比如到安顺大礼堂演出一个月。结果到最后有些人没得看，我们还要再加演。"明天你们再演一场，再走嘛！"他们又劝说我们。后来，我们又演了一场。我们在兴义也演了一个月，天天在那里演出。在兴义演出后，我们又到云马厂。光是在云马厂就演了九场，九场都是满座。

后来我们又到遵义，在红花岗剧场演出。这次，我们带了十三台戏，在遵义演了好久。《秦娘美》是打头炮的，也是演了好多场都下不来的。

后面，戏曲不景气的时候，我们还带着《秦娘美》下去，到老卜场演出。在老卜场的一个礼堂演出近半月，第二天就要走了。说好当天晚上我们只演一场，结果有观众从四面八方赶来。他们很早就来了，但没买到票。因为演出场地容纳不下那么多观众。大家就说："算了，卖点站票给他们。"看到观众走了几十里路，就为了看《秦娘美》，我们决定加站票。结果区委来打招呼说："不行，刘团长，你要控制一下，一会儿观众会把这个房子挤垮。到时候可能出事，效果不好。"所以，最后他们就只同意我们加了120张票。

那天晚上的演出座无虚席，两边的人站得满满的。效果也是好得不得了。那么多观众，本以为会很嘈杂，结果一开场，大幕一开，鸦雀无声，连地上落根针都听得到。我唱到"怕的是一双筷子分两边"那里——就是珠郎回不来，已经遭杀了的那个极点时，是清唱，不能有音乐，一小点声音都不能有，最后都顺利演下来了。

我记得区委的赵秘书说："刘团长，幸好没有出事，安安全全。演完，我的心都落下去了，那时候我好紧张哦！"我记得老卜场那个地方，那里的人都很喜欢看黔剧。

《秦娘美》的故事情节比较好看。故事开始就提出反对姑表亲的旧俗。侗族好像有姑表亲，姑表亲就是姑妈家的姑娘要嫁到舅舅家。秦娘美和珠郎就反对姑表亲。两个人从家里逃出来后，遇到地主。他们遭地主陷害，地主就骗珠郎下去给他收账，利用款会的诬陷将珠郎杀死了。

《秦娘美》这出戏有几个特点。坐月谈心也是侗族的一个习俗，就是姑娘罗汉们来坐月，来谈心恋爱。这是它的一个特点。然后，就是来开款会。其他的戏，我看了，都没有开款会这个情节，款会也是它的特点。最后，地主就是用款会来诬陷珠郎。诬陷他通奸，把他杀害了。实际上是地主银宜看上了娘美。他说他家的两个婆娘还抵不上她的一点点美。他看上了，就想把珠郎害死，这样就能得到秦娘美。最后，秦娘美在众乡亲的帮助下，晓得了珠郎是被他杀了。一开始，她还左等右等，等了好久，珠郎还是没有回来。有礼俗规定，女人不准上楼去击鼓，但是秦娘美敢恨敢爱，她就去击鼓，骗银宜和她上山去埋珠郎的尸骨。珠郎和秦娘美把一个铜钱破成了两半，各藏有一半。秦娘美就在那里发现了另一半铜钱，于是就认定珠郎的尸骨在那里。把他的尸骨寻回来以后，当时就在那个山坡上火化。在设计这个舞美的时候，舞台上的展现很漂亮，那种红的玻璃纸，风一吹，灯一开，火焰现，秦娘美化尸骨肝肠寸断，就诉说："珠郎，我们同路来，同路回，哪知你白骨露天！"很动人。

接着，银宜就跟着去上山埋骨，娘美说："你把锄头拿给我，我去挖坑。"她就设计好挖一个圆坑。银宜把锄头递起去，娘美一锄头打去就把他杀了。把他杀死以后，故事剧终了。故事很感人。从娘美和珠郎两个人逃出来到遭害这个过程里，还有一个人物奶花。奶花这个角色就有点像媒婆。她站在银宜这边，还劝说娘美。娘美从来不心动。《秦娘美》中演员的表演也有特色。演员是模仿侗族妇女走路。我在榕江的侗寨体验生活时，就看到她们挑水时的情景，我们小花旦的手势都有统一动作，但是秦娘美的手是朝里面绕的，很漂亮。原本侗族妇女的服饰是打绑腿，舞台美术设计师觉得在舞台形象上不好看，就喊我们改成长裙子，裙子长就看不到腿喽。

侗族妇女走路的步子，在舞台上很好看。四大名旦梅兰芳、程砚秋、尚小云、荀慧生看完，就拉着我喊："哟，小鬼，你快点给我表演一下！"他们喊不出我的名字，就喊我小鬼。我就走给他们看。他们很高兴地说："这个好看，还有你踩的纺车，你踩给我看一看。"他们赶快去拿道具，又去把纺车拿到舞台上来。"哦，我们东北实物纺车是拿来坐着纺，但是侗族的纺车是用脚踩。"我们专门为这个剧做了纺车。我用脚踩，表演给他们看，他们很喜欢，也高兴。我们到青岩去演过一次，放过一次《秦娘美》的电影，我们在上面唱，那些观众在台下都能跟着唱。在青岩放一晚上，他们还没有满足，第二天又放了一晚上。

那时候的人喜欢看戏。在大广场上放，不买票。在剧场卖票才几角钱一张，或三角或五角都有。那时候便宜。我记得下乡演出，也都是五角一张票。有些农民，他们那个钱拿在手里，都捏皱了，想半天，人家才买。真的，也还是不容易的。能够有那么多观众，我们也觉得当地人太可爱。但那时候在贵阳基本上没有人再去剧场了，有电视后，他们就不看这些戏了。

现在剧团每年要完成一百场下乡演出的任务。他们下去演出，比我们那时的条件好，可以住旅馆。以前我们是自己带背包，自己拿起行李走的。在正安县演出的时候，我们找不到地方住，就住在猪圈的楼上。演出完回来，下头的猪"轰隆轰隆"叫着。大家都笑起来了。

《秦娘美》以后，我们又新排了一些戏，比如《月正圆》《家庭公案》《中秋月》。《家庭公案》是从荆州花鼓戏移植过来的。我们演了七八百场，它就是这么受欢迎。《家庭公案》这个剧本写得好，我家先生在团里当导演，这个戏就是他编导的。

我家先生叫周一良，他走了20多年了。他从中央戏剧学院毕业，学导演。分配到黔剧团前，他先来实习了一年。1963年正式分配到团里。他来的时候，我正好出去学昆曲了。我记得，我回来的时候，去黔剧团的锅炉房充开水正好碰到了他。碰到他的时候，我都没注意到他，他就说："你是不是刘玉珍啊？"我说："是的啊。"他就讲："我是周一良。"因为我在上海学习昆曲的时候，他们也经常在信里给我们说，我们团分来了一个新导演，是中央戏剧学院的，当时中央戏剧学院的院长是梅兰芳。我说："你是周导演啊！"他说："唉！唉！唉！"我们就打了这样一个招呼。因为我刚学昆曲回来，他就说："我想看看你们的戏。"没想到，他后来成了我的爱人。

"文革"结束，我们开始恢复排演，我爱人就给我提出建议："你演送珠郎这场戏，那地主叫他去收债，他便遭杀害，你们再也没有见面了，实际上就是一场生离死别。但是你又不能演这个结果，演员切记这个……但是，你可以表达对他的关心，表达那种夫妻要分开，你舍不得他走的感情。"我一想，对啊，我把这一场戏当过场戏演了。这一场戏，其实唱词都表达了对珠郎的爱意，比如"秋风秋雨天气凉，早晚要加衣裳"，这些都是很流畅晓白的唱词，但是我就没有把唱词的感情唱出来，再加上也没有结过婚，就没有感觉。

后头翻演的时候，我就晓得了，也会做了，就有夫妻间的感情流露，从内心关切他。我把他送走，远远地看他走。唱词部分，原来我只是用自己的嗓子唱，后来一琢磨，一定要带有感情唱，要以情带声，如果没有情感，嗓子再好，也没有用。

《家庭公案》戏里有一个女主角，还有一个老生男主角是公安局局长。他儿子下农村时和女主角相识并且相爱，后来嫌她是农村的，就想把杀死。儿子把她推下河去，公安局局长父亲又把姑娘救起来了。为什么叫《家庭公案》？这个公安局局长是徇私，还是舍子？经历着艰难的选择，一场家庭公案就这样展开，最后还是他大公无私。这是一出非常感人的戏。我们在黔西早中晚演三场，都是学生包场，还有与公安有关的观众来看。晚上正式卖票，一天三场票都售空。我们去兴义也是演了好多场，又到德江县、思南县演出。我们参加黔剧的调演，也是拿这台戏参加的。

大大小小的戏，加起来，我大概演了六七十出。《中秋月》这台戏还被贵州电视台录成了电视剧。《月正圆》到四川成都去演出，也是参加文艺调演。因为出演这个戏的女主角丁岚，我还得了一个优秀表演奖。他们没有设一等奖、二等奖，就设了一个优秀表演奖。我最后演的一出戏是《姊妹崖》。那时年纪大了都快要退休了，结果还演了一个老妈妈。那是我的最后一个戏，后来就没演了。因为当了领导以后，考虑的事情要多点，演出就要少点。《秦娘美》就是我的代表作。

情系黔剧

从1978年开始，我先后当过副团长、副书记、支部书记，直到2001年元旦，我才退休。最后在领导岗位上，就没有像原来一样有集中演戏的时间，当领导就基本上要考虑整个黔剧团的发展，特别是如何培养年轻人。

我们这一批，像生旦净末丑，我能演的都有几个角色，所以每次排戏都是一对、两对来出演。比如老太婆的角色有两个，演青衣的也有两个。人员还比较齐全。但是后头这一批确实是接不上，所以在政协会上，我就提出黔剧要培养接班人的建议。如果不培养年轻人，就接不上趟。政协最后还是同意了我的提案，也研究了提出方案。我们就开了黔剧班培养青年演员。贵州省黔剧团只准我们培养三十名。毕节原来也有一个黔剧团，也给他们培养十五名。总体在一起，就是四十五名一个班。

这都是好多年前的事情了，培养出来的这一批学生，其中包括现在黔剧院院长朱宏等。现在黔剧院就是朱院长他们这一批人支撑着。毕节的十五个人分下去后，毕节黔剧团面临改制，加上戏曲又不景气，现在毕节传承黔剧的人也几乎没有了。

退休后，基本上我就不参与黔剧团的事情了。按我的年龄，我都多搞了一年。那时还没有找到合适的人带团，他们排几个戏又都非要有我在。

后来我教学生，我会不停地告诉他们，要怎么唱，并给他们做示范，告诉他们要以情带声，声情并茂，这样子的话，你就是这个人物，是这个角色，不然你就打动不了观众。

我带了一个黔剧班，从他们学生时期开始培养，我带的这一批学生，姜雪梅、李咏梅都是一级演员。

她们演《秦娘美》，没有排大戏，都是排的片段，比如出演《寻尸辨骨》这一段。姜雪梅到安徽参加比赛，演了一场，还算是争气，没得金奖，但拿了个银奖。省里会演，姜雪梅获二等奖，李咏梅得一等奖，杨薇得三等奖。我教的学生都还可以。

这两年男生的戏比较多，女同志演得少，多演配角。剧团就是要有戏来排。不排戏，一天坐在办公室，不可能发展，一定要有戏。

我前面提到《十五贯》的周传瑛、王传淞，他们只排了《十五贯》，打响了以后，周总理也支持他们。所以人家就说："一出戏——就是《十五贯》这出戏，救活了一个剧团。"就是说，每一个剧团应该要有戏！但是最近，他们搞的几个戏都是男生戏。《湄水长歌》是男同志的戏。《天渠》是黄大发的故事，也是男同志的戏。黄大发这个角色是朱宏亲自主演，我觉得这个戏还不错，这是一个现实题材的戏，表达现代人新愚公移山的精神。习主席亲自为黄大发戴"七一勋章"。朱宏演黄大发，表演了一段唱腔，我看了都好激动哦！我想，作为黔剧，像这种机会要多给点，起码提高了剧种的宣传率，人家也晓得黔剧。如果只在这里演，不走出去，也不是个办法。朱宏他们排这个戏，我觉得路子还是对的。

当时我还没有退休的时候，我的宗旨就是要创作，要给广大人民群众提供丰富的精神食粮。要有好的作品，有深度的作品，才能打出去。

虽然我家姑娘也说："妈，你不要管人家年轻人的事，等过后人家会嫌你，觉得你多嘴多舌。"我说："有好的建议，我还是可以给他们讲的。"所以，他们排新戏的时候，也邀请我去看剧本、看戏，看了以后还要邀请我去开座谈会。他们对我还是很尊重。

我虽然有80多岁了，我还能动。作为一名老演员，我一贯的风格就是清清白白做人，认认真真演戏。

我与人为善，年纪一大把了，做的工作确实微不足道，党给我那么多的荣誉，我是全国先进工作者，还是二至七届省政协委员，从1992年开始我就享受国务院特殊津贴。我还是全省先进工作者。贵州就只有我和歌舞团演

刘玉珍获政府特殊津贴证书

《蔓萝花》的罗星芳。我们都是在1960年评得的。

把黔剧申报为非物质文化遗产，也是黔剧团最重要的工作之一。2008年，我们到张家港演出回来后，朱院长就召集开会说，想在第二批申报中把黔剧申报为非物质文化遗产。第一批有一些剧种都报了，许多剧团都报了，但我们剧团没有报。我们大家都很积极。由朱宏、我和原来办公室的蔡尔智主任，我们三个来参与组建申报工作。写文章之类的工作，主要是我负责，因为我了解整个剧团的发展过程。最后一报上去，我们就获得了批准。

起码说《秦娘美》在全国是打响了的。这为剧团挂上了号，宣传力度都比较好。中共中央宣传部原副部长周扬还在的时候，总结都提到了《秦娘美》。

《奢香夫人》也是舞台效果和剧本内容比较好的一出戏。1979年进行了首演。我们还去了西北几省区演出。《奢香夫人》获评新编历史剧创作一等奖。当时是俞百巍和朱云鹏一起写的这出戏。我在《奢香夫人》里没有担任主角，我演群众。像演珠郎的演员一样，他们演大臣等角色都是经典的一场戏，演得非常好，所以我们评得演出一等奖。"哎哟！你们的演出阵容太棒了！"评委专家都这样说。

有这两个戏，我们报省级非物质文化遗产项目的时候，就成功了。这对剧种来说，也是一种肯定。得了这样的肯定，还要更加努力，更要创造新的东西。越是这样，就越要出精品成果。

所以他们后来又排了一出《腊梅迎香》。《腊梅迎香》这出戏确实不错，但是需要加工和打磨。最后一加工，也到北京这个大舞台去演了一场。在武汉，他们也演了一场，效果都蛮不错。

以前，我们是在人民剧场演出，每个团都要轮流去演出。打倒"四人帮"以后，歌舞团也要轮流，花灯团也要轮流，京剧团的《智取威虎山》也要轮流。有一个月，我们一天演两场，中午一场，晚上一场，家里面的人送饭，晚上把妆修一下又接着演。一个月演出，场场爆满。原来黔剧团当书记的领导是清华印刷厂来的王厂长，有一天他好高兴，票早就卖完了，以前不兴发钱的，也不兴发劳务费给大家。他就说："大家辛苦一个月，就给大家发苹果。"他就给我们一人发一提苹果，好玩意哦！大家不计较，也很乐意，每天演出都兢兢业业。我的朋友来看了以后，就说："刘玉珍，你演的《秦娘美》比以前演得好，以前演的好像还有点……"我说："你们说得对，我自己也有感觉，我晓得演到哪里自己就会动情，也有这个感受。"

我们去四川演出，演的就是《月正圆》。这场戏我演的是丁岚，这个角色是一个高级工程师，要把工程师内心的气质表现出来，肢体语言就要有工程师的气度。原来我就不会，不像演《秦娘美》或者《家庭公案》一样自如。

演出剧照（一）

演出剧照（二）

后来我团管资料的同志说："每次都要写角色自传，总结自己演的角色是怎么演的，是怎么想的。"对我来说，写是有好处的。

我们有档案要求，要写角色自传，要总结演出心得。我觉得我的优秀表演奖，也确实功夫不负有心人，我自己也做了努力。

后来我教的几个学生，我就给他们讲，为什么要这么做。开始那个学生唱秦娘美化尸骨肝肠寸断，她号啕大哭。我说："姜雪梅，不能这样，你分析这个人物，她上高坡找朱郎找得筋疲力尽。她是认出这枚铜钱，才找到这具尸骨的，最后把他的尸骨捧在一边火化成灰。这个时候你确实已经肝肠寸断，但不是用声嘶力竭的表演来完成，恰恰是在诉说中肝肠寸断。声嘶力竭的演法反而把人物演得不真了。""哦！我懂了，我懂了。"她说。

年纪大了，精力不济，我也没法再带学生。有一天我唱《黄河大合唱》，我看着唱，也跟着唱，一发势（一下）唱不出来了。平时不练，一发势跟着人家唱，就会唱不出来。所以年纪大了，确实还是有点力不从心。

后来在北京培养回来的这一批学员，按理说基本功应该扎实。但是他们的唱腔都有点欠缺。他们只会翻跟头，其他的也不行。至于表演方面，到舞台上去，还要会走。我给学员们说，学昆曲的经验就要学习他们的小戏，学习他们的基础，学会了，就靠自己来融会贯通。他们原来去北京学习是中专文凭，我鼓励他们去考更高的学府，学历要高一点，这对他们也有好处。

我还给他们讲戏。我们黔剧院就是要出新，创作出来的戏要多方面收集意见。一定要出精品，有了精品我们才有丰富的精神食粮，有好的东西奉献给广大观众，观众才会喜欢。不要搞得不伦不类、不好不坏，人家观众哪会提起兴趣来看？

张罗艺委会

我们贵州省搞了一个老艺术家委员会，我是副主席兼秘书长。我们主席就是话剧团的一位同志，这几年他生病住在省医，所以这几年基本上都是我在张罗活动。每一年，文旅厅要给我们五万块钱的活动经费，用于老艺术家委员会出书、搞画册等。这几年我们做了好多件事。虽然大家都老了，但我们从退休以后就搞起的，到现在二十年了，我也在这个委员会搞了二十年了。

这个委员会有一百多人。最近这一次，在今年的老年节，我们就在红楼饭店请大家来聚会一次，结果就来了一百一十几个人。本来我们是订的九桌，我想多预订一桌——我怕万一多人。结果，坐了十一桌，都还坐不下。老年节这天，年满八十岁的老人，我们还买了点被套发给他们，也当是给他们做寿。大家还是很珍惜这个机会。明年就是这个委员会二十周年纪念，我们计划出一本纪念册。大家年纪都大了，文旅厅的殷华主任给我们当联络员，他说："刘老师，找点年轻人上来嘛。"我说："年轻点的，他们的心都不在这里。"我们明年试一下。幸好我这个身体也还争气，我说还能动。我们几个人一起张罗，星芳她们只来开会，就不搞具体的事情。阿旺有段时间杵起拐杖来，她也是积极得很，一有活动，她的女儿陪她来。

我给朱宏院长讲："时代不同了，我希望黔剧院不要故步自封，虽然要保留本色，但如果不出新，不与时俱进，不搞点新的东西出来，那也是不行的！"我们一定要搞精品出来，把最好的精神食粮奉献给广大观众。

口述史采集小组采访刘玉珍女士后的合影

附　录

敬爱的周总理，黔剧演员深深怀念您

1998年是敬爱的周总理100周年诞辰，也是总理为贵州地方戏黔剧题词38周年的日子。是啊！黔剧有今天，人们怎能忘记，原是坐唱形式的文琴戏能被搬上舞台，成为黔剧，完全是因为党的"百花齐放"文艺方针的指引，我们尊敬的周恩来总理曾经也给予了我们亲切的关怀和热情的鼓励。

总理啊！敬爱的周总理，在新世纪即将到来的今天，我怎能不想起当年您接见我们时，那亲切的话语，爽朗的笑声，温暖的大手，以及在那深夜的灯光下，您挥笔为黔剧题词的不知疲倦的身影……

那是1960年的4月底，您出国访问经过贵州，在贵州视察工作。贵州各族人民因您的到来，感到无限欢欣鼓舞。

总理啊，您来了！您最了解群众的心意，在贵州视察的短短几天时间里，您多次走到群众中间，与大家见面。我还清晰地记得您在河滨饭店与群众见面时的情景。听说周总理在河滨饭店就餐，许多群众拥到饭店门口的道路两旁。当时，我们住在河滨剧场二楼休息室，正集中排练，赶排上北京演出的剧目，听说总理到河滨饭店来了，大家都跑出来，等着见周总理。那时天正下着雨，我们敬爱的周总理在雨中与群众见面，雨越下越大，有位同志为总理撑起了雨伞，可是总理为了不让雨伞挡住大家的视线，轻轻把伞推开，总理融入群众之中，人群中发出阵阵掌声。

五一劳动节那天，周总理在贵州省军区观礼台上检阅，我也被邀请上了观礼台，我又见到了总理，我两眼注视着周总理，心中无比的兴奋和激动。就在这天晚上，突然传来了喜讯，周总理要来观看黔剧的演出。全团顿时沸腾起来，同志们好兴奋，好激动。黔剧这朵艺术新花，就要为总理演出，就要接受总理的检阅，这是多么大的幸福啊！

大家怀着对周总理的无限崇敬之情，精心准备，兴奋地等待着……5月2日晚在省政府礼堂，我们为周总理演出了黔剧《卓文君》中《闺怨》一场戏，《西厢记》中《佳期拷红》一场戏，还演了花灯剧《拜年》等。大幕拉开了，周总理聚精会神地观看我们的演出，不断向台上频频点头。演出结束以后，在欢声雷动中，总理从座位上站了起来，从台侧的台阶上向舞台走来。同志们使劲地鼓着掌，盈眶的热泪模糊了双眼。周总理健步走上舞台，没有直接走到台中，而是先向台侧的乐队走了去，他老人家带着慈祥的笑容，伸出了热情温暖的大手，与乐队的同志挨个握手，然后才走到台中，与演员们一一握手，边握手边向大家问长问短："多大岁数了？""什么时候开始登台演戏呀？"这时，一位年轻演员激动得又想回答多大岁数，又想回答演了几年，结果不但没有说清楚，竟结结巴巴地说："我……我……我3岁了！"总理听了，乐得哈哈大笑起来。这时，摄影记者举起相机，请总理与大家合影留念，总理很关切地问："搞舞美的同志呢？还有乐队的同志都到了吗？他们是无名英雄嘛！"是啊，总理短短的两句话语，像春风吹暖人心，多么感人肺腑！这对我们文艺工作者，即使是一个普普通通的伴奏人员、舞台工作人员，都是很大的鼓舞和激励啊！

　　接见很快就要结束了，大家谁也不愿意离开总理。时间啊，你为什么这样飞快地逝去。我们紧紧地围在总理身旁，心中想着哪怕多待一分钟也好。总理好像看透了大家的心意，他老人家走到台边，又停下步子，回过头来，笑着向我们说："欢迎你们到北京来，那时候我再来看你们的戏。"我激动得迎上前去，总理紧握着我的手说："到北京来，我再看你演的卓文君。"

　　当晚，全团同志心潮起伏，无比兴奋和激动，谁也不愿休息。大家热烈地议论着，总理对黔剧有这样的关怀和爱护，我们应该请总理对黔剧今后的发展做指示。请我们敬爱的周总理为黔剧题词！这个主意多好啊。可是，总理日理万机，工作繁忙，他老人家能……总理最能体谅群众的心情，他一定能满足我们的请求。于是，第二天我们跑遍了全城，买了一本最精致的纪念册。

请总理题词的任务交给了我。我捧着纪念册，怀着万分热切而又忐忑不安的心情，去见尊敬的周总理。

那是5月3日的晚上，八角岩招待所的西楼大厅里，灯火辉煌。总理正出席省市文艺界为他老人家举行的联欢晚会，在晚会进行的间隙，我捧着纪念册，红着脸走到总理身边，总理看见我就热情地说："'卓文君'来了。"并招呼我在他的身边坐下，向我询问起有关黔剧的一些情况来。总理和蔼可亲、平易近人的态度，立刻打消了我的顾虑，我鼓起勇气向总理提出请他为新生的黔剧题词的要求，总理马上痛快地接过纪念册，欣然答道："很好，很好，我写好以后就给你们。"

当晚，夜深了，人静了。总理啊，您劳累了一天，该休息了，可是，在花溪西舍总理的住房内，灯还亮着，他老人家在为新生的黔剧绘蓝图，做指示。第二天一早，总理派他的秘书把题词送到团里。总理的题词写道："黔剧演出团的同志们：望你们在党的领导下，高举总路线的旗帜，坚持毛主席的文艺方针，发扬黔剧的自己风格，吸收其它剧种的优点，融会贯通，推陈出新，为创造新黔剧而奋斗。"

就在这一天，总理离开了贵阳，又踏上了出国访问的新征程。总理啊，您虽然离开了贵阳，但您对黔剧的关怀和鼓励，却深深铭刻在每个黔剧工作者的心中。我们带着周总理的指示和期望，为黔剧的不断成长和发展不懈地努力着。1960年6月，我们到了北京，向首都人民做汇报演出。一天下午，总理的秘书打来电话，说总理当晚要来看演出的。我们多么高兴，多么激动，总理没有忘记我们哩。可是，当天晚上的演出已由全国文联组织好了，票也已经分发出去了。当总理知道为他演出需要重新组织时，他马上指示："不要为了我一个人改变原来的安排，戏，我改天再看。"总理就是这样，永远为群众着想，从不搞个人的半点特殊。7月1日党生日那天晚上，剧团到怀仁堂为国务院机关演出黔剧代表剧目《秦娘美》，由我主演秦娘美，我和同志们好高兴，认为这次一定又能见到总理了。演出结束后，走上台来接见我们的是满面笑容的陈毅副总理。陈老总上台后，挥起有力的大手向大家招呼，洪亮的声音亲切地对大家说："总理到北戴河开会去了，他叫我代表他来看望大家。"我们激动地鼓着掌，他接着又以那特有的爽朗和幽默的语调，用大家都很熟悉的四川话说："你们演得好！演得好！国务院请你们吃饭。"说得大家哈哈大笑起来。这次演出虽然未能见到总理，但总理的亲切问候、陈老总的热情接见，却永远给我们留下了幸福的回忆。

敬爱的周总理啊，在您百年诞辰和您为黔剧题词38周年的纪念日子里，黔剧工作者向您老人家表示：我们决不辜负您对我们的殷切期望，一定要在党的文艺方针指引下，努力探索，为艺术的繁荣昌盛，为创造"新黔剧"而奋斗终生。

幸有二史慰此生

口述·顾朴光

顾朴光，祖籍江苏崇明，1942年生于贵阳。1964年，毕业于贵州大学历史系，曾在中学任教多年。1982年，调入贵州民族学院（今贵州民族大学），2007年退休。历任贵州民院教务处副处长、学报副主编、历史系主任、教授。长期从事中国美术史、外国美术史、贵州民族民间艺术等学科的教学与研究；历年发表学术论文暨文艺评论120余篇，出版学术专著、合著、编著20余部，代表作有《中国面具史》(中、英、韩文版)、《贵州近现代中国画选》、《顾朴光学术论文选》等。系国家社科基金项目评审专家、教育部历史学科教学指导委员会委员、贵州省省管专家。中国傩戏学研究会常务理事、中国美术家协会会员。作品获中国民族图书奖、国家民委社科优秀成果奖、贵州省社科优秀成果奖、贵州省"五个一工程奖"等多项奖。

顾朴光

我的父亲

我1942年阴历二月八日生于贵阳，籍贯江苏崇明（今属上海市）。少时听父亲彭年公（1899—1987）说：我家祖籍原为江苏昆山，明末清初著名思想家、文学家顾炎武乃我们的先祖；顾炎武崇祯年间曾为国子监生，明亡后积极参加抗清斗争，晚年定居陕西华阴。其后裔中的一支后来迁徙到江苏崇明，世代以耕读为业，传到我祖父君赆公时家道已衰，仅剩几亩薄田勉强供父亲上学。

1917年，我的父亲考入沪江大学，该校创建于1906年，是民国时期上海有影响的大学，以文、理、商科著称于世。新中国初期院校调整，沪江大学停办，各系科并入复旦大学、华东师范大学和上海财经大学。父亲当年就读于文学院，是一个早慧的文学青年，学生时代已在《时事新报》的副刊《学灯》上发表介绍西方文化思想的译著和文学批评。

1921年父亲以优异成绩毕业并留校任教，翌年他又考入商务印书馆编译所任暑期兼职编译，参与编辑《少年百科全书》。1923年因向《小说月报》投稿结识著名作家和学者郑振铎并成为好友，经郑介绍加入了主张"文学为人生"的进步文学团体"文学研究会"，会员编号98；因工作关系同茅盾、叶圣陶、傅东华等作家有往来。

20世纪二三十年代，父亲创作、翻译、研究三管齐下，取得了令人瞩目的成就。文学创作方面，他有《池旁》《湖上秋晓》《月夜游湖》《蔷薇花》等诗歌发表于《小说月报》和《文学季刊》杂志；文学翻译方面，他翻译过英国浪漫主义诗人拜伦的《我见你哭泣》《唉，当为他们流涕》和雪莱的《云》《世界的漂泊者》等作品，发表在《小说月报》上；又有译著《英格兰一瞥》（樊南摩著）列为《少年史地》丛书，1924年由商务印书馆出版。父亲还耗费多年时光翻译了荷马史诗《伊利亚特》，本拟由商务印书馆出版，不幸书稿在1932年的"一·二八"事变中与商务印书馆一同毁于日机的轰炸之下。晚年父亲谈及此事，还怅恨不已！学术研究方面，1928年父亲在商务印书馆出版了《杜甫诗里的非战思想》，该书初稿撰写于1925年，经反复修改始定稿；它并非象牙塔里的纯学术研究，而系有感于当时军阀连年混战给国家和人民带来的巨大灾难而作，旨在借助杜甫诗歌中的反战思想，抨击现实，呼吁和平。父亲在该书绪言中写道："我们所处的时代与杜甫的时代有不少的地方相类似；环境的艰险比他的有过之无不及；我们的兄弟，所流的血泪，所受的凌辱与压迫与骚扰，比他的时代的人更甚；但当今能代表时代的作品有几？能真切地表现自己所处的环境的佳制有几？具有完整、圣洁、毅勇、伟大的人格而为民众呼吁的诗人安在？我们不得不太息现在文艺之园的荒芜，青年作家思想的浮泛，民族精神的衰萎颓唐，使我们不得不往溯古代伟大的天才的作家，从他的人格与作品当中，得到些我们伟大民族的精灵的知识，稍解我们的渴望。所以我不揣固陋，很愿意将他的诗里的反对战争的思想，介绍于国人之前……"这段话写于近百年以前，在当时犹如黄钟大吕，令人振聋发聩！由于该书紧扣时代，视角新颖，论述深刻，颇受读者欢迎，1933年再版过一次；1983年萧涤非等编的《唐诗鉴赏辞典》，曾把它列为参考文献。2014年，该书被列入受国家出版基金资助、由许嘉璐主编的《近代名家散佚学术著作丛刊 文学卷》中，山西人民出版社影印出版。

父亲1926年离开上海，到江苏镇江任女子中学校长，两年后被浙江省杭州市政府聘为《市政月刊》主编，此后他淡出了文学圈，把主要精力用于城市市政建设的探索和研究。截至抗战爆发，他在《市政月刊》上发表有关论著40余篇，内容涉及城市管理、规划、工程、教育、公安、卫生、路灯等方面；1930年，又在商务印书馆出版了《现代欧美市制大纲》。父亲在城市市政建设方面的探索和研究，具有拓荒的性质，其筚路蓝缕之功已被历史铭记。父亲在杭州工作期间，与时任杭州市政府图书馆职员的母亲相识相爱，二人于1932年结为伉俪。母亲叶鸣之（1907—1992）生于浙江慈溪一个书香

1932年，父亲顾彭年和母亲叶鸣之在杭州拍摄的结婚照

1943年，顾朴光被母亲抱着与家人合影

1947年，顾朴光（前排左二）与三个姐姐、一个哥哥、两个弟弟合影

门第，其先祖系南宋著名词人叶梦得；母亲幼年失怙，早年就读于上海女子师范学校；受家庭熏陶她擅诗画，能琴棋，识大体，性温婉，有大家闺秀风范。学生时代母亲创作了许多旧体诗词，技巧虽略嫌稚嫩，但已显露出过人的才情。如《咏屈原》："方正难容浊世同，荛菲贝锦是非蒙。才华如此君王弃，一卷离骚恨无穷。"又如《浪淘沙·秋夜》："慵起把灯挑，落叶萧萧。客窗风雨最无聊。更有鸣蛩声切耳，不住终宵。长夜自迢迢，离恨难消。不堪

身世感萍飘。无限愁怀诉未尽，泪湿鲛绡。"父母结婚后日子过得恬淡而和美，但不久卢沟桥的炮声便打破了他们平静的生活，为了不受日军铁蹄践踏，他们毅然携家带口，千里迢迢流亡到"蛮荒"的贵阳。当时母亲已生了四个孩子（其中一个在流亡途中夭亡），到贵阳后举目无亲，只好用父亲历年的积蓄和母亲的嫁妆，在大十字附近开了一个百货店。抗战时期，贵阳人口骤增，购买力很强，因此父母的百货店生意不错，家境渐趋小康；但抗战胜利后大批外省人离开筑市，加之不久内战爆发，贵阳经济陷入萧条，父母的百货店因此倒闭，我家顿时陷入了赤贫。

我对世事的记忆始于三岁左右，那时我家住在贵阳市郊堰塘坎一个带小院的居所，一天晚上鞭炮齐鸣，人群呼着口号，手中挥动五色小旗，涌上街头游行，欢庆十四年抗战取得的胜利，这个画面一直留在脑海里，成为我人生的最初记忆。但这种美好记忆在我童年时代并不多，更多的记忆是解放前夕的通货膨胀，以及随之而来的贫困生活。当时的货币金圆券几乎每天都在贬值，一大沓金圆券前一天还能买十斤米，第二天就只能买五斤，第三天便可能成了一堆废纸。人们为发泄心中不满，把金圆券折成扇子、帽子和各种玩具，甚至将其扔进垃圾堆。父亲把家中值钱的东西全部拿去典当了，也难以维持一家人的温饱。无奈之下，父母被迫学一些简单的谋生技艺，诸如出租婚纱、卖烤红薯等，以养家糊口。我童年时代没少尝饥饿的滋味。好在不久贵阳就解放了，记得中国人民解放军是1949年11月15日进驻贵阳市的，那天我同哥哥、弟弟挤在大十字一栋民房的窗户前，看着队列威武的解放军浩浩荡荡地从窗外的马路上走过，马路两边挤满了欢迎的百姓，这是我童年时代又一个难忘的记忆。

贵阳解放之初，国家的经济十分困难，政府虽然不时对贫困之家给予一些救济，但杯水车薪解决不了问题，我家的生活依然十分艰难。恰好此时母亲又生了一个男孩，因为无力抚养被迫过继给了一个陶姓的熟人。所幸为了恢复和发展国民经济，贵州省政府办的"革大"1951年开始招生，父亲前往报考并被录取，使我家的生活发生了根本的转折。

学生时代

我小学最初读的是贵阳铁路员工子弟小学，后来转入了贵阳实验小学，也许自幼受到父母的熏陶吧，小学我便对绘画和语文两科产生了浓厚兴趣。记得实验小学的美术老师叫傅国基，他常教我们实物写生，有一次我画的一幅鸭子得了九十分，此后每周我都期盼图画课早些到来。在实验小学最令我难忘的是，一次学校举行作文比赛，我的一篇作文得了二等奖，学校奖励一本小画书，使我着实兴奋了许久。

1952年夏，父亲从"革大"结业，分配到团溪中学任教，我们一家除三个姐姐因已考入大学和中专留在贵阳读书外，我与哥哥和两弟一妹都随父母到了团溪。团溪是黔北重镇，物产丰富，风景秀美，文化厚重，民风淳朴。团溪中学又叫遵义三中，由一座叫观音阁的古代寺庙改建而成，学校四周长满苍翠的树木，有柏树、枫树、杨树、樟树，还有一株樱桃和一株桂花。学校前面是一坝广漠的水田，田中常有白鹭静静地觅食；学校后面有几座低矮的小山，山上长满刺梨、红籽和野莓；离学校不远，一条清澈的小河蜿蜒着从田坝中穿过……对于从大城市来的孩子来说，这样的环境无异于世外桃源。我们兄妹五人很快就爱上了乡村生活。每天放学后不是下河游泳、摸鱼，便是上山掏雀蛋、摘野果，日子过得无忧无虑。由于生活安定下来了，父母重新拾起了对文学艺术的爱好，父亲常在闲暇时吟诵唐诗宋词，母亲则翻出她早年的画稿给我们欣赏；到了周末，父亲往往出一道作文题，要我们几兄妹写作，优胜者会得到一件小小的奖品。

我在团溪最初是读团溪小学，团溪小学的图画老师名叫张季立，以画虎闻名乡里，被尊称为"张老虎"。张老师上图画课时我听得特别专心，布置的作业也画得十分认真，因此常得高分，至今我仍保存着经张老师批改的小学图画课作业。在团溪小学的另一件事也使我难以忘怀，一次学校为纪念国庆，向全校同学征集诗歌，我写了一首名叫《学校——我们的摇篮》的小诗应征，被选中后张贴在橱窗里，使我增强了对写作的自信。上团溪中学后，我把更多的时间投入到绘画，那时我与哥哥汶光立志长大后当一个画家，因此利用一切课余时间练习绘画，母亲成了我们的启蒙老师，我们每完成一幅作品，她总是从各个方面进行评点，在指出不足之处的同时，更多的是进行鼓励。为了购买名家画集作为学习范本，我和汶光把父亲给我们的早餐费节约下来，每天八分钱，一个月可以攒下两元多，可以买几本小画册，后来两个弟弟也不吃早餐，把省下的钱支援我们购买颜料和纸张。1957年初，省里有关部门决定举办贵州省第一届美术作品展览会，我与汶光看到报上的征稿启事后，用了半个多月时间合作了两幅工笔画，一幅为《牡丹锦鸡》，另一幅为《牡丹孔雀》，结果两幅作品都入选了贵州省第一届美术作品展览会，《牡丹锦鸡》还被刊登在1957年7月22日出版的《美展通讯》上，并得了八

顾朴光（三排右二）与家人的合影

元钱的稿酬，我们心中的高兴之情难以言表。正当我们憧憬着未来的美好理想时，一场政治风暴粉碎了我和汶光的"画家梦"，那一年的八月，已调入遵义南白中学的父亲被打成了"右派分子"，剥夺了上课的资格，贬为校图书管理员，每月工资由64元降到了19元。当时我们五兄妹加上父母一共七人，靠父亲的工资实在难以糊口，迫不得已只好将大弟荣光送到都匀二姐家，把妹妹曦光送到罗甸三姐处，以减轻家中的经济负担。不久，学习成绩一贯拔尖的小弟宇光因受父亲牵连，连中学也没有考上，只好到遵义丝织厂当童工。我与汶光因反右派斗争前已考上高中，侥幸在南白中学就读直到毕业。

1958年，全国掀起了"大跃进"热潮，学校经常停课组织学生劳动，繁重的劳动和持续不断的政治运动，不可避免地对教学秩序造成巨大冲击。粗略统计，我在南白中学就读期间，有三分之一以上的时间是在搞生产劳动和政治运动，各门功课的学习时间大大压缩。我不愿虚掷青春，争分夺秒抓紧一切时间读书、写作、画画，有时白天干了七八个小时的农活，累得腰酸背痛，晚上仍坚持上课，雷打不动，一天不读书、写作、画画，心里就怅然若失，这种对时间的珍惜伴随了我的一生。

高中三年，有三件事聊以慰藉。一件是"大跃进"中上级要求"大放文艺卫星"，南白中学是知识分子集中之地，自然被有关领导重点"关注"。但南中的老师都缺乏文艺细胞，没有人长于剧本和歌曲创作，为完成上级压下来的政治任务，教导主任决定把我和一个有音乐特长、名叫唐家泽的学生抽调出来应差，我花了半个月时间写了一个名为《沸腾的钢水》的反映大炼钢铁的剧本和一首名为《跃进山歌多又多》的大合唱（我写歌词，唐家泽谱曲）。后来这两个节目都被送到遵义市参加地区文艺会演并获奖。毋庸讳言，我当时写的剧本与歌词不仅内容浮夸，而且艺术幼稚，但它们能代表学校参加遵义地区的会演，使我心中感受到几分"成功的"喜悦。第二件事是高中时期，我与哥哥汶光合作了一本花鸟画册页，共百余幅，我们给它取了一个名字叫《百花册》。1960年7月，贵州大学教授王渔父带领学生到遵义采风写生，住在遵义师范的宿舍里。王渔父先生是贵州著名的花鸟画家，也是我们崇拜的偶像，我曾多次临摹他的代表作《月夜飞鸟》。得知王先生来到遵义，我们十分欣喜，鼓足勇气带上《百花册》来到遵义师范准备向他求教，不料那天王先生患了感冒卧床休息，我们生怕打搅他，犹豫着准备离开。王先生听学生说了此事，连忙叫我们进入他住的房间，带病仔细观看了《百花册》，并对每一幅作品的优点和缺点进行点评，总体上给予较高评价。第三件事是从1958年7月，我开始写日记，日记中除了记录每天发生的琐事外，主要是读书和读画的心得。那时候我和哥哥用勤工俭学的收入订了《美术》《中国画》等刊物，每期刊物到来后，我都要对上面刊登的佳作进行分析、评论；平时读了一首诗或一本小说，也要写一篇读后心得。久而久之，成为了一种习惯，使我鉴赏文艺作品的能力和写作水平有了很大提高。

1959年，哥哥汶光高中毕业报考大学，被录取到遵义医专，汶光对学医毫无兴趣，退了学，到社会上独自闯荡，后来经过生活的磋磨，成为了贵州的著名作家，也算是"因祸得福"吧。我于次年参加高考，当时国家在录取高考生时政审条件有所放宽，于是我侥幸考入了贵州大学历史系。接到录取通知书时我既高兴又失望，高兴的是终于考上了贵州的本科名校，失望的是我的第一志愿是中文系，历史系是第二志愿。但不管怎样，对于一个"可以教育好的子女"来说，能考上本科大学已属十分幸运了，因此我非常珍惜这来之不易的机会。

我读大一大二时，正值三年经济困难时期，物资供应极为紧张，记得在欢迎新生的开学典礼上，校党委书记陈希文向全校学生透露了贵州大学的"家底"：为解决副食品供应不足，学校办了一个农场，有700多亩土地，养了100多头猪，几十头羊，2000多只鸭，以及上万尾鱼。陈书记号召同学们用双手建设好贵大，不能依赖国家。开学第一天，新生便被分配到周家寨参加劳动，我们班的任务是修猪圈。此后劳动任务不断，或到农场挖土、播种、施肥、收庄稼，或到附近的山林中打青枫籽和野茶籽，上课时断时续，很不正规。1960年冬天，很多师生因营养不良出现了浮肿病，学校号召实行"劳逸结合"，停止了晚自习。尽管物资匮乏，劳动繁重，但那时学校经常组织文艺晚会，每个周末都放电影，艺术系还频繁举办各种绘画展览，学校的政治氛围比较宽松，师生们对国家克服经济困难充满信心。1962年下半年以后，副食品供应有了很大改善，因此劳动大大减少，教学逐渐走上了正轨。但随着中共八届十中全会精神的传达，各级党委开始大抓阶级斗争，"反修防修"。不久，中苏开始了关于国际共产主义路线的论战，中央报刊连续发表了九评苏共的公开信，师生们都很关心时事政治，每天《人民日报》等报刊到来后，大家都抢着阅读，并对斯大林的是非功过，南斯拉夫是否是社会主义国家等问题展开讨论。校党委陈书记也经常做政治报告，就国内外的形势进行深入分析。这些成为20世纪60年代贵州大学一道特殊的风景。在学好专业课的余暇，我抓紧一切时间读书。那时贵州大学图书馆是开放式的，学生可自由进入藏书室选择自己喜爱的书，每次可借阅三本，我几乎每个星期都要到图书馆借书，据我在日记中的记录，大学四年我总共读了三百余种课外书籍，内容包罗万象，但主要是文学、艺术类的，其中有王国维的《人间词话》、石涛的《画语录》、柏拉图的《文艺对话集》、托尔斯泰的《艺术论》、刘大杰的《中国文学发展史》、郑振铎的《插图本中国文学史》、杨周翰等的《欧洲文学史》、约翰·雷华德的《印象画派史》、俞剑华的《中国绘画史》，以及屠格涅夫的《父与子》、巴尔扎克的《高老头》、肖洛霍夫的《静静的顿河》、普希金的《欧根·奥涅金》、雨果的《九三年》、塞万提斯的《堂吉诃德》等世界名著。从北京下放贵州、讲授明清史的周家歧老师，见我阅读的课外书籍比较杂，曾郑重地对我说："顾朴光，根据你的爱好兴趣，将来搞文化史定有所成。"我对周老师的话谨记于心，后来果然走上了研究文化史的道路。

在贵州大学的四年中，除了大量阅读课外书籍，另一收获是参观了数以百计的美术展览，那时我虽然不再做"画家梦"了，但对绘画的热情丝毫未减。其间我常到艺术系几个熟识的美术专业学生那里欣赏画册，并同他们一起到花溪公园写生；凡贵阳市举办美展，若我知道便都要前往参观，并把观后心得写入日记中，对我欣赏的优秀作品加以点评。其中一些重要的美展如"宋吟可、王渔父、孟光涛、方小石写生画展""'三面红旗万万岁'美术作品展览""贵州省第三届美术作品展览""贵州省解放十二周年美术作品展览"等，由于当时没有印刷画册和目录，现在学术界对展览的情况已难知晓，但我的日记却有较详细的记录，为我后来写作《贵州绘画史》积累了珍贵的资料。

大学期间对我影响较大的老师有两个：一个是教历史文选课的张振佩老师。张老师学问渊博，讲课生动，强调搞科研需扎扎实实，做好资料工作。受他的影响，我在大学期间每读一本书，都要写读书笔记，并摘抄书中精华做成学术资料卡片，日积月累，集腋成裘，不知不觉积累了数十万字的资料。另一个是上文提到的周家歧老师，周老师主张读书要泛览与精读相结合，阅读面要尽可能广些；他说读书不可能把所有的内容都记住，但要知道哪条资料在哪本书中，好比到大商场买某种商品，届时你不需一个柜台一个柜台地搜索，可以直奔放有该商品的柜台，节省很多时间。两个老师的教导，对我后来搞学术研究产生了很大帮助。

顾朴光（后排右三）与大学同学的合影

光阴荏苒，转瞬间大学生涯就结束了，我们班毕业时只剩下39人，分配方案中有十余个参军的名额，我渴望到解放军的大熔炉中去锻炼，但心里十分清楚，以我的家庭背景肯定与部队无缘，结果毫无悬念地被分配到织金县第二中学当了一名中学教员。

文学创作

织金是一个不大的县城，群山环抱，景色秀美；织金二中位于城郊的鱼山，教室在山下，宿舍在山上。我的宿舍位于鱼山的悬岩边缘，只有4平米左右，仅能安放一张小床和一个简陋的书桌。我对织金县城的印象不错，准备在此当一辈子孩子王，白天我在山下上课，晚上在斗室里备课和读书，日子倒也过得悠闲自在。不久，上面有精神，大学生都要到农村"劳动实习"一年，我被派往毕节县（今毕节市）的海子街，住在一个名叫朱光举的中农家里。我所在的实习队有30余名成员，分别来自省内外的多所高校，我们完全和农民同吃同住同劳动，只是工资照发，每个月到毕节县政府去领。一年的劳动实习使我学会干各种农活，更重要的是使我对中国农民的勤劳、淳朴以及农村的贫困有了深切的感受。海子街距毕节县城只有13公里，交通便利，田土肥沃，但每个劳动力每天挣的工分只值一角钱左右，平时农民们以吃苞谷饭下酸菜汤为主，菜中有点四季豆米便算不错了。那时因为年轻，生活中吃点苦不觉得，白天干完繁重的农活，晚上还要组织姑娘小伙识字唱歌。遇到雨天和农闲季节，我便躲在竹楼上读书和写作，由于有生活的实感，我陆续创作了《水轮泵突隆突隆歌唱》《金黄的秋天》《薅秧曲》等诗歌发表在《贵州日报》上，这给我艰苦平淡的劳动实习生活增添了一抹亮色。

一年的实习生活结束后，我回到了织金二中，我本想在诗歌创作的道路上继续努力，但不久就爆发了"文化大革命"。"文革"中我常常在夜深人静时，透过斗室前面一棵巨大皂荚树的树叶空隙凝望夜空，思索国家命运和个人前途，越想心中越感到困惑。

1964年高等学校毕业生毕节专区劳动实习队全体同志合影（顾朴光位于前排左三）

　　1976年底，我由织金二中调到遵义四局三公司子校任教，那时"四人帮"已经覆灭，虽然中国仍未从"文革"的阴霾中走出来，但文艺界已一马当先，涌现了一批反思"文革"的诗歌和小说。我大量阅读当时有影响的"伤痕文学"作品，心中跃跃欲试，准备在文学创作上一显身手。凑巧的是，这时在都匀市针织内衣厂当漂染工的哥哥汶光经过多年酝酿，从1977年3月动笔开始写作反映太平天国革命的历史小说《天国恨》第一卷，到1978年3月已完成了90万字的初稿。由于汶光第一次搞这么大的作品，初稿难免粗糙，遂邀请我与他一同修改该书，于是我们开始了长达四年的合作。《天国恨》第一卷后来又写了五稿，除第六稿为汶光独立完成外，其余四稿皆由我们两人共同完成。每一稿写作前，我们先对全书的结构、故事、细节、人物作充分讨论，然后由汶光拿出草稿，我进行润色打磨。按汶光的话说，好比修房子，他搭建主体框架，我进行内部粉糊。第三稿杀青后，我们曾借父亲之名给茅

1967年8月，顾朴光与妻子吴家蓉在织金县拍摄的结婚照

盾先生寄去一信，希望他能拨冗看一看稿子，茅盾回信（由家人代笔）说，因患眼疾，不能看书写字，要我们把稿子寄到人民文学出版社去。可是此时我们已把书稿送到了贵州人民出版社。出版社的编辑和领导看了稿子，认为基础不错，派戴美莹同志到我和汶光工作的单位为我们请了一年创作假。1979年春，我们向出版社借了五百元钱，赴广西桂平、贵县进行了半个月的考察，曾深入到紫荆山区当年杨秀清、萧朝贵烧炭和冯云山教书的地方走访，又考察了韦昌辉的故居，以及太平天国起义爆发的金田村，本来我们还想到石达开的老家调查，但此时中国对越南的自卫反击战已打响，铁路运输十分紧张，只得匆匆返回贵阳。此行得到桂平县文化局、贵县文化馆和金田太平天国遗址保管所的大力支持，所获甚丰，使书稿质量提高了一大步。

《天国恨》第一卷的写作当年曾在贵州引起很大轰动，听说一位漂染工人和一位中学教师正在创作反映太平天国的长篇小说，不少人都对能否成功表示怀疑，有人甚至猜测书稿是我们父亲写的。这也难怪，在此之前贵州尚无人写过篇幅如此巨大的文学作品，何况作者又是两个名不见经传的小人物。1981年6月号的《山花》杂志选载了该书的第十一至第十三章，编辑在刊物前面的"寄语读者"中写道："就像收到高质量稿件和发现了头角峥嵘的新人的所有编辑部一样，《天国恨》第一部的手稿，也给我们这些从事刻板的文字工作的人，带来了甚至是节日般的欢乐和激动，作品描写的虽然是我们大家都熟知的太平天国革命，作者却是文坛上的两个新人，可以想象，对于一个漂染工人和一个中学教师，要描绘一幅一百三十年前的壮丽历史画面，塑造出众多栩栩如生的历史人物，该要付出多么艰巨的劳动。"1982年8月，《天国恨》第一卷上、下册由贵州人民出版社出版后，在广大读者中引起了强烈反响，评论家们也对它给予了广泛关注。全国著名小说评论家吴秀明读罢全书，难以抑制内心的激动，一连写了三篇论文，分别从小说的真实性、人物塑造和艺术个性等方面，对该书进行深入的剖析。文中写道："作者挥洒那支具有强悍之力的艺术笔触，调动各种艺术手段，把风云际会的社会历史生活转化为波诡云谲、兔起鹘落的艺术画面，望来使人紧张揪心，不能释卷。""《天国恨》艺术个性的另一方面，是刚健豪放的格调，作者运笔用墨……处处流贯着一种壮美、雄浑、峻烈的气派。"《天国恨》原计划写五卷，第一卷出版后，汶光对农民战争的认识有了很大改变，感到若继续采用第一卷似的写法，难以深刻反映太平天国革命的本质，故他只写了第二卷的部分章节，便暂时放下了笔。已完成的第二卷片段由我修改后，发表在《创作》1984年第二期上。不久汶光调入贵州省作协，创作了《大渡魂》《百年沉冤》等作品，成为著名的历史小说作家；我则调入贵州民族学院，走上了学术研究之路。

民院任教

贵州民族学院1977年恢复招生后，师资力量严重缺乏，当时政治系急缺中共党史教师。我从在贵州农学院工作的大姐那里得知这一信息，遂决定前往应聘。那时贵州民族学院还在龙洞堡，我找到政治系主任穆琨老师联系，他要我准备一星期前往试讲，题目是毛主席的《论持久战》。我回到遵义家中，认真写作了教案，试讲那天，教室里坐了30余人，都是政治系的老师和学生，穆琨老师坐在前排。作为一名中学教员，面对大学师生讲课，心中难免紧张，我几乎是照着讲稿念，很少进行发挥，一堂课下来，汗水已湿透了衣衫。自己感到讲砸了，心中十分懊恼，但穆琨老师认为讲稿写得好，文字简洁，逻辑清晰，分析问题深入浅出，具备了高校教师的素质；讲课虽然紧张一些，但完全可以理解。听了穆老师的点评，我悬着的心才放下了。

1982年8月，我由遵义四局三公司子校调入贵州民族学院，人生由此翻开了新的一页。我在贵州民族学院工作了25年，直到2007年退休，这一期间大部分时间都是既搞教学科研，又搞行政工作，俗称"双肩挑"。教学上，我最初主要教中共党史，后来因工作需要，也教过太平天国史和中国近代史等；贵州民族学院艺术系招生后，因缺乏美术史教师，我又长期为美术专业的学生讲授中国美术史和外国美术史。中共党史、太平天国史、中国近代史是我的本行，中美史和外美史则属于客串性质；只因当时贵州民族学院没有专业的美术史论老师，我平时对美术史比较感兴趣，有一定知识积累，所以主动请缨，承担起这两门课程。然而我毕竟不是学美术史的，在教学中难免会碰到一些困难，为了弥补自己的不足，我一方面购买了大量有关中外美术史的著作，并订阅了《美术》《美术研究》《世界美术》《美术史论》等刊物，认真学习研读；另一方面利用暑假考察了敦煌石窟、云冈石窟、龙门石窟、大足石窟、麦积山石窟、永乐宫等艺术宝库，并多次到故宫博物院、中国美术馆、上海美术馆参观，从而加强了对中外美术史的认识，使我在教学中有了"底气"。我后来撰写《中国面具史》和《贵州绘画史》，在很大程度上得益于教授中国美术史和外国美术史的这段经历。

科研上，我调入大学后，工作性质的改变使我不得不放弃文学创作，转向学术研究。起初我的研究并无固定方向，只是凭着个人爱好在许多学术领域漫游，先后发表过研究太平天国史、比较文学、古典文学和中外绘画史的论文。由于我中学和大学时代读书多而杂，因此视野比较开阔，总能找到一些前人没有涉足的题目，文章发表后大多数都被各种权威刊物全文转载或摘登，在学术界产生了一定影响。例如发表在《贵州大学学报》上的《忠勇信义 过不掩功——论太平天国燕王秦日纲》，被中国人民大学复印报刊资料全文转载；发表在《西部学坛》上的《轻视和排斥知识分子是太平天国失败的

1986年7月，顾朴光在河南龙门石窟考察

重要原因》，被《新华文摘》摘登；发表在《贵州大学学报》上的《青春的赞歌和青春的挽歌——〈战争与和平〉与〈红楼梦〉比较谈片》，被中国人民大学复印报刊资料全文转载；发表在《贵州民族学院学报》上的《洪秀全与曾国藩识用人才之比较》，被《高等学校文科学报文摘》摘登……然而我心里非常清楚，那些学科学术积淀十分深厚，大家名家辈出，根据我的知识结构和学术背景，要想出大的成果极为困难，偶尔客串一下固无不可，把它们作为主攻方向则非明智的选择。后来我冥思苦想，上下求索，终于找到了最能发挥自己所长的突破口——傩戏暨面具，并沉下心来，十年磨一剑，撰写了在中外学术界具有广泛影响的《中国面具史》，对此后文再作详论。

行政工作方面，1984年9月贵州民族学院调整二级班子，我被任命为教务处副处长，分管学院科研和学报工作；1988年12月学报编辑部从教务处独立出来，我主动申请调到学报编辑部，担任副主编。1996年5月，我又调任历史系主任，直到2002年2月我年满六十岁被免去行政职务。我分管学报和任学报编辑部副主编期间，与学报副主编兼编辑部主任徐成森密切配合，兢兢业业，干成了两件大事：一是把内部发行的《贵州民族学院学报》办成了公开发行的刊物，二是把《贵州民族学院学报》办成了全国核心期刊。

担任历史系主任期间，系上的政治工作和行政事务均由党总支书记和副系主任负责。我只管学科建设，由于经费拮据，本来想办一些事情（例如同云南大学历史系合招硕士研究生）而终未办成。但有件事却因我突发奇想，歪打正着，出人预料地办成了，堪称是一个小小的奇迹。20世纪末，高校大量扩招，一些热门的系都开办了新的专业，有的还与外单位联合办学，搞得红红火火。那时学院下拨给各个系的经费与招生人数挂钩，学生多则经费多，反之则经费少。历史学科属于冷门专业，历史系每年招生几乎都处在末位，因此老师的福利比较差。作为系主任，看到历史系在福利上同大多数系存在差距，心中很不是滋味。我曾考虑学习其他系在校外联合办学，无奈受专业局限难以实施。2000年上半年，学院根据省教委下发的文件精神，鼓励各个系申办新的专业，历史系的领导和老师提出过一些设想，但都缺乏可操作性。后来我暗自琢磨，能否跳出历史专业的框框，把眼光看得更广一点呢？这样一想，心里就豁然开朗了。一天晚上我突然想起省里正在实施"村村通广播电视"的工程，要实施这一工程，急需大批懂得广播电视的专业人才，何不办一个广播电视新闻学专业呢？但转而又想，即使要办这一专业，按照常理也应办在中文系而不是历史系。所幸我院中文系并没有想到这个点子，于是我便开始搜寻我系申办广播电视新闻学专业的条件，以争取学院领导支持。当时我提出的"理由"是：历史系有一个重点学科——民族学，省里拨了十几万元专款，系上购买了摄像机、照相机、投影仪等器材，这些设备可供广播电视新闻学专业教学之用；此外，历史系有一批精通摄影、摄像的老师，并且新专业办起来后还可以调入一批专业人才。学院领导听了我的汇报，点头表示认可。我的设想虽然得到了学院领导支持，但对于广播电视新闻学专业的办学目标、课程设置、使用教材等却心中无底，于是我私下拜托复旦大学毕业的徐成森老师，向母校有关部门要到了该校广播电视新闻学专业的教学计划、学科建设等资料，组织老师学习、研究，在此基础上制定了详细的申报方案。为了提高申报的成功率，我又到省教委游说主管业务的领导，得到了他的支持。2000年7月，学院邀请省教委、省计委、省编委、省委宣传部和贵阳电视台等单位的领导和专家，对贵州民族学院历史系申办广播电视新闻学专业的必要性、可行性和条件进行论证。由于系上准备的材料比较充分，具有较强的说服力，与会领导和专家一致同意了我们的申办方案。当贵州民族学院历史系申办广播电视新闻学专业成功的消息传开后，有些人颇不以为然，认为这个专业要申办也应由贵州大学、贵州师范大学或贵州民族学院的中文系申办。但木已成舟，只得承认事实。第二年贵州大学和贵州师范大学也申办了广播电视新闻学专业，但比贵州民族学院晚了一年。实事求是地说，历史系办广播电视新闻学专业确实有些名不正言不顺，因此不久学院便把历史系改为了文化传播系。2001年贵州民族学院的广播电视新闻学专业正式招生，考生报考十分踊跃。2002年，我因年龄到点退出了领导岗位，新的领导班子团结全系师生，把广播电视新闻学专业办得风生水起，有声有色，使我十分欣慰。后来贵州民族学院广播电视新闻学专业的归属几经变化，2009年并入了现在的贵州民族大学传媒学院，成为该学院的专业之一。近些年来我经常反思，当年我凭借脑海中偶然闪现的灵感，在师资、设备都十分缺乏的情况下，在历史系办起了广播电视新闻学专业，改变了许多青年学子一生的命运，究竟是好事还是坏事？所幸在一次贵州民族学院广播电视新闻学专业首届毕业生的聚会中，不少同学表示他们的事业发展十分顺利，现在工作、生活都很好，我长期纠结于心的顾虑终于释怀了。

面具研究

　　20世纪80年代前期，尽管我已在太平天国史、比较文学和红学研究中取得了一些成果，但都是蜻蜓点水，小打小闹，不成系统。正当我因找不到学术突破口而苦闷的时候，全国掀起了一股"傩戏热"。傩戏是一种佩戴面具演出的古老剧种，它起源于商周时期方相氏驱鬼逐疫的仪式，与巫术、宗教、音乐、舞蹈、绘画、雕刻、文学、民俗等都有密切联系。傩戏早期流传极为广泛，近代以来由于种种原因，在汉族聚居的中原和江南各省已日趋衰落，而在西南、西北各省区，尤其是交通闭塞、贫穷落后的少数民族地区，傩戏仍非常流行。贵州是全国傩戏遗存最丰富、保存最完好的省区之一，除汉族外，土家族、仡佬族、布依族、毛南族、苗族、彝族、侗族、白族等民族都有傩戏遗存，为贵州学者研究傩戏提供了得天独厚的条件。

我对傩戏的研究始于1986年，因傩戏涉及的学科极广，要想取得全面突破非常困难，必须有所为有所不为。我冷静地分析了自己的所长所短，决定采取重点研究傩戏面具而兼及其他的策略，因为傩戏面具虽然是傩戏演出的道具，但其外在形态却与雕塑、绘画紧密关联，而这两方面我的学术积淀较为深厚。尽管那时我对傩文化和面具文化的认识尚很肤浅，但直觉告诉我从此将与之结下不解之缘。

1987年冬，贵州省民委和贵州民族学院联合在中国美术馆举办了"贵州民族民间傩戏面具展览"。首都学术界、艺术界对展览反响强烈，曹禺、钟敬文、王朝闻、冯其庸、吕骥、吴晓邦、曲六乙、华君武、黄永玉等知名人

1987年11月，顾朴光（右）在中国美术馆陪同曹禺先生（左）参观贵州傩戏面具展览

士参观后纷纷题字或发表感言，对贵州傩戏暨傩面给予高度评价。作为这次展览的组织者之一，我在展厅中亲耳听见曹禺赞叹道："奇迹，这是中国的又一个奇迹！中国的奇迹不但有长城，还有傩戏及其面具。看了你们的展览，我感到中国戏剧史要重新改写。"华君武题字道："贵州傩戏面具是伟大的民间艺术，看后深感民间艺人非凡的创造力。"冯其庸、吕骥、黄永玉的题字分别是"戏剧艺术之源""中国艺术史的宝库"和"地灵"。钟敬文专门写了一篇题为《贵州傩戏面具的展览、研究与保存》的文章在报刊上发表。大师们对傩戏面具的论述和评价使我深受启发，我惊喜地发现，一向受文人士大夫轻视，被认为难登大雅之堂的面具文化，原来是一座蕴藏丰富而在深山沉睡了千百年的学术富矿，心中顿有拨云见日之感：这不就是我苦苦寻觅的"学术突破口"吗？从此我义无反顾地踏上了面具文化研究的漫漫征途。

　　我对面具文化的研究，以贵州傩戏暨傩面为切入点，采取由近及远，先省内后省外的方法。20世纪八九十年代，我多次深入贵州威宁、德江、思南、沿河、江口、铜仁、岑巩、道真、务川、湄潭、安顺、平坝、织金等县的农村进行田野调查。那时贵州的交通尚比较落后，从贵阳乘车到一些偏远的县，往往要一整天，到区乡经常需要步行，住宿条件也很差。但越偏远的地方傩文化保存得越原始、完整，因此考察工作虽然辛苦，收获却很大。在数年内，我在田野调查的基础上，先后撰写了30多篇关于傩戏和傩面的论文，发表在《文艺研究》《美术研究》《美术史论》《戏剧》《中华戏曲》《民间文学论坛》《民族艺术》《中央民族学院学报》《民俗曲艺》等刊物上。又有《道真县的傩戏》和《安顺县的地戏》两篇调查报告，被日本学者广田律子译为日文，刊登于东京木耳社出版的《中国少数民族的假面剧》一书中。此外，我还与人合作编著出版了《傩戏论文选》《中国傩文化论文选》《中国傩戏调查报告》《德江傩堂戏》《思南傩堂戏》《中国民间美术全集　面具脸谱卷》《中国巫傩面具艺术》《傩戏面具艺术》等书。以上论著在学术界影响广泛，有的已经成为国内外学者研究贵州傩戏暨傩面的基本参考文献。

　　对贵州傩戏面具的研究，只是我研究面具文化的起点，随着资料的积累和研究的深入，我逐步拓宽视野，在地域上不再局限于贵州一隅，在时间上由近代一直上溯到史前，研究范围也由傩戏面具扩大到狩猎面具、战争面具、丧葬面具、祭祀面具、舞蹈面具、藏戏面具、镇宅面具、装饰面具以及同面具有着密切联系的古代岩画、墓室壁画、画像石、镇墓兽、兜鍪、盾饰、马冠、当卢、铺首、木偶、脸谱等。研究越是深入，我越感到中国面具文化绚丽多彩，博大精深，于是很自然地萌生了写一部《中国面具史》的想法。此前中国还没有出版过一部哪怕非常简略的面具史著，因此有学者断言现在还不具备写中国面具史的条件。我认真分析了自己的知识结构和客观条件，对实现心中的计划充满了信心。首先，从本质上说，面具属于造型艺术，面具史乃是美术史的一个分支，我对中外美术史比较熟悉，从而为写好《中国面具史》奠定了基础。其次，面具文化内涵深厚，与巫术、宗教、戏剧、民俗、历史、考古、雕刻、绘画均有紧密联系，我平时读书比较杂，各种知识都有所涉猎，这是我写好《中国面具史》的又一条件。再次，当时全国虽有不少学者研究面具，但他们所学专业大多为美术或戏剧，因此研究往往局限于某个横向断面而难以深入，我的本行是历史，以故研究能往纵深拓展。

有一件事从另一侧面激励了我写作《中国面具史》的决心：1990年12月，我应东京大学东洋文化研究所田仲一成教授邀请，到日本考察农村祭祀戏剧。在大阪，主人安排参观著名的国立民族学博物馆，馆中陈列着五大洲数十个国家和地区的面具，却没有一件中国面具；在东京，我逛过几家大型书店，书架上摆放着许多装帧精美的面具史著和画册，却没有一本是中国学者编撰的，也没有一本是关于中国面具的。我的民族自尊心被深深刺痛了，我暗下决心，一定要尽最大努力写好《中国面具史》，使中外读者都能了解博大辉煌的中国面具文化，领略它那充满东方审美情味的独特风采。

为了写作《中国面具史》，我阅读了上千万字的资料，做了数十万字的笔记，并先后赴北京、陕西、山西、湖南、四川、云南、广西、江西、青海等省区市进行考察。准备工作基本就绪后，我于1989年10月正式开始了该书的写作，由于面具涉及的知识领域十分广阔，而我在许多领域的知识都十

1990年12月，顾朴光在日本奈良考察春日若宫祭祀

分贫乏，只得边写边学，边学边写。我没有在困难面前畏缩，沉下心默默耕耘，不知不觉度过了五个春秋。我曾在给友人的信中写道："开垦处女地固然要比在前人垦殖过的熟地上耕耘付出更大的代价，但在辛勤劳作中得到的乐趣却远非后者可以比拟。"令人欣慰的是，我的写作得到了许多师友的支持和帮助。著名戏剧理论家、中国傩戏学研究会会长曲六乙先生得知我准备写作《中国面具史》，来信鼓励我填补这一学术空白；该书初稿完成后，他又认真阅读了书稿并提出许多宝贵的修改意见并为之作序。国内许多朋友和日本面具专家后藤淑、韩国戏剧史家李杜铉，以及美国芝加哥艺术学院的朋友，寄给我许多珍贵的文字资料和图片；中国艺术研究院原副院长、著名学者冯其庸先生，为拙著题写了书名。对他们的深情厚谊我永远铭记于心。

《中国面具史》先后写了四稿，由于没有前人的作品参照，我对稿子的质量和价值心中无底，常常会自我怀疑。1993年1月，第三稿完成后，我志忐不安地把书稿寄给曲六乙先生，想听取他的批评意见。2月10日，曲先生来信说："一口气读完尊稿，我感到材料相当丰富，这说明你近年来读了相当多的书，搜集了相当多的资料，并且努力消化成为自己的营养。你的撰写态度严肃、专一而认真。考订详尽，论述全面且时有创见。你决不因袭旧论，人云亦云。有不少章节写得相当精彩，我为之折服。我确认它具有较高的学术价值，是近年来有关傩文化著述中很有特色的专著，出版后定会引起国内外学者的注目。我由衷地祝贺你。"曲先生的来信对我是很大的鼓舞，后来

1988年4月，顾朴光在裸戛村考察"撮泰吉"面具

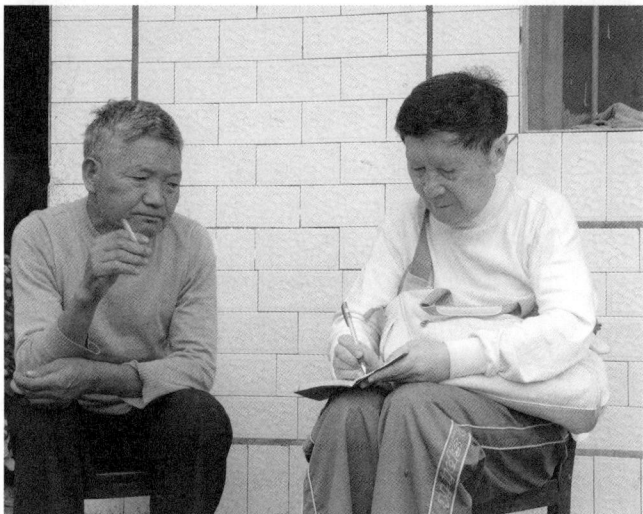

2013年7月，顾朴光在裸戛村采访"撮泰吉"传人文道华

我又根据他提出的修改意见，花了一年多时间对书稿进行打磨，使作品质量上了一个台阶。顺便指出，为了增加《中国面具史》的可读性，使读者阅读时有一个感性的、直观的感受，书中附了40幅彩色图片和288幅黑白手绘线描插图。其中的线描插图系由儿子雪涛和女儿雪莲所绘，他们都是美术专业的毕业生，所绘插图为全书增色不少。

《中国面具史》共分为六章，第一章为"面具的界定、分类和起源"，第二章至第六章分别论述远古、上古、中古、近古和近代以来的面具，书中对中国从史前到当代的面具文化进行了系统梳理，其中关于中国面具文化一些核心问题的论述，得到学术界普遍认可，认为其见解新颖独到，论证严谨有力。例如：1. 关于面具的起源。过去学术界大多用巫术和宗教的观念来解释面具的起源，本书认为面具的起源是多元的而非单一的，它与原始人类的狩猎活动、图腾崇拜、部落战争、巫术仪式都紧密相关。换言之，是以上诸多因素共同孕育了面具这一人类早期历史上绚丽多彩的文化现象。2. 关于面具的分类。此前学术界一般根据面具结构、质地、造型、功用等对之进行分类，本书一反传统的分类方法，以"形制"作为分类的依据，将中国面具分为假面、假头、面罩、面像、面饰五种类型。3. 关于面具的分期。由于过去没有人从史的角度来研究面具文化，故此前关于中国面具史的分期还是空白。本书根据中国面具发展的实际情况，将其分为五个时期，即萌芽期（远古）、发展期（夏商周）、成熟期（秦汉至隋唐）、繁荣期（宋元明清）、转型期（民国以来）。4. 关于方相氏面具。古代中国面具中，最交口称誉亦最扑朔迷离的，莫过于方相氏在驱傩活动中佩戴的"黄金四目"面具。由于历史文献对方相氏面具的记载语焉不详，加之考古发掘从未出土过"黄金四目"的方相氏面具，致使人们对其形制、质地不甚了然，一般认为它是一具独立的用黄金制作或用金色装饰的"四目"面具。本书用大量材料论证：方相氏面具不是一具独立的面具，而系由假头（即魌头，系用熊首制作）和假面（用青铜制作）组合而成，假头上的二目加上假面上的二目，共为"四目"。它们或用黄金制作，或用金色涂饰，故曰"黄金四目"。至于方相氏的原型，乃是远古时期九黎部落的领袖、三苗的先祖蚩尤。5.关于兰陵王面具。兰陵王面具是北齐乐舞《兰陵王入阵曲》和唐代乐舞《兰陵王》演出时所用的面具，这两种乐舞表现的都是北齐兰陵武王高长恭因面貌秀美，类若女人，他嫌自己貌不威武，所以打仗时佩戴铁制面具，借以威慑敌人的故事。在中国面具史上，其声名之显赫，地位之重要，足以同方相氏面具比肩。但由于兰陵王面具在我国早已失传，以至长期以来人们对它一直"不识庐山真面目"。所幸日本至今仍保存着古老的面具舞乐《陵王》，为研究兰陵王面具提供了宝贵的参考资料。对《陵王》的渊源，中、日学者有两种不同意见，或认为源于中国的乐舞《兰陵王》，或认为源于印度的歌剧《龙王之喜》。本书从中日面具比较入手，通过对陵王面具形制、造型的详细考证，指出日本的陵王面具乃源于中国的兰陵王面具，虽然兰陵王面具传入日本后已发生了许多变异，但在日本陵王面具身上，仍保留着中国兰陵王面具的基本特征。以上几点都是中国面具文化的核心问题，《中国面具史》以科学的态度、清晰的思维，对之进行了富有说服力的论证，为学科建设奠定了坚实基础。

1996年1月，在贵州省学术著作出版基金资助下，《中国面具史》由贵州民族出版社出版了。这部被列为国家"九五"规划重点图书的学术专著一问世，就受到学术界广泛关注和好评，在国内外产生了强烈反响。《人民日报》《文艺报》《中国文化报》《中国艺术报》《读书》《中国出版》《中国图书商报》《中国图书评论》《华声》《贵州日报》以及《比较民俗学》（韩国）、《历史与民俗》（日本）等国内外报刊，都对之做了评介和报道。学者们评价《中国面具史》"学术性、资料性并重，集古今面具之大成，填补了中国面具文化研究的空白"；称赞该书"是我国近年来研究原始文化和民间艺术的佳构……是一部具有科学尊严的史著""是一本难得的学术巨著，它为许多研究领域提供了重要的文化信息，其影响将是久远的"；认为《中国面具史》的出版，"做了一件为中国人增光的大事"。汉城大学李杜铉教授撰写了一篇近两万字的长文在韩国发表，对《中国面具史》作了很高评价，指出该书"为中、韩、日三国面具文化比较提供了珍贵资料"；神奈川大学教授广田律子在日本刊物上发表文章，评价"顾朴光是中国面具文化研究第一人"。鉴于《中国面具史》的学术成就和影响，韩国教育部将其列入"东西方学术名著丛书"，由大真大学教授洪熹译成韩文，2007年在首尔出版。2014年，《中国面具史》入选国家社科基金"中华学术外译项目"，由贵州民族大学肖唐金教授译成英文，2018年在德国出版。《中国面具史》曾先后获得中国民族图书奖、贵州省社科优秀成果奖和贵州省"五个一工程奖"。

《中国面具史》的出版，还使我意外地被增补为国家社科基金项目会议评审专家，说起此事还有一个小小的插曲。为推动全国哲学社会科学研究的健康发展，国务院于1986年批准设立国家社科基金，由隶属于中宣部的全国社科规划办公室加以管理。全国社科规划办从国内高等院校和科研机构中遴选了一批著名专家学者，按学科组成国家社科基金评审专家小组，每年集中到北京的京西宾馆，对全国各单位申报的社科课题进行评审。长期以来，贵州只有省委宣传部一个副部长担任评审专家，历年被评上的国家社科基金项目屈指可数。2000年，全国社科规划办决定在贵州增补一个学者担任评审专家，讨论人选时全国社科规划办的一个领导因看过《中国面具史》，对我有比较深的印象，于是提出增补我为贵州省的国家社科基金会议评审专家并获通过。此后十几年中，我每年都要前往北京参加国家社科基金项目的评审。我被分在"民族问题研究"学科组，此前贵州立项的"民族问题研究"课题寥寥无几，我担任评审专家后，每年都为贵州争取到一两个甚至三四个课题，为贵州的社科研究特别是民族学研究贡献了一份绵薄之力。2014年后我因年事已高，不再参加国家社科基金项目会议评审，但仍担任通讯评审专家，2019年还评审过国家社科基金成果文库的申报材料。

继《中国面具史》之后，我又出版了《面具》、《中国民间面具》、《贵州少数民族面具文化》(合作)、《贵州古傩》(合作，中、英文版)、《中国贵州民族民间美术全集·傩面卷》(合作，中、英、韩文版)等著作；另有图文并茂的大型国家文化工程《中国工艺美术全集·贵州卷·傩艺·雕塑·建筑装饰篇》(合作)已完成，待出版。

研究绘画

我的中国面具文化研究基本告一段落之后，又萌生了研究贵州绘画的想法。坦率地说，我对绘画的兴趣要比面具浓厚得多，学术积累也丰厚得多；早在20世纪八九十年代，我就发表过《曹雪芹与绘画》《徐渭与梵高》《古代少数民族画家对祖国传统绘画的贡献》《简论新中国贵州三代国画家》等学术论文，前者还被中国人民大学复印报刊资料全文转载。不过那时我的绘画研究只是偶一为之，也缺乏明确的研究方向。新世纪初期，我的面具研究已近尾声，虽然不时仍有一些著作问世，有的作品还获得了省部级甚至国家级奖项，但我心中十分清楚，由于它们缺乏原创性和系统性，其学术价值与《中国面具史》不可同日而语，因此有段时间，我又陷入了迷茫。

2005年，我的一个朋友开始涉足绘画收藏，他知道我对绘画有一定鉴定水平，邀请我帮他"掌眼"。那时我们经常到贵阳万东桥书画市场"淘宝"，也参加过许多书画拍卖会，不知不觉我也陷入了书画收藏并难以自拔。大部分人搞书画收藏都是为了资本增值，而我的书画收藏则有明确的学术目的，即我只收藏从清代中期至当代贵州著名国画家的作品，并在此基础上编一本《贵州近现代中国画选》。收藏上限之所以定在清代中期，是根据贵州绘画发展历史的考量。贵州绘画（这里特指画家创作的、具有独立审美价值的绘画，而不包括古代岩画和民间艺人创作的工艺绘画）的历史，严格说来是从明初开始的，在此之前贵州境域既没有一个画家见于文献记载，也没有一幅可信的作品流传下来。贵州现存最早的黔籍画家的绘画真迹是明末杨龙友、马士英、周祚新等的作品，由于他们三人很早就移居江南，故贵州迄今没有发现一幅他们的真迹。清代前期贵州虽然涌现了少数本土画家，但作品流传极少，直到鸦片战争以后，贵州本土画家的数量成倍增加，他们的作品在民间才有较多流传。因此，我的收藏时间上限定为清代中期，重点是收藏晚清、民国和新中国初期画家的作品，下限延续到21世纪初期。我的收藏有两个原则，一是只收藏清代中晚期以来贵州具有代表性画家的作品，二是尽量收藏各个画家的精品力作。由于坚持了这两个原则，我的藏品总体品质很高，其中约有50%的作品曾在各种画集中发表或获奖。2007年10月，我应邀赴中南民族大学讲学，乘便拜访了武汉大学的贵州籍教授、全国著名美学家刘纲纪。他看了我的藏品照片后，感慨地说："贵州大有人才，只可惜宣传不够！"2008年10月，我携带所藏作品的照片集向贵州花鸟画大家方小石求教，他认真看了每一幅作品，对孙竹雅、何威凤、景晓楠、姚华、桂百铸、阮为藩、张云麓、胡楚渔、宋吟可、蒋梦谷、谢孝思、王渔父、刘知白、王松年、孟光涛等人的作品尤其感兴趣，因为他对上述画家十分熟悉，他一面看一面讲起他们的一些逸事趣闻。当然，我的绘画收藏之路也非一帆风顺，收藏界的水既深且浑，一不小心就要踩雷，其间我既捡过漏，也交过学费。俗话说吃一堑长一智，经过六七年的摸爬滚打，我终于实现了预定的学术目标。我从藏品中挑选了100幅佳作，编成《贵州近现代中国画选》一书，于2013年在贵州教育出版社出版。该书前面附有一篇题为《贵州近现代中国画略论》的长文，对贵州建省六百年来绘画（主要是中国画）的发展历史作了初步梳理，书后附有每一幅入选作品的评点，二者加起来约有10万余字。该书深入浅出，图文并茂，对人们了解贵州中国画六百年的发展概貌起到了启蒙和导读的作用。

《贵州近现代中国画选》出版后引起学术界广泛关注，《贵州日报》《藏天下》等报刊都对该书作了报道和评论。由于《贵州近现代中国画选》的影响，贵州一些报刊时常向我约稿，但我已年过七旬，受身体和精力的限制，许多事已不能亲为，于是便邀儿子雪涛与我合作；他毕业于贵州民族学院艺术系美术专业，对绘画特别是西洋绘画比较熟悉，在知识结构和审美眼光上正好与我互补。2013年，为纪念贵州建省六百周年，我们先是在《贵阳日报》开设了《黔说600年画记》专栏，陆续发表了评介从明末到当代的30余个绘画名家的文章，每篇字数不等，平均约1500余字，选配两幅图片，评介对象仅限于中国画家。几乎与此同时，我们又在《当代贵州》开辟了《贵州六百年绘画名家》专栏（专栏名称几经变化，有《悦读贵州·600年书画名家》《黔地艺痕》《黔地艺苑》等），专栏时间最初没有固定，后来逐渐正规，每月刊登一篇，不限定画种，凡是在中国画、油画、版画、水彩画领域作出过重要贡献的贵州画家，以及旅黔、寓黔的外省籍画家，都属于评介对象；受刊物篇幅限制，每篇文章1000字左右，附一幅图片。在《当代贵州》开设的专栏从2013年始，一直延续到2020年底，总计发表了七八十篇文章，《当代贵州》是贵州省委机关刊物，发行量巨大，我们的文章拥有众多读者，影响广泛。

2013年底，我用一个多月时间，写作了一篇名曰《黔岭山花别样妍——贵州地域民族题材绘画概述》的2万字长文，对贵州建省以来的地域民族题材绘画进行了系统梳理。此文的写作有一个缘由：为从文化层面配合国家"西部大开发"的战略决策，切实推进西部地区美术创作的发展，中国美术家协会从2009年起，相继策划了多个以我国少数民族聚居省区为单元的国家级大型系列美展。为了让贵州也能争取到这样的宝贵机会，贵州省委宣传部、贵州省文联与中国美协经过沟通协商，决定2014年4月在北京中国美术馆举办"多彩贵州·中国美术作品展"。这个展览由贵州省美协具体筹办，筹办工作主要有二：一是组织、选送符合展览宗旨的美术作品；二是组织一篇系统论述贵州地域民族题材绘画的长文。省美术家协会主席谌宏微此前读过我的一些论著，决定委托我来写这篇文章。该文论述的画种除了中国画，还包括油画、版画、水彩画等，此前我主要研究中国画，对油画、版画、水彩画等关注较少。为了很好地完成省美术家协会交给的任务，我收集了大量资料，对贵州民国以来特别是新中国成立后西洋绘画的发展情况作了深入研究，终于不辱使命，按时完成了文稿。此文后来刊载于由中国文联、中共贵州省委宣传部、中国美协、中国美术馆、贵州省文联、中央民族大学等单位合编的大型画集《多彩贵州 中国美术作品集》中，由人民美术出版社出版，在"多彩贵州·中国美术作品展"开幕时同步发行。展览开幕当天下午，展览筹委会在中国美术馆圆厅举行了学术研讨会，我在会上依据文章的主要观点作了发言，《美术》杂志主编尚辉先生听后深以为然，当场向我约稿。因为时间紧迫，我一人难以独立完成，遂与儿子雪涛合作，写了一篇8000多字的文章，题名《地域 民族 传统 现代——关于贵州现代美术》，发表在2014年6月号的《美术》上。

贵州画史

做了上述大量的铺垫工作后，撰写一本兼具学术性、理论性和资料性，翔实系统、图文并茂的《贵州绘画史》，便水到渠成地提上了议事日程。我知道这是一个艰难的、巨大的挑战，因为迄今尚无一本哪怕非常简略的全面论述贵州绘画的史著可资参考。1986年，陈训明先生出版过一本《贵州书画家简论》，该书是系统梳理贵州绘画的拓荒之作，其价值自不待言。但诚如该书书名所示，它只是贵州书画家的简论，不具备"史"的性质。并且，该书书法与绘画并重，用了很大篇幅论述书法，而对绘画只论述中国画，不包括油画、版画，以及水彩画、漫画、年画、连环画、宣传画、插图、漆画、壁画等小画种；论述的画家下限只到改革开放以前，而不包括贵州绘画最为繁荣昌盛的新时期；该书另一缺陷是只有文字而无图片，使读者阅读时不能文图互证，缺乏视觉快感。不过，在20世纪80年代出版这么一本书，已经非常难能可贵了。1985年和1990年，贵州省美协曾先后组织数十人的写作班子，准备撰写《贵州美术史》和《贵州当代美术史》，为此还制定了详细的计划，由杨长槐任主编，宋吟可、方小石、陈恒安、王树艺任顾问。但由于主客观原因，这两次编撰工作都虎头蛇尾，最终不了了之了。由此可见撰写《贵州绘画史》确非一件易事，何况我已年届古稀，更增加了写作的难度。然而我经过反复权衡，最后还是下定决心，决定把这块硬骨头啃下来。我之所以敢于挑战这一前人未曾涉足的领域，除了前文所说的我青少年时代曾学习过中国画，20世纪八九十年代曾教授过中国美术史和外国美术史，21世纪初有过一段收藏绘画的经历，家中藏有数百种名人画集和美术史论，日记中积累了半个世纪的关于贵州绘画的各种资料等有利条件外，很重要的一点是，儿子雪涛经过与我多年合作，已成为我事业上的得力助手。我因不会运用电脑、相机等现代科技产品，很多工作都力不从心，而这些雪涛都很擅长，弥补了我的不足。因此在写作中的很多烦琐事务，如搜集资料、翻拍图片、打印文稿、对外联络等，雪涛都全部承担了下来。此外，我们还经常就全书的框架、提纲，以及对画家的评论等进行讨论，这样可避免因主观认识的片面而产生疏误。

写作《贵州绘画史》，首要的任务是尽可能地将有关古今贵州绘画的资料搜罗齐备，其中既包括文字资料，也包括图片资料。虽然半个世纪以来我积累了大量有关贵州绘画的资料和画集，但要完成《贵州绘画史》的写作远远不够，因此我们第一步的工作便是尽最大努力把文字和图片资料搜罗齐全。所需资料主要为：1. 曾对贵州绘画发展产生过影响的黔籍画家暨旅黔、寓黔外省籍画家的传记和画集；2. 涉及贵州绘画的各种大型文献性权威画集暨各个品类的绘画史著；3. 民国以来特别是新中国成立之后全国暨贵州重要美展的目录和图录；4. 与贵州绘画发展有关的各种背景资料暨志书、辞典、资料汇编等。为此我们曾到贵州省图书馆和贵州民族大学图书馆查阅，虽然有所收获，但这两个图书馆所藏的关于贵州绘画的资料和画集，还不到我个人收藏的五分之一，不得已我们只好通过各种渠道大量购买，只要是重要的资料和画集，无论花费多少钱都要收入囊中。有些画集一本便需七八百元，一套需两三千元甚至是七八千元，我们都毫不犹豫地购入，为的是不要留下遗憾；凡是重要画家的重要作品，如能看到原作最好，若无缘见到原作，务必要见到清晰的图片，这样才能做到言必有据，避免妄下评论。有时为了某个画家的一幅画，我们便会购买一本两三百元的画集，为了一份重要美展的目录，不惜花费一两百元钱去购买。为了写作《贵州绘画史》，我们总共购买了数万元的图书和画册，数量达两三百种之多！我曾对儿子雪涛说："为了写好《贵州绘画史》，投入再多的金钱和时间都值得。"这些年来，我们购买的重要画集有《中国美术全集·绘画》（11册）、《中国古代书画图目》（24册）、《中国现代美术全集·中国画》（6册）、《中国现代美术全集·油画》（4册）、

《中国现代美术全集·版画》（2 册）、《中国现代美术全集·水彩》、《中国现代美术全集·水粉》、《中国现代美术全集·漫画》、《新中国美术 50 年：1949-1999》、《向祖国汇报：新中国美术 60 年》、《改革开放·中国美术 30 年》、《搜尽奇峰　20 世纪中国山水画选展作品集》、《翰墨流芳　近现代中国画精选》（山水卷、人物卷、花鸟卷）、《中国百年水彩画集》、《百年中国画集》、《第二届中国油画展作品集》、《第三届中国油画展精选作品集》、《清代贵州画家作品集》、《现代贵州书画家作品集》、《贵阳百年书画选集》……

有关贵州绘画的资料大致搜罗齐备后，我们便开始了《贵州绘画史》的写作，具体时间已难确定，大致在 2014 年前后，如果算上此前出版的《贵州近现代中国画选》，可以推到 2010 年左右。贵州绘画发展的历史是客观存在，如何进行解读和表述却因人而异，一百个人写贵州绘画的历史便会有一百种不同的文本。我们的目标是运用辩证唯物主义和历史唯物主义的观点分析、研究贵州建省以来绘画发展的历史，尽量做到全面、客观、公正，争取为后世留下一部系统、翔实、准确的贵州绘画史著。这是一个很高的标准，为了实现这个目标，我们在十余年的时间里心无旁骛，辛勤耕耘，未敢稍有懈怠。最初我们只把撰写《贵州绘画史》作为个体行为，2017 年，该选题被列为贵州省社科基金文化单列课题，因此它的写作不可避免地受到当下主流思想的制约。如何在私家著作和政府课题之间实现平衡，做到既能弘扬主旋律、正能量，又能保持个人独立的见解和自由的精神，是对我们智慧和水平的考验，我们在这方面做了很大努力，效果怎样有待实践检验。

《贵州绘画史》的主要内容包括以下方面：

一、论述的画家及作品，上起明初贵州建省，下迄 2014 年。之所以把 2014 年作为下限，盖因 2013 年是贵州建省六百周年华诞，贵州绘画伴随贵州建省走过了六百年曲折而辉煌的历程。2014 年对于贵州绘画具有特殊意义，它标志贵州绘画由此翻开了新的篇章，进入下一个道路崎岖但充满希望的六百年。2014 年以后贵州又涌现了一批优秀的画家及作品，但他（它）们能否进入画史需经过时间淘洗，故本书对之不作论述。

二、论述的画种，以新中国成立后历届全国美展常设的画种为参照，包括中国画、油画、版画、水彩画、年画、漫画、连环画、宣传画、插图、漆画、壁画、儿童美术等，而以中国画、油画和版画为主。20世纪80年代后兴起的装置艺术、行为艺术、动漫艺术、艺术设计等，虽与绘画有一定联系，但它们均非"纯粹的"绘画，故不属本书论述的范围。鉴于贵州绘画在其成长过程中曾受到贵州民族民间美术的巨大影响，本书特用一定篇幅对后者进行介绍，以使读者更好地领略贵州绘画独特的风韵。

三、根据贵州绘画发展的实际情况，在结构上分为五章：第一章为明清时期的绘画，亦即贵州绘画的萌芽和成长时期；第二章为民国时期的贵州绘画，亦即贵州绘画的转型时期；第三章为新中国前27年的绘画，亦即贵州绘画的发展和挫折时期；第四章、第五章为"文革"结束至2014年的贵州绘画，亦即贵州绘画的繁荣时期，这一时期的贵州绘画因头绪纷繁，内容丰富，画

顾朴光出版的部分学术著作

家众多，故分为两章论述。每一时期先论述在政治、经济、文化方面影响、制约本时期绘画发展的重大事件和举措，然后再论述这一时期涌现的绘画名家、名作。

四、贵州建省以来有作品流传的画家数以千计，不可能把他们全部写入史中，只有那些作品具有鲜明个人风格和隽永美学品质、于艺术图式和视觉经验有所拓展的画家，才能在画史中占有一席之地。入载本书的画家约有600余人，论述他们的文字从数十字到数千字不等；也有的只列了一个名字，更多的人则无缘入史。入史的画家置于哪一个梯次，主要依据其艺术水平和社会影响。对艺术水平的判定，既依靠笔者的审美体验，也听取了专家和百姓的意见；对社会影响的考量，参酌了入选全国高层次美展、入编大型文献性画集、在省内外重要美展中获奖等情况，以及业内著名画家和学者的评论。

五、《贵州绘画史》共分为前言、正文、后记、主要参考书目、贵州绘画年表、人名索引六个部分，全书约32万字，附300余幅各个时期著名画家的代表作品。入载本书的画家就籍贯而言，大致可分为四类：一为出生并定居贵州的画家，二为出生他省而定居贵州的画家，三为出生贵州而定居他省或国外的画家，四为出生他省但旅黔、寓黔期间对贵州绘画产生过较大影响的画家。入史画家的选择标准主要依据其艺术成就的大小，但在实际操作中对下列四类画家作了适当倾斜：一是长期在州县和基层工作的画家；二是女性画家和少数民族画家；三是对贵州美术教育作出过较大贡献的画家；四是一辈子专注于绘画创作而心不旁骛的画家。

经过十年的潜心写作和反复修改，《贵州绘画史》终于在2020年底杀青并通过专家评审，现在我们正就该书的出版事宜同出版社洽谈，估计2022年下半年可以出版。至于它是否实现了我们早先设定的目标，读者和时间当会给出客观的评价。

人生感悟

苏轼曰："人生如逆旅，我亦是行人。"我今年79岁，已步入古人所说的耄耋之年。这一辈子我经历过民国时期的腐败和贫困，新中国初期的欣欣向荣，"大跃进"的浮夸与狂热，三年经济困难时期的饥饿，"文化大革命"的浩劫以及改革开放以来中国翻天覆地的变化。

作为一个渺小的个体，在时代的巨变中只能随波逐流，顺应自然，在力所能及的范围内做一点自己喜爱的事情。根据个人志趣和能力，我青年时代就树立了人生理想，希望通过一生努力，为祖国浩瀚的文化长河增添一两滴水珠。

回顾大半个世纪走过的旅迹，心中既有欣慰也有遗憾。遗憾的是，有一些想做的事还来不及做，就已经垂垂老矣！欣慰的是，我一生在任何艰难的

口述史采集小组采访顾朴光先生后的合影

条件下都没有忘记初心，总是孜孜矻矻，勤奋学习和写作，以《中国面具史》和《贵州绘画史》两本著作，交出了一份还算合格的人生答卷。正所谓：

> 世事沧桑浑如梦，
> 幸有二史慰此生！

黔山秀水入画来

口述·张润生

张润生，1946年生于山东莘县。1958年随父迁居贵阳。自幼喜欢绘画，13岁跟刘知白先生学习中国传统绘画，并得宋吟可、王振中等名家指导。1980年调入贵州国画院专门从事中国山水画创作。曾任贵州省美术家协会副主席、贵州省国画院院长、省政协书画室副主任。现为一级美术师、中国美术家协会会员、中国画学会会员。作品多次获国家级、省部级金银奖。多幅作品被中国美术馆等机构收藏。出版有《张润生山水画集》等。

张润生

父辈记忆

我的祖辈都是农民，大概在明洪武年间（1368—1398）就跟随山西大移民潮到了山东。如今，到山东也有几十代人了。我们村子是从一家人发展起来的，村里的人全部姓张，是一个大家族。家族就这样慢慢延续下来，后来成了一个有几百户人家的村子。

我记得小时候家里非常穷，没有几亩地，多年闹灾荒，一家人吃饭都成问题。所以我爷爷不到二十岁就带着全家七八个人去闯关东。在那里，他们在当地老乡的帮助下开荒种地，一家人开始安定下来。隔了好多年，我们那里的生活开始好起来了，那时候，我家十几口人，全部都到了关东。

几年后，"九一八"事变爆发，日本人一打过来，情况就发生了很大的变化。我爷爷有一腔爱国热情，非常憎恨日本人，于是他和当地的一些老乡自发组成武装力量去抵抗日本人。他们是自发成立的，没有正规的组织管理，也没有经过专业训练，所以没打几仗就散了。

打散以后，因为我爷爷是一个小头目，日本人就想去抓他。他打不过日本人。当地的老乡比较好，就帮助他到处躲。日本人抓不到他，就把我奶奶抓到监狱里去，盘问我爷爷的去向。我奶奶坚决不说。她就被打得浑身都是伤。当地的老乡商量，几家一起凑点钱，把我奶奶给保出来了。这一段时间，我们一家人实在待不下去了，就只有到处躲。后来，爷爷又化装成农民返回老家来种地。其他亲人也分批回到老家。

回家没多久，"七七事变"后日本人又打过来了。我们当地的一个抗日武装组织帮忙打日本人。我父亲当时也在那个地下武装组织帮忙，被派到伪政府里做电话员。他通过电话掌握了一些情报，把弹药、电池等物资偷偷运出来。我奶奶开了一个铺子弹棉花，就借送被子的机会，把子弹、电池、情

张润生童年照

报送到城外抗日游击队手里。

父亲开始就搞地下工作，后来正式加入了八路军。

我1946年在老家山东莘县出生。我出生的时候，家里条件非常不好。我父亲刚刚参加革命队伍，经常不在家，母亲的身体不好，又没有奶。我听老人讲，我出生时没有奶吃，饿得哇哇大哭。我小姑妈还没有出嫁，抱着我就满村去找奶吃。我是在农村长大的孩子。

我父亲南下以后，跟着部队一直打仗，打到广东、广西，后来到广西金城江区宜山县（今河池市宜州区）这一带剿匪。1950年至1951年，国家组建海军，这时我父亲也和他的通信部队一起被并到了南海舰队，组建了中国最早的一批海军，后来就到了现在伶仃洋上的伶仃岛。

这个地方离深圳不远，从深圳坐船能到小岛上。那个时候是近海防御，战事还是比较紧张。他们的那个岛全部都是海岸炮兵，把山头全部都打通了，以海岸炮封锁了珠江口岸。那个时候我们国家的武装力量还比较弱，所以都是近海防御。

1955年，我父亲在那里稳定下来后，我们一家就去随军。母亲把我带到了广州。那时广州南海舰队只有一个小学——中南海军第一完全小学。他们就把我送到这个学校读书。放假时，我还是跟在父亲身边。到这个学校上学时，我刚读三年级。

这个学校也是部队建制，条件还可以，全部归部队管理。学校的老师全部都讲普通话。我们学校还聘了苏联专家教学，校长是一个老红军。那时刚刚解放，为了安全起见，学校还有一个班的保卫力量在值班。学校的全部学生都是南海舰队干部的子女。其中，司令员、副司令的孩子都和我在一个班。

我在学校读了三年，到1953年的时候，就碰到了全国大裁军，我父亲也是这次转业的军人。作为军人，要服从组织分配。就这样，组织把我们分配到贵州来了。

当时，贵州经济落后，也很缺干部。1958年8月，我们一家人到了贵阳。我们先坐火车到都匀，从都匀坐汽车到贵阳。当时到贵阳的铁路也还没有修好，我记得是1959年通的车。

到贵阳后，我父亲就被分到市政府的城建系统工作，我就在当时的城西小学读六年级。

张润生与母亲合影

祖辈重教

我的祖辈都是老老实实的农民，只会种地，村子里都没有出过秀才、状元。所以你要问我，这画画从哪里学，我也不晓得。也没有哪个教我，我只晓得，我从小就喜欢画画。

从祖辈的记忆里，我找了半天，都没有找到我喜欢画画的原因。或许我是受到母亲的影响。我母亲多才多艺，什么技能她一学就会，是个能人。

我们的家谱里，只讲了一些族规族训，还有一些祖辈立的规矩和礼仪制度。对出过哪些人、做过哪些事，都没有记载太多。不管怎么说，我们那里是孔孟之乡，礼仪方面都有非常严格的规定。

我爷爷只在私塾读过几天小学，我父亲也没有读完小学。但是我父亲喜欢读书，从小就自学，把古典文学中的《三国演义》《水浒传》《七侠五义》以及一些与孔孟之道相关的书都读完了。

父亲坚持自学文化。后来他当了领导干部，报告资料都可以自己写。他的字写得比我漂亮，报告比我写得好。他一直都很严格要求自己。

我们那里虽然穷，但是只要有一点点条件，都要读几天书。我爷爷虽然也只是小学水平，但他看了很多古典小说，经常在村子里面讲故事，讲得一套一套的。我们每天放学了，都来听他从头到尾把故事讲完。当时村里没有什么文化活动，听爷爷讲故事很有趣！

我印象很深，古典小说里的故事，他都可以讲，比如《施公案》《海公案》里的破案故事，他记得非常清楚。爷爷的记忆力很好。我爷爷也很能干，他反正是什么都干过。因为当时我家里困难，靠我爷爷一个人挣钱养活一大家子人，所以我爷爷非常辛苦。

爷爷对我的影响很大。从以前读书、认字、讲故事，到后来找老师，他都带着我，从来没有放弃我。我们到了贵阳以后，我们也把爷爷接过来，和我们一起过。

我母亲虽然是农村妇女，但是手非常巧。从小时候起，我记忆中村子里的女性，好像没有她那么能干的，她好像什么都能做。过年过节，我们喜欢扎彩灯笼，扎那种会转的、会跑的灯笼。她们在上面加一些马、人之类图案，蜡烛一点，转起来可以到处跑。这种灯笼在我们村子里，好稀奇！不管是做衣服、做面食，还是做菜，我妈都是非常能干的。后来，我们家还在县城里开过一个小馆子，包饺子这些……我妈很厉害！

自幼爱画

也不知道从什么时候开始，我就喜欢画画了。1959年，我上六年级的时候，我老师就对我说："画点有意义的画。"当时，我画了一张"除四害"的画。我们老师觉得这张画画得不错，就把我这张画推荐在《贵阳日报》上发表了，是在六一儿童节的时候发的。我爷爷很高兴，说："你还可以！"还高兴地拉着我到街上去。爷爷对我说："你喜欢哪种颜料，要哪种纸，尽管说，我给你买。"我高兴得不得了！我的同学朋友都说："你还可以，我们学校还没有哪个登过报，你还登了报。"

当时，我就是喜欢，也不是有意识地非要画什么，就是想画什么就画什么。当时市场上有很多连环画卖，就是街上买得到的那种小人书，我买了几箱，都看完以后，没事就开始临摹，画熟练了，就自己编故事来画。有时候桌子上、墙上，都被我画得乱七八糟的。

到初中，我才正式跟刘知白老师学画画。

从城西小学毕业以后，我就被分到了贵阳市第三中学。读初一的时候，我一直在画画。班上的一个同学，是刘知白老师的儿子，他对我说："你一天就乱画，不正规学！"我想学画，但还是要有老师教。他说："你想画，我就带你去给我家老者讲，让他教你学画。"我非常高兴。我晓得，他家老者（画家刘知白）在贵阳市还是很有名的，那时候是贵阳市最好的画家之一。

第二天他就带着我去他家，他家就在阳明街城南小学里，一家人住那里，条件非常艰苦。我把我平时画的一些小玩意拿给老先生看。"脑子还蛮灵光的嘛，就画这些！"他问我："想不想学国画？"我说："想学，只要你肯教。"他说："你一放学就可以过来，学画很苦哦！以后就按我教你的画，你不要再乱七八糟地画其他的了！"我说："你教我，我就跟着你学。"他就讲："你有机会，你就来，你不要天天来。经常来，我也受不了。你画一段时间，把画给我，我就帮你看，你再来。"他给我开了一个单子，对我讲："你准备几样东西画国画，不是说哪种笔都可以用。"

他说："毛笔一支是大白云的，另外一支叫七紫三羊。两只毛笔，够啦！先拿两支笔，再买方小砚台，那种砚台几角钱一方，是那个时候学生用的小砚台；墨的话，一般都是那种写毛笔字的，要求不高。你好好学，也好办，你练习的时候不必用宣纸，也用不起宣纸，我都用不起。你买点便宜的毛边纸呀，土皮纸呀，买一刀可以用好久。"

当时物资非常困难。那一年是1960年，毛边纸买不到；皮纸，也根本没有卖的。家里给的零花钱，我也舍不得用。后来听说百货大楼来了一批皮纸，第二天才卖。我听说以后，第二天商店还没有开门，我就在那里等着。一开门我就进去，果然买到了皮纸。我就开始画，画了几张以后，就拿去给老师看，老师看了以后就讲哪里对，哪里不对。他示范给我看，怎么磨墨、起笔、用笔。

因为喜欢，所以进步很快。一段时间后，我就画得比较熟练了。那时候，我偏科，画画画得好了，其他科就不行了，数理化差得一塌糊涂。

还好，刘老师家有个儿子——老六也喜欢画，他比我小三岁，画得也不错了，几岁就跟着刘老师学。有时候，我把他拉到我家。我家有个阁楼，我一个人住在上面。我们两个在一起画画。他画，我就学着他画，画几天，老师帮我们看，又帮我们改。

老师一家十几口人，师母没有工作，老师一个人的工资又不高，生活非常苦。一家人挤在一间房子里面，打通铺。他想画画的时候，就拿起一个门板铺在床上画，画完就收起来。

那时候是1960年，太困难了！我们又小，跟着老师学画画，也没有想到

张润生（左）与先生刘知白（中）合影

给点学费，买点东西看人家，就只想到去学画。那时候一点都不懂事。老师人品太好了，教我学画从不提任何要求。其实，我家里面也很不支持我画画。他们想，画画没用，还是好好学数理化才有用，以后找工作也方便点。当时，大家的共识是觉得画画没有多大前途，所以家里也不支持我。

后来，初中毕业以后，我也没有考上高中。

坚持画画

毕业后，在社会上混了一年，后来我就跟着同学到处去打工，比如去给人家抬木头，背起榔头给人家敲石头，画斗方。这些活我都干过。

后来，我的一个朋友搞了一个美术社，就给我说可以去画斗方。在玻璃上画好后，就装个框框，拿到农村去销。我初三毕业后，一个人都可以把独幅画画得很完整，就是画得还像一张画了。所以，我那个同学喊我，两毛钱、三毛钱画一张，一个月画下来，得个几块钱，贴补一下自己的生活家用，不给家里面增加负担。

之后，我去了刘老师所在的工艺美术厂。这个厂是1958年成立的，以前靠出口国画为主要经济来源，后来市场不好，来上班的学徒工都服从分配。

他们就把我分到石膏车间，负责翻制一些石膏的模型，做一些工艺品拿到市场上卖。我开始每天带一身白灰浆浆回家，太没有意思了！休息的时候，我拿着泥巴在那里捏，因为有美术造型基础，捏得有点像，不知不觉我还有了点名气。

那时候，贵阳市所有单位都要学先进，各个单位派人去发达地区学先进技术。正好我们单位也有这方面的要求。我们厂的合作单位是无锡惠山泥人厂。这个厂在全国很有名，是一家工艺品做得非常好的美术厂。我们单位就分了几个指标，把我和另外几个师傅派到那个厂去学先进技术。

这个厂还有一个专门创作惠山泥人的研究所。设计方案被通过以后，厂里就会大批生产。我的任务就是到研究所学创作，其他的师傅去学翻模子、涂颜色、喷漆。到那个研究所后，他们派了六十多岁的蒋师傅教我。我现在都还记得，他人很好，非常和善。他们把我安排到他的工作间学习。

蒋师傅看见是贵州来的学生学雕塑，非常高兴。他教我捏娃娃的方法。蒋师傅那年虽然六十多岁了，但是他捏得很快，因为他几乎捏了一辈子。我和他一个徒弟一起学。那个人已经学了好多年了，技术非常好。除了几个老师，还有几个留学生是从欧洲、日本回来的，有些人就专门学西洋雕塑。就

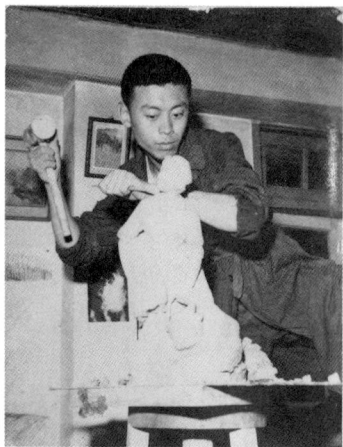

张润生制作雕塑（一）

张润生制作雕塑（二）

张润生与雕塑作品一组

1969年，为贵州省展览馆
做毛主席雕像的草图

这样，各种各样的雕塑知识我学了不少。他们每个星期都会把作品集中起来点评、分析，我就坐在旁边听。听了，自己就记住，边学边做。我的进步非常大。学了几个月以后，我们就回自己的单位了。

我学成回来，得到厂里的重视，他们腾挪了一间房子，配备了工作台给我做工作室，厂里的领导觉得我的作品合适就拿去生产。当时，我也做了几样东西，比如泥人、西洋的雕塑。

在厂里，虽然我不在刘老师的美术组，但我没事就跑到那里去看他画画。那时候，他也不只是画国画，也画玻璃画。画在玻璃上以后，涂点油漆，一摞摞地拿到农村去卖。那时候，单位上为了求生存，只要找得到活，都去干。

"文革"期间，政治任务比较多，到处搞展览。上面领导就把艺校几个学雕塑的老师和博物馆专业的几个人找来办展览，但是人数还是不够。后来一打听，晓得工艺厂的张润生也有这个爱好，有一技之长。他们就把我也找来，给他们当助手，让我边学边做。

那几年，我学到好多东西。老师边做边给我们讲雕塑是怎么回事，怎么欣赏，怎么表现，如何从正面看和侧面看雕塑的建筑感、体积感，以及看它的局部与整体。到后来我自己都可以塑一座毛主席像了，而且已经做得非常像了。

我非常认真地学习，这里也聚集了各种专业人才，除了雕塑以外，还有教国画的、油画的老师。这几年，我如上了大学一样，有时候甚至感觉比他们念大学的人还学得多一点、全面一点。我和几个差不多大的人在一起画油画，还有几个做雕塑的人，经常在一起借鉴、探讨、切磋，学得特别快。几年下来，我在贵阳市的艺术界也有点名气了。但是那时候，我国画画得少。"文革"中，我失去了画国画的环境，基本上就是画油画、做雕塑。雕塑做得还比较多，哪里要搞雕塑，基本上就要把我拉去当助手。我就这样做了十多年。

1975年，全国办了一个国画展览，贵州也要办一个。但我几年都没有画国画了，不知道怎么画。此时画画工具也不在了。我又去买毛笔、砚台，又拿起画笔。画册还在，还好基础也在，只是几年没有画了，手生一点。我和

张润生（左后）与毛主席塑像组成员在专车上

几个老画家一起边画边学，画了一段时间。那几年修湘黔铁路，我以湘黔铁路的建筑工地为素材画了一张国画，这张画还入选了全省美展。我的作品第一次入选全省美展，我感到很激动。以前画国画就是凑热闹，没有正儿八经地参加过展览活动。这是我画的第一张国画，还被选上了。我的兴趣马上又

张润生在画室创作

张润生外出写生

提上来了，天天在家里画，半夜三更都不睡觉。那个时候孩子还小，背着孩子也在画。

那几年，我把近代名家大家的画全部临摹了一遍，喜欢哪个画家，他们的作品都统统拿来练习，后来就接二连三地参加了一些贵州的展览，慢慢有了一点名声。在贵州业余画山水画的画家里，我的名气还可以，省里一有绘画活动都邀我一起参加。

后来我就认识了宋吟可、方小石等老先生，他们都是我的老师、朋友，我有空就拿着画去找他们，请他们指点指点，我进步很大。那时我年轻，记忆力非常好，脑筋好用，吸收得也快，自己也出去写生，没事就在家里画。无论是在技术上，还是在创作能力方面，我都有了很大的提高。

到国画院

贵州国画院于1980年成立，那时候全国国画业开始复苏，到处出口国画赚外汇。当时宋吟可先生给省里打了一个报告，说贵州要搞一个画院。当时省军区潘中亮刚刚转业到贵州画院来当书记兼秘书长，宋吟可老先生做院长。他搭好架子就去调人，首先是把社会影响大、专业强的调过来。后来人不够，宋老就提议："张润生可以的嘛，他参加了那么多展览。"我是第一批调进画院的画家。

到了国画院以后，我如鱼得水，因为平台不一样了。画画，那就是正儿八经的工作。就这样，我慢慢和专业的画家在一起了。他们大多是名校毕业。他们年纪都大了，我算是年轻的，还有一个喜欢画画的翟启纲比我还小，才二十来岁。

在画院时，全国性展览多有经费，一些全国的名家、各家各派的画家基本上都经常接触得到，这对自己专业技能的提升非常大。加上美术家协会的活动，我也跟着去交流，看得多了，交流得频繁了，视野就开阔了。

还有一个很好的机会，1980年文化部成立了中国画创作组，那时国家画院还没有成立，这就是它的前身。成立国画创作组后，就要抽调全国有名的国画大家和一些有创造力的中青年，集中到北京进行创作交流。贵州有两个名额参加这个活动，画院就把我和大我十几岁的谭涤非两人派到文化部国画创作组学习，当时的组长是李可染、黄胄，他们都是中国一流的画家。

我们学习的地方在北京颐和园后的一个岛上招待所。那是一个非常安静的地方，环境优雅，三面环水。全国的名家轮流来这里创作、讲课，中青年也来这里学习交流。

这里的条件好，为我们的创作和学习提供了一个非常好的环境。我们一人一间卧室和画室，画板挨着墙壁。我们要哪种画材就发哪种画材。每个星期大家都把自己的画集中在一起，所有人一起评，一起讨论。每个人的画有什么特点，哪里画得好，有哪些不足的地方，下回怎么改进，等等。这样反反复复，我们提升得非常快。李可染、黄胄和几个北京有名的画家有空就会来住几天，他们在画画的时候我们可以看，还经常一起合作大画。

原文化部部长黄镇经常跑过来，他喜欢画画。他一来，纸一铺开，老先生先画，我们年轻人都不敢动。他喊："来，来，来，一起来。"我们壮胆子就一起上。在这种大家面前，我们都敢跟着一起画。有时候，老先生画，我们就在旁边看，老先生还给我们讲怎么画。画完以后，我们还可以找喜欢的老师单独请教。那些老师都非常好啊，我们去了以后，老师就说："贵州来的，我看看你的画。不错，很有贵州特色。"老师们先表扬我们，接着听老师说我们的画哪里还有不足的地方，下次画的时候，要注意什么，这样，心里就有数了。

当时我正在学上海的名家陆俨少的作品。以前有老师给我说："你的线条还不过关，太飘了，有点僵。"还没有去以前，我就晓得学他的线条。他的线条非常灵动。我刚去半个月，陆俨少从上海来了。我非常高兴！我告诉他"我在学您的画。"他说："哎呀！是吗？我看看。"我给他看。他说："哎呀，还有点像。"他还告诉我，我临摹的画哪里不对。我说："您画画，我来看，行不行？"他说："可以，可以。"他一画画的时候，我就到他的画室去，站在他的后面，从头到尾看了好多天。他边画还边给我讲怎么画。他说上海话，虽然我听得不是很懂，但是知道大概意思。他用笔的技巧等，全部都讲给我听，接着我就自己练。那个功夫就是自己练出来的，只知道方法，不练也是没有用的。

我在那里待了几个月，认识了几十位老先生。大家对我们都非常客气。那时候只要我们虚心学，他们都很乐意教我们。比如天津的几位老先生，我们拿画给他们看，因为每个人的风格都不一样，要求也不同，所以自己要会听。他们有什么长处，该吸收的要吸收。这一趟学习下来，我们的绘画能力提升非常快。回来后，有人看见我的画，马上就说："你画风又变了。"

因为我不是科班出身，也没有盯着哪一家学，所以我的画不像哪一个画派，不是从哪一派哪一家出来。我自己也晓得，反正哪一家对我有好处，需要哪家，我就学哪家，我学他们的长处，融合到我多年的实践中。

张润生（左二）与朋友们在一起

画出贵州

在贵州，我把自己感觉到的"应该这么画"，变成了一套我自己的画法，经过反反复复地试验和多年的创作，慢慢画出了自己的风格。大家讲，一看就是张润生画的，贵州特色很强烈。

这么多年来，我也体会到一些贵州的不同风貌，从黔南到黔北都不一样。黔东南少数民族的建筑很有自己的特色。贵州的原生态建筑保存得特别好，包括黔中安顺这一带，原来老的石板房也有特色。石头寨错错落落的房屋跟石头的环境搭配起来，非常自然，不加任何修饰，说野也好，说荒蛮也好，从艺术上来讲，那种节奏和趣味，确实在其他地方找不到。

写生时，要找那种美的地方，取它的长处，画中要变，照抄是不行的。有的人把贵州画得破破烂烂，房子画得东倒西歪，那也不行。很关键的是要把它的特点有意识地突出来。这需要提炼、加工，要巧妙，又不能太脱节。

我画油画的时候，我的老师冯怀荣先生说："你画画的时候，注意一个问题，到一个新地方要画出这个地方的特色，要找出这个地方和其他地方不同的那一点，把它表现出来，那画出来以后，就把当地的味道掌握住了，要是掌握不住这一点，就和别人的差不多。你画得再漂亮，画每一个地方的方法都差不多或者感觉都一样，你就没有成功。"

所以，我在国画创作和写生中，就很注重这点。我画黔东南或者画石板房，就要提炼它和其他地方不同的点，还要提高，并把它升华，这样就能把当地的特色很充分地表达出来，让人一看，就说："哦，这就是那里！"如果没注意到这一点，画还是一张好画，技法很不错，笔墨也很好，但人家感觉不到当地的特色，或者没有给人一种很浓的地方风情，那还是有遗憾的。

以前，我经常出国，跑了三四十个国家，去看外国的风景和中国的风景有什么区别，画的时候，特别注意怎么样把这个"不同的一点"表现出来。

现在，很多年轻人不大注意这个问题。这几年国画发展比较快，有些年轻人的技术比我们好太多，但他们缺少对地方特色的把握和创新。用新的手法和形式把画的内涵更好地揭示和提炼出来，这是贵州美术界在学术方面需要提升的地方。

现在信息比较发达，新形式的画一出来，大家在网上都能看到。互相学习的机会也多，很多年轻人在贵阳学好后，有机会就去北京找名家再学几年，回来后参与的各种交流很频繁。频繁也有好处，有先进的技能大家都掌握，这样大家都有提高。但也有不好的地方：没有自己的特色。把人家好的学会了，就直接拿来套贵州，这一套就套坏了！有很多人没有出去以前，在贵州画的东西还不错，很有特色。一出去学后，特色没了。这也是一个大问题。

艺术不像工业的东西，一个发动机造出来，性能高，马力大，好操作，那就成功了。艺术是潜移默化的，它有时候有种说不出来的感觉。我就需要那种感觉，那种味道。语言说不透艺术，也说不清楚艺术。有时候不好说出来的问题，要大家在一起互相探讨。

前几天，国画院把老先生请去提意见。我们说："你们现在条件好，展览馆、美术馆修这么大，空间又漂亮，年轻人又多，但是作品创作得出来吗？"画院刚刚成立时那么穷，一帮人在北京一搞展览，整个学术界就轰动起来，学术界的人说："哟，你们贵州的画都有茅台酒的味道！"这就是很有地方特色。国家花这么多钱创造那么好的条件，现在达不到这种要求了，为什么？我认为就是在学术上很多问题没注意。作为一个专业单位、学术单位，是不是可以带头搞点研究，然后集中一下画山水和画花鸟的画家，抽点时间，大家把作品都拿来，互相提一点意见，找毛病，想想下一步怎么创作。这样大家的进步可能要快一点。平常大家来画院上班，你画你的，我画我的，你画得好，我就"嗯嗯、啊啊"，你画得不好，我也不吭气。

如果长期这样下去，画院将达不到学术单位的要求和功能。作为一个省级创作单位，必须要重视这方面，而且还要把老先生请回来。虽然有一些老先生的精力不行了，他们的本事也不一定学得到，但老先生的创作经验值钱。

一个好画家的标准，必须有扎实的功夫。中国几千年的文化延续在画里也能体现出来。我们要经常出去写生，对生活、自然中的规律和特点都要了解。我们的画要不同于前人、不同于古人，除了在手法上、技巧上要突破，还要有新的变化。这画要耐看，不要初看很唬人，越看却越不对头。画画要看里面的功夫，每个线，每个点，都要到位。如果过去了几百年依然能在画里看出当时的社会生活、习俗，那这张画就是比较成功的了。

一个好的艺术家就要不断总结自己，不断批评自己。今天我们看自己的画还不错，很高兴，过一段时间再看，就觉得有点不对头了。我们认识到有一点不对的地方，才会有进步，才画得出好东西。

有一个画得很不错的画家，画了一幅让自己很满意的画，有一天很久没来的老师突然回来了，他就很自豪地让老师看画。他的本意是想在老师面前展示他的进步很大。当时老师的朋友有点多，大家在一起，他想露下脸。老师想："我教过你，就有责任把不足的地方指出来，好的地方就不说了。"于是，老师重点讲了他画中的缺点。讲完之后，学生的脸就垮下来了。他以为老师不给他面子，以后就再也不理睬老师了。很可惜！这一行是活到老，学到老。

像我这么大年纪的老人，还经常去写生，还在琢磨画。我在里面找自己的灵感。有些老画家也经常来看我画。这一辈子，从生下来到死，哪怕我们成就再高，都是不停学习的过程。包括大师毕加索，很多阶段他也在不停地学习新东西、新概念。他不学习怎么能画出好的作品呢？不学习思维就僵死在那一段时间了。艺术之所以叫艺术，它就是要不断变化。画家要善于发现美，还要把它创作出来、表现出来、提炼出来。把思路提升了，才能经常有新东西，社会才会进步，这样才是一个好的艺术家。不好的艺术家，年轻的时候画再好，挣的钱再多，最后画出的画，永远都是一个样。

我的老师刘知白，原来对宋元明清的很多东西都画得很熟练、画得很好，技巧也很好。但到了晚年以后，他老感觉自己的画好像不对头，应该再进一步。有很长一段时间，老先生一直在彷徨，但他原来的基本功打得扎实，慢慢调整后就找到了泼墨的感觉，慢慢就画出一种前无古人的、划时代的大泼墨画风，但不是每个人都能达到这种境界。

刘老的才气，加上他年轻时下的功夫很深，虽然年纪大了，但一点都不干扰他晚年的再创作。他没有把名气、钱财看得很重，就是想把画画好。不是每个人都有这种精神，不是每个人都做得到。

绘画心得

我的代表作《妥乐金秋》画的是盘州妥乐的白果树。有些人画白果树没有这种感觉。他们完全用中国画的方法，画不出这种灿烂的色彩。我吸收了油画的一些创作方法，它的色彩很重。

这张画，我前前后后画了十多张。最后这一张最大，还没有裱出来。这张就画得比较好，把妥乐金秋的阳光灿烂、金黄叶子的感觉，表达得更充分一些。我又加了一些油画的技巧在里面，画出金秋季节那种金晃晃的富贵灿烂感。

还有一些是代表贵州特色的画作。贵州的石板房比较多，我把贵州的石板房、屯堡的特色抓到后，就"乱编"，只要保留那种感觉就行了。我把贵州这些比较有特色的元素都在画里体现，如梯田、河沟、溪流等。

贵州安顺一带的石头房子比较多，其中又以平坝区天龙屯堡、清镇一带

张润生作品《妥乐金秋》

比较集中，还有花溪的石板房，加上一些磨房、棚房。我常常将这种感觉糅在一起作画。这些画里所有的老寨子、石板房，基本上是在二十多年前收集的素材。

安顺这一带的屯堡建筑也是就地取材，瓦、围墙和窗子都是石头做的。以前我们下乡的时候，看见不同寨子的建筑也不一样，门上雕的几层雕花很有特色。砌墙的砖有时候都不一样。不注意观察，也看不出什么东西来。认真观察后，会发现它里面的门道很多，包括顶上的瓦片，有错落参差的，有整齐的，有乱搭起来的。有一些用大大小小的石头堆成的房子，房子的墙、窗子，都是由石头抠出来的。古代工匠的技术好像要比现在工匠的技术好一些，做得特别讲究，做出来的小窗子非常到位。现在的人只要房子住得舒服就行。

《遵义颂》这张画是我的代表作之一。我把遵义会址建筑后面的一些城市高楼虚化掉，就突出古松，用古松来象征遵义会议的精神。用红军山、松林和红军纪念碑来凸显这个主题。

创作时，一旦确定了题材，而且这个题材对我学习有帮助，又是比较重要的题材，我就会反反复复画好多遍。有一些题材，比如说黄果树这类题材，我就画了好多遍。

《娄山关》这张画作也是比较有代表性的，参加过美术年展，这种题材的画我画过几十张，也被很多地方收藏了。每画一张都有不同的体会，都会重新改进。最早的一幅《娄山关》是1979年为人民大会堂画的，那时是跟王振中合作。我当时觉得还可以，过了一段时间后，我觉得达不到要求，就反反复复画了好多张。每一张在构图上都有点变化，内容上有补充，把娄山关的精神、红军长征过娄山关的场面和娄山关的气势在画里充分体现出来了。有的时候你觉得够了，后面又觉得还差。因为我要画娄山关这个题材，我反反复复去了娄山关不下二十次。每次去，都要写生，画好多草稿，回来后再反反复复画。刚刚画出来的这一张，是最后一张，我还有不满意的地方。包括给花溪宾馆画的那一大张，气势比较强，画面尺幅比较大，情感表达比较充分，那一张画画得就很久。

有时候一张画，画了很久，画完后总觉得还有不足的地方。如果我觉得这个题材还可以，就重新画。

去苗寨采风，清水江、都柳江江边是一排排的苗家吊脚楼，两岸有不同的植被，还点缀一些原始的大树，秋天就是金黄一片，梯田在半山腰上。在苗寨采风，画的画会有比较厚重的感觉。我也经常去雷公山的巴拉河写生。沿河的苗族寨子我都去了好多回。朗德苗寨前前后后有很多寨子，我就提炼

张润生作品《花溪湖畔住人家》

了一下，把山画得更高、更陡一点，再把桥、流水和大树等元素更典型地集中在一张画面上。山水画比较讲究，必须有山、有水、有树，还要有建筑。

以前那些老寨子，有老石墙围着，有那种山寨的感觉。现在这些风景大部分都消失了！画山水画，要有贵州的这种朴实感，江边的竹林、古树、吊脚楼。原来贵州这样的风景很多，不经意间这些风景就不在了，还好，几十年下来，我收集的素材一生也用不完。

我经常画梵净山的蘑菇石，一般把金顶作为主景。这次我从山下往上面看，山中间有混交林、岩石，小溪流哗啦啦地往下淌。画山顶，也要把植被中那种原生态的感觉画出来，特别是山上的古树和大岩石。这张画里（《梵净山秋》），山间的溪流在变化，绕来绕去，有大的，有小的，有弯的，有直的，有分散的，有集中的。山有多高，水就有多深，不同的水流就这样直接淌下来，让它的每一条山沟都有小瀑布。深入其间，就会发现这里的植被也很有趣……我前前后后走了很多趟梵净山。以前就是靠脚力爬，每一趟上去都不容易。爬过的人才晓得，我要把那种感受画下来。

山水画，要反复画，要把它的各种精神风貌体现出来。这不是说，一种风景画完就算了，它要表现的东西还有很多。完整的画，至少在对山水画的要求上，不同的内容，不同的题材，要有不同的构思。构图手法也要为题材服务。这就是山水画表现必须有的思路。

虽然我没有在其他地方长期生活过，但我去过很多地方，每走到一个地方，我都会将它和贵州山水做对比。做最充分的对比后，才能把贵州的特色表现出来。这是我的核心创作思想。贵州的小坪、寨子很多，大山比较雄伟。黔东南的吊脚楼、民俗民风非常好。安顺的石板房、屯堡的风格也很多样，我们要把它典型的东西表现出来。贵州的东边、南边、西边、北边的山水，也要进行比较。有比较以后，再找出当地的独特之处，一定要把重点的地方提炼出来。这样，画就丰富了，耐看了。

贵州主要是喀斯特地貌。它的山势变化比较多，植被非常好。杉树、松树、竹林等是贵州非常典型的植物。贵州的木材比较多，吊脚楼的建筑材料

张润生作品《梵净山秋》

用的都是当地的杉树，树很大，根很高，和其他地方的杉树都不一样。侗族的鼓楼很有名，鼓楼大小不一，变化很多，体现了民族特色。我们通过创作，要把民族特色体现出来，这样，我们的画就有民族精神，就比较耐看。

以前我们走寨子，觉得非常有看头、有画头。寨子的结构、建筑的结构很有文化特色。现在建设新农村以后，人们生活水平提高了，房子的质量比以前好多了，建筑都整整齐齐的。但是，好像失去了一些原生态的东西。虽然也传承了一些民族建筑在里面，但传统的艺术体现就不够了。

我们主要是以画山为主，也画寨子，但是要画得像以前一样，有地域特色就很费劲。现在很多年轻人下乡看到的都是水泥房子，房子结构都差不多。这是我的困惑。生活在提高，需求不一样，所以要求也不同。单从文化上讲，我们失去了很多东西。

每个城市原来都有很多古建筑，为了城市建设，人们把古建筑拆的拆、挖的挖，就很可惜，很遗憾。画家多半不喜欢这种情况，他们就把原来的素材加进画里。这里面有我们喜欢看的这种旧。这些元素是我们对古老意境的怀念！

现在很多人提倡画城市山水画，就是将各种现代建筑画在里面。它也好看，但是和中国传统山水画的距离就太大了。他们将摩天大楼、高速公路等现代元素加进去，看起来很现代、很新了，但里面缺少精神，我感觉很遗憾。对我来说，画画很好办，我有很多一手资料，吊脚楼、石板房……想画的时候就翻出来，组合一下，就能成画了。八〇后、九〇后的画家就画不了这些东西，他们没有资料，下乡也看不到这些东西了。当然，他们现在有新的构图和风格，另外一种新的模式出来了。一切都在变化当中。

就算是一张风景画，也要体现人的精神风貌，要有比较深的思想内容。不是说一两次就可以画好，小品画或许可以。但是在一些场合或者重要的活动，要画一张比较大的画，就要动脑筋。首先，要去构思内容，把思想确定后，围绕这张画的内容进行构思，还要深思它的精神有什么样的手法、元素可以使用。这张画要手法和谐、色调协调，还要有很多内在的细节，这样才能达到让人百看不厌的效果。

我们也要在自己的想象中创作。在创作的要求上，有不满意的地方就不停补充；不断地否定前面的一些东西，再不断加强，反复地画。我有很多大作品，都画了好多遍，包括毛主席纪念堂收藏的那张画，我前前后后画了差不多有三张。我对每一张画的要求不一样，最后就画得更充分，也更好。一个题材确定好后，就要突出这个题材，提炼它的内涵，把精神都提炼出来以后，我们再在视觉上、手法上、构图上不断调整，最后才能达到令自己满意的效果。

功成名就

我的作品市场交易价最高的一幅画达七十多万了，是给花溪宾馆画的那一幅。给机场、毛主席纪念堂等单位的画都是半捐半卖。

我的书画作品有很多，参与的活动、获得的奖项也多。1980年我在贵州青年美术家展上获得一等奖。1984年的全国美术展，我的山水画《山水依依》得了一等奖。大概在2000年后，为了纪念毛主席《在延安文艺座谈会上的讲话》，全国美展在贵州分会的展览，我和两个画家合作的作品得了一个金奖。回顾这一生，我的作品参加了全国第二届美术家展览，第七、八届全国美术家展，首届全国画院双年展，全国山水画展及国内外各种展览。作品先后获得华夏国际交流画展金奖，贵州省政府二等奖，贵州文艺创作二等奖，全国山水画展优秀奖、佳作奖。作品曾赴北京、上海、广州、哈尔滨、济南、青岛、西安、大连、沈阳、郑州、香港、台湾等地区及日本、新加坡、美国、丹麦、澳大利亚、马来西亚、泰国、法国等国家展出。作品被中国美术馆、中国画研究院、中央办公厅、人民大会堂、毛主席纪念堂、全国政协、外交部、文化部、中央电视台、人民解放军各部及贵州省委、省政府、省政协、省博物馆和国内众多大型宾馆、国外专业机构收藏。作品多次发表于《美术》《迎春花》《国画家》《中国书画》《美术丛刊》《书与画》《贵州美术》《贵州画报》及《人民日报》《光明日报》《中国文化报》《中国青年报》《人民政协报》《文汇报》等期刊报纸和国内多种专业画集中。贵州电视台、贵阳电视台、山东电视台有专题报道。本人艺术成就被编入《中国美术家大辞典》《中国当代国画家辞典》等辞典中。

2004年，贵州省政协书画室成立时合影留念

口述史采集小组采访张润生先生后的合影

附　录

雄秀亲和是家山

戴明贤

　　我常在各种展览中见到润生的山水画作品，在不少大厅墙上见到他参加的合作巨制。感觉他勤奋多思，精进不辍，在逐渐形成自己的风貌。能明显地看出他在努力发现贵州山水的特点，寻求为它传神写照的艺术手段。

　　已故画家孟光涛先生，是自觉地为贵州山水寻找笔墨的先行者，开启了贵州山水画的历史新篇。我家曾藏有一幅他画于20世纪40年代早期的瀑布图，皴法水法已具新意，与晚年画在我的一本小册页上者无二致。其亲传再传弟子们继续在这条路上求索前进，各有自己的追求，各有自己的成就。润生与另一些中青年画家，虽非出自孟门，但无疑同是这支队伍中的勇将。通过这些有志有识者的持续努力，假以时日，终将可望一个"贵州山水画派"的出现。这是一个令黔人欢欣鼓舞的愿景。

　　在日益多彩的贵州山水画中，润生的抒情性和亲和感，以及笔法墨法的丰富变化很惬我心。他取景多设黔东南特色，峰峦深秀，林木蓊郁，江河明澈，村寨隐现，其景其境，真所谓"可观、可游、可憩、可居"四善兼备。而其笔墨则苍润、清秀、气韵生动，恰称其景，深得其师刘知白先生的墨趣。画集里如墨气淋漓的《欲雨》、笔墨关系多样而微妙的《清水江边苗寨》、秀逸葱蔚的《剑河写生》、构图奇兀的《江清有鱼》、明快而兼深邃的《乌江文家店写生》和《新绿》、绚烂而又平易的《高坡小景》、对比强烈的《渔歌唱晚》等，都很令我喜欢。这些画在构图的变化、笔墨的映衬、色彩的和谐、意境的营造等方面，都具见匠心而又出之浑成。既不同于凭一套陈旧的技法和套路不断自我重复；也不同于对形式过度包装而流于雕琢作态。这当然是不断磨砺艺术手段的结果，更是真心诚意"师造化"的收获。不是亲历多彩贵州的山山水水，很难得到这些鲜活的意象。我特别喜欢润生讲究笔与墨的相破相得，使画面骨肉停匀，一派生机。润生当然也画雄奇、险峻、幽邃、高古的山水，也不乏佳作。但我更偏爱这种亲切和谐、生机蓬勃、富于人文关怀的新景。山川浑厚，草木华滋，是神州大地得天独厚处，是中华儿女喜闻乐见的家园。而高古雄奇的模山范水，前贤已画到极致，追踪不易，不妨另辟蹊径。平日阅读各地画刊，发现如今时兴一派，重宗四王风格而益加缜密，于巨纸上以工细笔触作千山万壑图，极费心力，但颇觉繁复有余而气息窒塞，见耐心而不见神采，更不足以牵引观者的心神自具形之山水升腾于形而上之心灵世界。其实贵州的山势水态和民族村寨最堪入画，与传统笔墨天然凑泊、毫无扞格，这也是我们的最大优势。

润生正在贵州山水传神写照的探索中走向成熟。国画家成熟的标志，在于形成自己的笔墨（即绘画语言）。俄国文学大师契诃夫说，看一个作者有无笔调，就能判断他有无前途。这话同样适用于画家。一切文艺的高下，不在于它"写（画）什么"，而在于它"怎么写（画）"。太阳下面无新事，题材有限，手段无穷。三十年前，文艺定位为意识形态的载体，山水画家们只好往画里加工厂矿山、汽车红旗。文艺复归本位后，作家艺术家都在全力以赴地寻找自己的"笔墨"，显示自己"怎么写（画）"。当然这不是易事，包含了多方面的复杂因素。其中之一，似与中国画的笔墨技法太完备太成熟有关。它一方面极大地丰富了艺术表现手段；同时也就变成不易挣脱的桎梏。这与戏曲十分相似，都是"戴着镣铐跳舞"。戏曲的"四功（唱、念、做、打）五法（手、眼、身、法、步）"这一套完整的技法程式，造就了一种全世界独一无二的舞台艺术形式，魅力无穷，而一个演员要想从这套统一的程式中形成自己的风格，就艰难了。取得成功的创派大师们有一点共同之处，就是把镣铐变为不可少的道具和色彩，戴着它跳得更好。他们对"四功五法"一项一项仔细琢磨推敲，一点一点做微妙的变易，移步不换形，积量变而成质变，从渐变到突变，最终完成戛戛独造的风格面貌。其实在画界，从吴昌硕、黄宾虹、齐白石、李可染，以及我们的方小石、刘知白先生可知，他们的成功之路与此也是相通的。前贤的经验，值得后学深思。探索之路漫漫而修远，探索之乐融融而无穷，润生勉之。

（作者系中国书法家协会原理事、贵州省书法家协会原主席、名誉主席）

山水真趣，凭翻笔底气韵

孙承庆

读润生先生的画，能感觉画家对自然山水的观察有自己的审美见解。中国山水画家历来有将自然山水拟人化的传统，画论中多有"应物传神""穷理尽性"的论述。"应物"即是描画事物，"穷理"则是事物的特殊性，古代画家强调绘画要表现精神，而所谓"传神"则是要用笔墨的气韵来表现的。

润生十四岁习画，师承刘知白先生，刘先生乃苏州画家顾彦平的入室弟子，知白先生山水功力极深，深得米氏云山画法之髓，而润生先从其师学艺，自然懂得气韵传神的道理。凡贵州的山水画家，对贵州高原独特的山水都十分喜爱，多有描摹。贵州千峰矗立，直冲云霄，立而魁梧如见异人，卧而披姿似见骇豹，随四时而异，春雨一日而颖抽万株，夏云掩而形诡千变，秋日净挺其巍姿，冬雪锋利如劈斧，可谓"江山如画"。这便对画家提出要求，不仅将真山真水画得像，更要画出特有的高原山峰的气韵。

六朝宗炳曰："身所盘桓，目所绸缪。以形写形，以色貌色。"仅这还不够，同一时期的王微说："亦以明神降之，此画之情也。"即用心灵去感悟去俯仰自然之境，以获得一种有节律变化的画面空间，将自己的情感与趣味融入画面之中。如董其昌所叙："远山一起一伏则有势，疏林或高或下则有情，此画之诀也。"何谓有势？何谓有情？润生有自己的感悟。他的画笔着力表现山林变化，而这些变化是因为季节时令或风涌雨过给山林带来的变化，这些变化也给画家带来或喜或悲的情感影响，将情感注入在作品之中，这样的作品，必然使观画者受到感染。

画家具有"抚琴动操，欲令众山皆响"的功夫，读画者便能得到"山水真意，欲辨忘言"的体悟，这便是陶渊明"采菊东篱下，悠然见南山"的妙趣所在，也是历代文人画追求"象外之象"的旨趣所在。孙联奎在《诗品臆说》中云："人画山水亭屋，未画山水主人，然知亭屋中必有主人也，是谓超以象外，得其环中。"正是中国传统的这种与道认同的艺术审美观，孕育了不少的中国山水画家，润生自然也不在其外，在他的作品中，我们读出了许多"不是向无边空间作无限制的追求，而是'留得无边在'，低徊之，玩味之"（宗白华语）的意境。

润生画作中，常作大片林木，绿色掩映中有两三排石屋、木屋，两三个身着民族服饰的妇女，标题常有"欲雨""雨过"的点题或暗示，如果我们静读其画，便会投身于画面之中，与画中人同行、同观、同游，便会有所感；感受到山林之中大雨欲来的风云变幻。

《雨过秋浓》的火红画面，渲染着秋的璀璨，如韩愈《山石》诗的意境再现："山红涧碧纷烂漫，时见松枥皆十围。当流赤足踏涧石，水声激激风吹衣。人生如此自可乐，岂必局束为人靷。"画境与韩诗的描写惊人相似，画中那些飞鸟流萤，摇动不止的红叶与石板山路、石板农舍所构成的是一种音乐的节律，淙淙的流泉寓意着生命的欢歌。这既是唐诗的意境，又是贵州富有民族特色的山村。

再看另一幅《悠悠清凉处》，直如柳宗元《渔翁》诗意："渔翁夜傍西岩宿，晓汲清湘燃楚竹。烟销日出不见人，欸乃一声山水绿。回看天际下中流，岩上无心云相逐。"能入画的诗，并不一定都是好诗，但画出诗意的画，一定是好画。另一位唐代诗人顾况在《范山人画山水歌》中写道："山崎嵘，水泓澄。漫漫汗汗一笔耕，一草一木栖神明。忽如空中有物，物中有声。复如远道望乡客，梦绕山川身不行。"似一条注释，我们不妨借来解读画作，便理解中国山水画意境的重要了。

唐朝的诗人们开创了一片云蒸霞蔚的天空，让我们后人在丰富的想象中得到极大的满足，画家的追求，同样可以汲取唐诗的精华。石涛《题画山水》云："丘壑自然之理，笔墨遇景逢源。以意藏锋转折，收来解趣无边。"不仅道出画家创作中蕴涵的哲理，同时又为我们理解画作的思想性、艺术性提供了依据。

钟嵘《诗品》曰："气之动物，物之感人，故摇荡性情，形诸舞咏。"诗要讲气韵，中国山水画同样要讲气韵，中国传统的"气"论，有丰富的内涵与本质特征，它是一种深层的审美观。它浸润在整个宇宙的各个领域，既呈隐态，又呈显态。气由无形入于有形，由有形复归于无形，乃不形之形，形之不形，如老子所言"玄之又玄"，这就不难理解画家们常将物象变形，以求其画的气韵了。因为气的审美是可以"俯仰宇宙，游心太玄"的，这种理念赋予艺术家高度的自由。可以"游心于物"（老子语），画家们可以将一种物象画得千姿百态。

我们在润生的画作中，常看到一些构图相同，却趣理相异的作品，比如《山环水抱有人家》与《雨过秋浓》，《江清有渔》与《侗乡秋暖》，《巫山行舟》与《回声》，等等，这些作品不是简单地自我复印，而是画家对艺术的理解和探索中必然留下的一串连贯的脚印。细细比较这组组作品，能够发现画家在不同时间观察同一景物的构图中景象取舍的区别，极腾挪变化之能，通过画家的视觉，我们看到某些景象被隐去，某些景象被突出表现，同树而枝异，同是一枝而叶异，这种凝空静观后的取舍，是画家审美情趣的延伸和力图对自然界同一景物变化的细微之处做科学准确的把握，我曾见过画家之师刘知白先生对同一云山的云气变化作了十几幅小画，犹如日记体例的记录。这对于画家是功力的磨砺，也是画家对描绘物象做到传神表现的精微要求。

《大涤子传》记石涛游黄山在茫茫云海中观始信峰，居住一月之久，见"奇松怪石，千变万殊，如鬼神不可端倪，狂喜大叫，而画以益进"。由此可见，中国山水画家对气与形的重要性是何等重视，不可端倪的千变万殊，也要探视究竟，掌握在自己心中。

润生之师知白先生几十年学米芾，深得米氏云山技法，对米氏父子轻墨淡岚、平淡天真的雅趣把握得十分准确。显然润生亦受知白师的影响。在他的山水作品中，结合贵州高原的自然景象，将山林幽壑中的烟云变幻、雾霭涌动，用湿墨晕染、米氏横点表现朦胧山意，意境皆出。在《山横雨色卷浮云》《静谷有声》等作品中皆有"米点"运用，表现得自适其意，将米氏、石涛的笔法融合一起，不露痕迹。

米氏父子乃宋代大家，有宋一代画家及元、明、清后诸家都极为尊崇唐人韵味。王石谷在《清晖画跋》中说："以元人笔墨，运宋人丘壑，而泽以唐人气韵，乃为大成。"唐诗如一坛中华民族享用不尽的老窖，隽永浓醇，成为后代诗人、画家、书家等艺术家取韵的源头，不是没有道理的。在润生的作品中，我们便追溯出他舍形而悦影的唐人遗韵，可谓"俱似大道，妙契同尘"。

润生作品多在大山中布以屋宇桥梁等以示幽谷之中的生气。清代画家秦祖永《桐阴画诀》中所言，"山水画中桥梁断不可少，地之绝处，藉此通途，可以引人入胜，又为通幅气脉所关，最为画中妙用"。润生山水作品中多桥梁屋宇，既通画之气脉，又添不少诗意。这也正是他的画作受人喜爱的原因之一。他作品中的树木、屋宇多有变形，显出夸张的笔趣，这显然是画家对形象的一种哲学思考，是追求气韵的必然结果。

这种形象如清代董棨在《养素居画学钩深》中所说的"不可求之于形象之中，而当求之于形象之外"，有个性的形象：粗壮的树枝、树干包裹了房宇楼台。这种形象是画家从杂乱的自然景象中综合整理出的象外之象，是挖掘自然美中蕴含的生命哲理，表达了共同和谐的生命相互依存、发展的大自然的规律。

方薰在谈到气韵时说："气韵生动为第一义，然必以气为主，气盛则纵横挥洒，机无滞碍，其间韵自生动矣。"气与韵的关系，在润生的画作中被纵横挥洒，青枝绿叶的自然气脉传达出浩浩荡荡、跳跃不息的生命的律动。他的许多作品都在描绘雨景、风景。天低云厚、雨水顷刻而至的贵州高原独有的复杂气候的表征，大雨欲来而风云先行，画面中临风的枝叶，随风飘动，乱中见齐、乱而有序，这有如《墨子·非乐》中"万舞翼翼，章闻于天"的威武之仪。体现出"体之树骸，情之含风"的阳刚风骨，这与美学理论家所言的"观念越高，含的美越多"的观点不谋而合，也正是董其昌所言"疏林或高或下则有情"。

润生通过个性化的笔触，表现出蕴含在心中的情感，这种笔势使水墨显得苍劲而不干涩，有时逸笔草草却得真正意境。他的作品既有浓墨泼洒出的瞬息万变的自然烟云，又有精心描绘的木屋、石垣。动幻之间显出生命的意趣，在画家笔下，情感移注在山水之中，分享山水的体验、享受远山红霞帔身的快乐、枝条临风抖擞的喜悦、屋宇居于万丛绿荫的幽静，人的生命和宇宙自然生命互为震荡回环，直让观者体会到"数峰清苦，商略黄昏雨"的诗情。

润生先生退休后，在绘画的事业上却仍孜孜不倦地探索着，艺术真是"催人山店雨，前路是高桥"。我们期待着在润生的奚囊中日后能展现出令世人惊艳的作品。

（作者系中国国家画院中国画理论导师）

向润生老师学习

谌宏微

润生老师大我15岁，我和他是2000年初一起进入省美协主席团的，一起分工中国画，从那时起多了交集。有时喊他张院长，有时喊老哥子，但喊润生老师应该最准确，因为一直很佩服他的画，后来我也转攻水墨，练了很多也看了很多后，更觉得他的山水画有一套，所以我要向润生老师学习。

他有一套独家的山水画视觉和语言符号，在题材上大致可以分为贵州山地民居图谱，特别以吊脚楼系列和屯堡系列为特色；贵州的山川林峦图谱，可以分为古榕、苍松、银杏等树谱，水口、竹涧、跌瀑等水谱，石桥、木桥、大桥、小桥等桥谱，远山近山、云山雨山、巨石缓坡等山谱，又特别以其四季各色变化组合为特色；还有诸如大笔挥洒、线墨交融、酣畅快意的笔墨图谱，大开大合、远推近拉的构图图谱，简约而丰富厚重的色彩图谱，诗意唯美的意境图谱，等等。这些图谱中的元素在他笔下幻化组合后，多样多彩而又和谐统一，形成独特的个人风貌。

我说的他有一套图谱，当然是我刻意强调出来的，我不认为他真有这样的图谱每每参照，他是那种下大功夫把贵州山水画审美"吃透"了的画家，贵州山水元素已与他的胸中丘壑融为一体，所以出笔即有一套。他笔下那些瑰丽多姿和多彩多情的贵州符号，不是普通的写实或概念的简化，而是地域特征鲜明、审美独特、丰富多姿、俯仰天成的存在。那些吸引了多少域外画家而又难倒了多少域外画家的贵州山寨，在他笔下剪裁得体，天地际会，物我相融，出神入化，这得倾注多少写生提炼和煞费苦心的功夫啊，这是一种执着，也是一种担当，更是一种深情。

中国画讲传统讲师承，向古人学习、向老师学习，但往往很多人一学就把自己变成了古人和老师的模样。润生老师转益多位名师，学到了诸师的艺术真谛而又没变成老师的样子，画出了自己的风格、自己的精彩。他只说这得益于年轻时的西画学习经历和特别注重写生，我认为，除此外他对艺术个性化的追求与个人禀赋更重要。我觉得他是那种艺术天资高、感觉敏锐、气质独特、善于思考而又极其勤奋的画家，他能把学习前辈技法和学习西画的经历，以及大量写生、临摹的痕迹统统都在画中藏得恰到好处，这绝不是一般的修炼所能及。他经常提及恩师刘知白先生的"法、守、功、化"画论，其中特别强调要悟出自家之法，把各家画法化合为一，他确实做到了"广师造化，熔冶一炉，独出新意"，在传统中国画范畴内创立了一种别样的风格范式——个人化的"贵州画风"。

这些年我在外面跑了很多地方，也见识了很多山水画界大咖，参加了很多热闹的所谓名家推介，都吹得很高、炒得很响，自己也跟着凑劲吆喝过，但当冷静下来、跳出圈外再细看细品，其实值得说、值得佩服，像润生老师这样有一套的，真不多，像润生老师这样有一套又从不自我炒作的，更不多。所以我要向润生老师好好学习。

（作者系贵州省美术家协会主席、贵州美术研究院院长、

《贵州美术》杂志主编）

复兴生态民族学

口述·杨庭硕

杨庭硕，1947年生于贵阳。中国生态民族学奠基人，吉首大学终身教授，博士生导师，博士后合作导师，吉首大学人类学与民族学研究所研究员，贵州大学历史与民族文化学院学术委员会名誉主任，《文史天地》杂志学术顾问。先后主持国家社科基金项目2项，参与国家社科基金项目4项。著有《相际经营原理》《人群代码的历时过程：以苗族族名为例》《人类的根基》《生态人类学导论》《本土生态知识引论》等多部学术著作，先后主编完成《百苗图研究丛书》《历史人类学文献典籍研究丛书》《〈黔记〉研究系列丛书》等，出版专著20余部，在各级刊物上发表学术论文100余篇。

杨庭硕

童年记忆

我的幼年时代，距今已过去了八十年，当时的贵阳总共只有八万人。当时在贵阳市的近郊不仅到处有苗族和布依族村寨，偶尔还有彝族村寨和蔡家人聚落，要听懂少数民族语言的对话，出门就够了。今天的年轻人肯定不会有这样的生活经历了。因为随着贵阳城区的扩大，原先的民族村寨早就消失得无影无踪了。

1949年，我七岁，记得那年冬天解放军进城，就曾用四种民族语言宣传党的政策。外地人肯定听不懂，但是有很多本地人是听得懂的。大人可以告诉我们，讲的是苗话、仲家话还是罗罗话。后来学了民族学，查阅了贵阳市民委的档案，才知道当时确实如此。

据长辈的讲述，从我之上的三代，包括父方和母方，与我的出身直接关系的婚姻事实，至少有五桩跨民族婚姻。如果按政策我可以自由选择我的出身民族，那我的选择就不是一种两种了。现在贵阳市已经有了几百万人，汉族居民已经占了大部分。像我这样的出身，在今天的年轻人中还可以碰到吗？基本不可能了，但在我同龄的老贵阳人中这种情况则多得是。后来我学了民族学，那已经到了20世纪80年代了，我做的第一次规范的田野调查，田野点在地五岭。那是一个苗族村寨，距离贵阳市中心的直线距离不到五公里。村寨不小，有几十户人家，经过长期调查后，最后才弄清，他们就是文献中所称的"鸦雀苗"。

我想一代人有一代人的追求和理想，一个时代有一个时代的学问，也有那个时代的生产和生活。今天的年轻人理所当然地要走自己的路。我的经历你们当作故事听就够了。

我和大家一样是一个普通人，视力极差是客观的事实，甩不掉也绕不开。

但在我的青年时代，我并没有意识到这一点对我会构成多大的压力和困难。我还是和普通的同龄人那样，对什么都好奇，什么都想试一试。曾经感兴趣的学科，我自己都记不清了。哥哥姐姐都是搞自然科学的，我很自然地也对自然科学感兴趣。耳濡目染当中，也曾接触过不同的学科和知识，其中有不少都是学校课程中没有的内容。我曾在兄长们的带领下，接触过地质学、化学、生物学，还带着我的弟弟妹妹去采矿石、做化学实验、采集植物标本等等。这是因为当时国家正在号召人民向科学进军，我的所作所为多次得到老师的鼓励。我也曾自我满足过，但在真正的求学经历中却不行了。等到选专业的时候，我才知道我的视力差得根本无法学习任何一门自然科学，最终才痛下决心改学文科。从头来过当然很难，不过最终我还是考上了贵州师范学院中文系。这就注定了我以后的工作和专业走向。老实说这是一个被迫的过程，并不是一个能动选择的结果。不过我现在对这一切都心安理得，而且有时候还自我满足。举例说，我后来学习民族学、考古学时，我此前采矿石的经历给我帮了很大的忙。我在探讨少数民族传统染色和纺织工艺时，此前接触过的化学和生物学知识，也给我帮了很大的忙。我在学民族史时，小时候接触过的民族语言给我帮了更大的忙。这一切都是始料未及的事情。但是，所有的经历从今天来看，都有意义、有价值，值得珍惜。在学习和科研上，经历是一种财富。古人说"温故而知新"，事实也确实如此。如果过分地追求功利，把暂时无用的经历丢诸脑后，等到要用的时候就捡不起来了。我有幸之处也恰好在于，视力差限制了我的活动。不管是为了学习或是生活，我都得把做过的事情不断地"反刍"，生恐忘记。这真是无心插柳柳成荫。青年时代的一切经历，在我今天回忆起来，绝大多数的记忆都发挥了作用。但我的同龄人却不同。他们一旦专业稳定后，无关的经历他们全忘了。我显然是一个不幸中的大幸人。我曾经带过一个研究生，出生在苗族，他的父母我都认得，只是没有说明罢了。我还是像对待一般学生那样认真地和他商讨，尽心指导。突然有一天，上课时提到了民族语言问题。下课后他特意找到我，对我说："我什么时候把苗语忘了，连我自己都想不起来了。现在我写文章恰

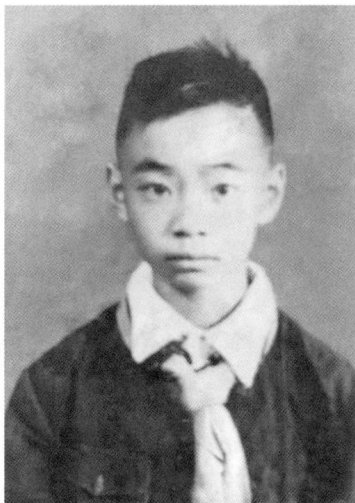
少年时期的杨庭硕

好要用到苗语，想起来似乎太可惜了。"我只能这么回答他，可惜也没有用了，实在有必要重新学还来得及。话虽如此说，事实上是很难补上的。因为他忘记的不仅是苗语，还有苗族文化的很多内容。由此看来，把经历看成个人的财富，并不为过。因为在人生道路上，每走一步，都是在此前的基础上走下去的。接触过、学过的东西，都肯定有用，只是要等机会罢了，机会到了但忘记了，那真是后悔莫及了。朋友们都说我的记性好，要我讲一讲诀窍，我实在无话可说。因为我是个"半瞎子"，客观条件迫使我不忘温故而知新，我也只有这么做，才能对付眼前所碰到的各种困难。与其说我记性好，倒不如说我为了好记性，花的复习时间比别人多。记性和大家都一样，仅此而已。

曲折求学路

我考上云南大学的研究生之前，当时民族学的教学和科研都已经停止了，还没有恢复教学与研究。我第一次接触到"民族学"这个名称，是从苏联的小说《勇敢》中读到的，那个时候已经翻译成了中文，我是在读中学时读完这两本书的。但根本没有想到过，我以后会攻读民族学。在大学求学期间，

1967年，读大学期间的杨庭硕

学习条件也充满了变数和曲折。四年的本科学习，我们事实上只上了两年半的课，其他时间都是去学工、学农和学军去了，还参加过"四清运动"。运动还没有结束，"文化大革命"就开始了。说实在的，我至今不敢说，我接受过规范的本科教育。但在本科学习中，最幸运的是我确实学完了语言学。这才是我后来学习民族学时，受益最大的基础训练。因为语言学这门学科不仅奠定了我阅读古文献的基础，还使我的古文字学、音韵学素养明显高于我的同龄人。而语言学本身就是民族学研究的四大主干学科之一。和我同时代的同人们，人人都知道语言学很重要，但要系统掌握普通语言学，一般人很难达到，因为普通语言学太枯燥了。系统掌握要耗费大量的时间和精力。跨入民族学学习的门槛后，再来补课很难办到。而我似乎是占了大的便宜。我在教研究生时也曾引导过我的学生，打好语言学基础，但成效都不大。不是学生不努力，而是要学好语言学，耗费的时间太多，会影响到按时毕业，我和我的学生都只能退而求其次。这是一个遗憾，我至今还不死心，总希望在民族学的研究当中，支持一两个学生，确保在这一方面后继有人。但这仅是一个希望而已。我进入民族学是在完全不知情的情况下，撞上了好运。我的导师江应樑先生在20世纪三四十年代，就已经卓有成就。但在他招收研究生之前，早就改行了。他教过政治经济学，教过民族史，也上历史课，就是没有正儿八经的教过民族学。我是他以历史学的名义招收的第一批研究生。等我们进校后才知道，中国恢复了民族学等众多社会科学的教学和研究。江先生当然欣喜过望，而我们则是如梦初醒。原来我们是要学民族学，而不是要学历史学。这将意味着导师和我们都得从头做起。好在我的经历帮了我的忙。我几乎可以把我青少年时代的经历翻出来，与导师对话。导师可以逐一点醒我，那些经历与我们学习的民族学存在着什么样的关系，应当怎样去发掘和利用、整理资料等等。看来从头做起并不像想象的那样难，只要有心还是可以做好的。真正难以对付的反倒是思想方法的大转弯，一时间难以适应。民族学的四大主干学科中，体质人类学和考古学，当时的民族学学生还是颇感陌生的。对民族学而言，最大的挑战是当时的本科生学术视野太窄，不仅对外国的民族闻所未闻，就是中国境内的不同民族，最多只能够获得一些道听途说的传闻。要将这样的感受，纳入学科的框架内去展开系统分析，很难做到位。习惯性的思维方式，总是会干扰理性的判断。比如文化相对观，说起来很容易，但一接触到具体的文化事项时，总是会习惯性地陷入文化本位偏见的漩涡，总是会下意识地说长道短，而无法站在文化平等的立场上，冷静地做出中性的裁断。可以说，这是一个痛苦的思想方法的转变过程。我想我的同学们，在这一点上，肯定和我一样具有同感。现在重读我自己的硕士毕业论文，我依然会毫不掩饰地说，在这一问题上，我做得并不彻底，很多理解都有待修订。这样的愿望留给我的学生们去办吧。我恐怕没有可能自我检讨了。如果要对我的求学经历做一个自我评价的话，我只能说不管学什么东西，关键是要学透，与其什么都涉猎，倒不如将自以为必要的学科，学透为好。对今天的年轻人来说，也许这一点还有用处。

生态民族学

在文化背后，有一种力量一直支配着我的学习和工作，那就是时代的召唤。是不是跳跃太快，我说不清楚，但我确实是这么走过来的。

改革开放是一件大事，学术也在开放。自从国家提出改革开放以来，国外的民族学家也不例外，他们总会纷至沓来，要走上我们大学的讲台，著作会陆续翻译成汉语。这样一来，中国没有民族学学科的教学与研究行吗？不仅是专业研究，国外不少民族学家的著作还成了我国高考的考试题材，米德、泰勒的著作就是如此。如果中国没有自己的民族学教学与研究，那怎么与国外接轨呢？1980年恢复民族学学科研究，本身就是改革开放的有机构成部分。我不过是撞上了这个机遇，选定了终生的研究对象罢了。事情的出现，往往是始料不及的。国外民族学家的著作陆续翻译为汉语后，一看才知道，在我国民族学暂时告缺的那一段时间里，国外已经涌现了诸如生态民族学、环境民族学、民族植物学、生态人类学这样的分支学科并如火如荼地展开着。而20世纪80年代恢复教学科研的民族学，按照惯性延续，大抵都是回顾20世纪三四十年代的研究成果。这就与国外接不上趟了。时代要求中国学者急起直追。而我此前对自然科学有一点基础，国外的作品理解起来也许比同时代的人要强一点，参加讨论、写成论文总不免会引发激烈的讨论。不管是说对说错，我总得做回答，总得自己把问题弄清楚。这样一来，为何要转向生态民族学，我自己也是到了后来才意识到这一点，具体的过程，我自己也说不清楚。但有一点毋庸置疑，到了20世纪末，不仅全球的生态问题日趋严重，中国的生态问题也引发了国家的关注。其实是时代的需求，推着我要更多地关注生态问题，又不能离开我的本行，生态民族学就这样悄悄地左右了我的后半生，要说别的理由和原因都是多余。时代的召唤，才是走过这段学术经历的原动力。

生态民族学的独特性，不是学者们生造出来的，而是客观的需要制造出来的。其独特性在于，它不像此前的传统民族学那样，高度关注人与人之间的关系，力图从文化的视角去认识人类及人类自身，那是那个时代最需要解决的大问题。今天则不同了，人类社会与环境的关系被推到了前台，民族学研究，当然得做出调整，得从文化的视角，将人与环境的关系、人与生态的关系纳入研究的对象去做出哲理性的探讨。其间的变化都是时代的产物，不管哪个学科，都得与时俱进，于是生态民族学也就应运而生了。

由此看来，传统民族学中的相关理论，并不存在简单的错与对的问题，对他们所处的时代而言它们肯定有其价值，需按照历史唯物主义的原则去加以认识和理解，简单地认定其错还是对都有失偏颇。经典进化论的结论也是如此，在它盛行的那个时代它确实做出了不可替代的贡献。但是到了今天，抱残守缺、依样画葫芦，那肯定不行。新的分支学科要出现，谁也挡不住。但传统的力量，同样想丢也丢不掉。我国民族学界，当下的教学与研究中，经典进化论的后续影响依然普遍存在。要紧的不是存在，而是如何应对存在。这是因为，历史影响的存在，本身就是一柄双刃剑，既可能带来好的影响，也必然带来负面效应。去粗取精、去伪存真永远需要，对经典进化论来说也不例外。时下最麻烦的问题在于，按照经典进化论一般的推论，后起的事一定是进步的、先进的，历史上的事情，最终都是要淘汰的。但这样的推论却无法回答为何当代生态问题会比古代更严重这一现实问题。如果沿袭经典进化论这一结论，对这样的难题强为之解，肯定会钻进死胡同。因为这个问题得靠生态民族学去解答才行。就这个意义上说，新的分支学科越来越多，并不是坏事，反倒是丰富了民族学的内涵，推高了民族学应用价值。但这并不意味着，生态民族学研究可以完全不理会经典进化论了。事实上，经典进化论的先驱者们，早就提到了文化对环境的适应问题，也曾明确提及了文化残留问题。这些内容其实与生态民族学的理论建构，关系极为直接，完全可以说得上是这些先前理论建构的延伸，渗透进了生态民族学的研究。这将意味着贬低、搁置，甚至扬弃经典进化论，不仅没有必要，而且也不可能。学习生态民族学前必须老老实实学习民族学史，还得学习经典进化论。只不过在认识和理解上与前代不同罢了。如果对民族学的学理脉络把握不住，一开始就学生态民族学，那肯定是学不好的。因为生态民族学虽然后起，但它不存在先进或者优势可言，它同样是时代的产物。既有得也有失，就留给后人去评价吧。当下青年人要做的，恰好是要在正确的历史观指导下，去系统地把握这个学科的基本理论和方法，把它们的结论，放在它产生的时代中去做出正确的理解和认识就够了。把生态民族学看得无懈可击，本身就是一个悲剧，年轻人千万不要上这个当。

一个学科要发展，那是时代的需求所使然，谁也挡不住，谁也帮不上忙，得靠相关的学人去自己创造学科和发展。生态民族学也是如此。此前很多生态学家，在生态问题上都做出了卓越的贡献，与此同时也留下了需要填补的空缺。大体而言，绝大多数生态学家，都是凭借自己的学养，靠直接能够观察到的现象，去探讨问题形成结论，接着很自然地要把自己的结论推向社会，于是问题也就来了。要知道，人类和其他动物不同，他不会像动物那样完全凭生物本能去求生存，繁衍后代。如果没有人的存在，自然也不会有所谓生态问题。在人类没有出现在这个星球之前，地球生命体系不就是这样走过了50亿年的历史吗？如果哪一天人类不存在了，不容置疑的反倒是地球生命体系还会延续下去，还会发展。而人类不同，他要凭借自己创造的文化，把众多的个人凝聚起来，形成一个个民族，然后去建立相应的社会，再凭借社会凝聚起来的活力，去和地球生命体系打交道，和环境打交道，人类才可能与动物拉开不可逾越的差距，过上与任何动物都不同的社会生活。也正因为如此，人类创造的文化与社会合力，可以使人类在与环境打交道中，力量更强大、更持久，取得的成功也比所有动物都高，甚至高得无可比拟，人类的生活也才可能过得越来越好。但问题在于，由此派生的生态问题，显然与人类的存在直接关联，以至光研究个人怎么去认识自然、了解自然远远不够。即使个人的研究水平很高，发现了生物之间的生存规律，这还不能解决问题。因为要解决问题，个人的力量是远远不够的。在这一点上，人与动物是没有区别的。区别恰好在于，人会结合成一个群体，去和环境、生态打交道。做了好事，凭借这样的群体，就可以把好事做到底；做了坏事，也得凭群体的活力去加以匡正和补救。这也办得到。这将意味着，只掌握生态、自然的运行规律还远远不够，因为要把这样的正确认识落实到每一个人都接受，都能够按自然规律办事，这就得重构此前已有的文化，还得在人类社会中产生制度建设、观念形态，甚至语言习俗，直到生产与生活做出群体性的接纳，并落实到群体的合运动中去，才能真正地解决已经出现的生态问题。这样的工作，显然是生态学家做不到的或者干脆说是不愿意去做的事情。而这样的事情，对生态民族学而言恰好责无旁贷，只能靠这个学科去做好、做到底才行。理由很简单，只有生态民族学才有文化的眼光，也才能从群体的视角，去破解人类存在的生态得与失，也才能对症下药。凭借诱导文化的重构，才可能从根本上重建人与生态和谐共生关系。

总之，生态学和生态民族学各有所长，也各有所短。它们应当工作，应当协作，共同服务于人类的未来，而不是相互排斥、相互拆台、相互贬低，内耗做完了，生态问题却依旧。这是我们要避免的悲剧。国家要改革开放，学科也得"改革开放"，也要相生而不相克。就这个意义上说，年轻人有志于学习生态民族学是个大好事，有志学生态学也是个大好事。相互学习，相互取长补短，更是大好事；自以为是，相互拆台，这才是无底的深渊。年轻的朋友们，千万不要干这样的蠢事。至于当下的各级职能部门，很少有人主动和生态民族学工作者接触，生态民族学的影响力尚不明显，这也是时代问题。任何新兴学科，都得走过这段路。这本身就不值得大惊小怪。像鲁迅说的那样，走的人多了，路也就出来了。有志于学习生态民族学的人多了，成了气候，就不愁职能部门不找上门来了。关键的是你要做出成绩来，有了成绩，困难总会过去的。生态民族学能够做事，可以做好的事，不仅生态学代替不了，其他任何学科也代替不了。因为这是这个时代出现的新问题，我们需要努力建构生态民族学这个学科，我们需要将个人整合起来，形成强大的社会合力，才能从根本上化解各式各样的生态问题。人类的可持续发展，也才成为可能。

高坡田野点

我攻读研究生期间，第一个田野点就选在贵阳市的高坡苗族乡，选这个田野点的原因，除了导师的建议外，关键是我在这个乡当过中学教师，乡民、乡干部都是熟人，调查的工作很容易完成。此前在高坡任教时积累的资料，现在正好派上用场。这显然是我和高坡乡有缘分。在高坡任教以及断断续续的长期、短期调查，加起来大致经历了六年光阴。其间最重要的感受就在于民族学，特别是生态民族学，其研究对象和内容，本身就具有跨学科的特点。要学好民族学，没有跨学科的思维，肯定会举步维艰，寸步难行。要化解这些难题，除了我此前有积累外，更重要的就是要大量地使用工具书，广泛咨询不同专业的专家，当然也不妨读一点不同专业的不同层次的教材。但重新学一门专业，我没有尝试过，我觉得也没有那个必要。不错，在贵州民族学院（今贵州民族大学）工作期间，我确实自学过社会学调查，自学过统计学，但这是为当时的工作需要而做的，和我向生态民族学的转向没有直接关系。由此看来，在民族学专业学完以后，再学一个自然科学专业，必要性没有那么大。站在民族学的高度去利用其他学科的成就，更有效，更直接，也更省力。这是从我的经历中能够提供给青年人的建议。

高坡苗族乡的经历日积月累后，慢慢地发现在汉文典籍中留下的记载不少，高坡当地尚存世的碑刻也不少。此前专门研究过高坡苗族的民族学家也不少。张堃、罗荣宗都是杰出的代表，他们的著述很容易查到。但对我而言，最感兴趣的还是他们的语言和穴居习俗、崖葬习俗。但这些问题肯定要涉及语言学、地质学、历史学、生态学等各不相同的学科。我的青年时代，对这些学科都曾感兴趣，但除了语言学外，其他学科根本没有接受过正规的训练。我若去补课，可是人已经过了四十了，工作不允许，年龄不允许，一切都得从实际出发。最后，也只能够另打主意了。有幸之处仅在于试行之后，成效不错，足以自慰。比如地质学，我除了粗略地读过一本普及教材外，其他的资料来源都是查工具书查到的，以后和专业的地质学工作者对话，他们都觉得我还过得去，不像个门外汉。于是我也有了勇气在讨论苗族的悬棺葬时，将岩溶地貌等专业术语都写进去，但就我自己内心来讲，我其实是真正的"半瓶醋"。对于从事生态民族学研究而言，起码能够找到查工具书的方向，找到咨询的对象，我自觉够用了。但有些读者说我学过地质学，我却不敢当了。据此我也不妨建议年轻人，试试我的方法，不要被自然科学的高深莫测吓住了。只要有勇气学、有勇气问，总是可以学到够用的水平。人类面对的社会和面对的自然与生态系统，都是同一个内容，学科是人分出来的，而且是随时间而变的，并不是永恒的。人类社会和生态系统，反倒是永恒的。这样一来，我们就得清醒地意识到，学科之间的差异、隔膜，甚至是鸿沟，都不具有本质性。任何人都可以涉及，也可以走捷径，获取已有的成果。就这个意义上说，重新学一个专业，确实必要性不那么大。何况，现在有了互联网，还能通过 QQ 群、微信群，网上查资料、咨询人等方式获取信息。

时下我们身边就有好些生态学家和我们走得很近，云南的裴盛基、内蒙古师范大学的哈斯巴根，年轻人有优越的现代技术做支撑，要走到这一步，肯定不成问题。但是如下四个问题，就我的经历而言，实属必不可少。其一，对民族学的基本理论最好能够融会贯通。这当然不是一朝一夕的事情，而是要在工作和学习中，不断地强化，有意识地思考。其二，对自己此前的专业，当然应当珍视，应可能发挥其效用。但在这一过程中，却不能凭感情用事，过分地生搬硬套，必须建立文化的视角才行。其三，生态民族学的落脚点，是以人的群体为单元，不是以个人为单元。生态民族学立论，看重的是群体的行动、行为，以及由此而派生的生态问题。个人的行为不管是例外，还是超长，都不足以代表学科研究的结论。其四，自然科学的研究很看重具体的应用价值，但是生态民族学更看重的是，长时段的无意识引发的生态问题。荒地披上了绿装，一种农作物单位面积产量得以提升，肯定是重大成果，但生态民族学却不以此为终结，还得前进一步，得留心一下，在成功的背后，是不是还存在着生态隐患，长期积累后，会不会引发为始料未及的灾变。以上四点很重要，需要随时留意。从我的经历看，我真心地欢迎更多的自然科学学人能够和我们交流和对话。我在高坡的经历对这一点感悟良多。

　　20世纪50年代以前，高坡曾经是贵阳市最大的木材供应基地，也是马尾松积材量最多的乡。我对当地苗族乡民与这两种植物的关系做了较长时间的观察和分析，但结论与我在黔东南侗族地区调查结论很不一致，甚至是正面冲突。比如，他们绝不会堆土种杉树，但他们却会培育再生树。高坡的苗族面对那么多的松树，他们却不会割取松脂谋利，而更乐于拿松树简单地当柴烧，这与广西的壮族民众又很不相同。经营的结果也不同，高坡的杉树很少染病。松树的长势也比其他地区挺拔，砍伐后材质较好。有关疑问，我曾请教过好几个林学专家，但答案其说不一。最终还是得回到生态民族学的基

1981年，杨庭硕（二排左一）在高坡乡田野调查

1985年教师节，杨庭硕（一排中）与学生合影

点上来，从不同民族文化的比较入手，澄清了其中的文化成因。举例说，高坡的杉树不容易染病，原因全在于它是当地的本土物种，乡民只需通过管护，自然生出的杉树苗就可以成材了。黔东南则相反，将杉树种到了低海拔区段，年积材量可以做到大幅度提升，短期内的盈利空间很大，材质的优劣都不会影响到来自市场的收入，连间伐的未成年树也不愁找不到买主。两个民族跟杉树打交道的文化对策各不相同，其实是顺理成章的事情。做出这样的澄清后，还得到了不少林学家的认可。由此看来，学习自然科学出身的年轻人，对生态民族学有兴趣，肯定可以取得成功。

消失的文化

生态民族学研究的是文化与环境、文化与生态的关系。在漫长的历史岁月中，这样的关系发生了很多变化，其中绝大部分内容到了今天由于各种各样的原因，都没有了实用价值。生态民族学家要把它们讲清楚，甚至要把它们按照历史的真相复原，都不成问题，但做出这样的工作绝对不是做着好玩，或者是简单的扩大现代人的视野。因为这些已经消失的文化事项，其中有相当一大部分，只需稍加转换，就能发挥意想不到的应用可能和价值，甚至是直接服务于当代的生态文明建设。一方面是要看清我们祖先的创造力。这是因为既然都是人，那么其生物性禀赋和社会性禀赋，应当是相通的，是可以一脉相承的。我们祖先曾经做出过的一切发明创造——但凡涉及人与自然、人与环境、人与生态的关系——由于人没有变，还是人，环境也没有根本性的改变，那么古代人涉及这一内容的一切发明创造，即令到了今天，只要转换一下利用的目标和方式，那么前人的类似发明创造，同样可以在今天重放异彩，发挥始料不及的生态建设价值和资源利用价值。在这个问题上，"古为今用"绝对不是一句空话。但另一方面，但凡属于涉及人与人的关系、人的观念形态问题，则另当别论。这是因为涉及这方面的文化事项它变化的速度太快，一经改变后，当世的人们都会做出系统性的文化重构，导致后人的人生观、价值观、生态观，乃至社会组织、风俗习惯都发生着系统性的调整，于是相关的文化事项到了今天要找到直接的实用价值，意义就不大了。这就涉及中国古代先哲说到的一句老话："世异则事异，事异则备变。"这样的文化所依托的社会，已经变得面目全非了，相关的古代文化事项，当然也就到了"皮之不存，毛将焉附"的地步了，要在今天的生态建设中，去找它的实用价值，肯定会帮倒忙，但它们开阔现代人的视野，推动历史学、考古学研究的深化，理论意义还是很大的，应用价值也非常明显。不过要在生态建设中发挥作用，就显得间接多了，应用价值不明显。其间的界限仅在于人类的本质就是生物性和社会性复合存在，其中涉及人类生物性的文化事项，大体而言，即使经历了数千年的光阴，都不会简单失效；但属于人类社会属性的文化事项，往往几十年间、几代人间就会变得面目全非，实用价值就不可能被延续了。

举例说，据民族学研究，人类社会是从群婚制发展过来的。公正地说，这样的制度是人类社会必经的过程，你说它对还是错都没有意义。这是因为标准不同。古代人要执行这样的制度，有他们的道理。在那样的标准下，你没有理由说它不对。但今天的人类社会已经全变了，你要将这样的制度加以实践应用，那就糟了。因为现代评价标准已经完全不同了。你可以说它不行、不对，你背后的潜台词，那就是在今天不行、不对，而不是说在古代有这样的制度是耻辱。理由很简单，不同的社会事项，它适用的时间和空间是特定的，在那样的范围内，它肯定是好的，有用的。但在其他时间和空间，则是不实用的。只有这样去看问题，才算得上是真正意义上的历史唯物观。这样类似的问题，多得不胜枚举。除了婚姻制度外，信仰、道德观、价值观同样如此。谁要想复古，那肯定会贻笑大方。因此，对这一类正在消失的文化事项，应当归归类，不能够混为一谈，一概而论。好在生态民族学研究的主攻方向是人与环境的关系，而不是其他。因而生态民族学研究，不仅要坚信发掘复原已经消失的文化事项到今天还可能有的价值，而且还要探明如何转换其应用方式，使它重放异彩，这样才算完成了研究任务。就此而论，对消失了的文化事项，做出分类处理，区别对待，显然大有必要。只不过，遗憾的是这样的问题，目前还没有引起学界同人足够的重视。大家都忙于对自己感兴趣的古代文化事项展开研究。这当然必要，无可厚非，但抬头看一看当代社会的紧迫需求，不是更好吗？

生态文明建设已经确立为我国的基本国策，那么生态民族学研究理所当然地要走上前台，不仅要研究，还要普及。哪怕是已经消失了的远古文化事项，只要环境不发生不可逆的变迁，古代人的发明就不会失效，就值得生态民族学家去发掘和利用，使之重放异彩，助推当代的生态文明建设。

在此前，我对中华民族一项最卓越的文化生态贡献做过一定的探讨，那就是《前汉书》记载的"代田法"。老实说这是一项伟大的发明，如果是在今天，它肯定是要得最高的国家级发明奖。更重要的在于，这项发明，如果辅以现代化的农机具，在我国的荒漠草原带，直到今天还能够发挥生态维护效应和难以估量的经济价值。所谓"代田法"，乃是沟垄交替播种种粟法。据《前汉书》记载，汉武帝的大臣赵过发明这样的耕作法，目的很清楚，就是要解决军粮问题。原来在汉武帝时代，在对匈奴帝国的战争中大获全胜后，匈奴帝国的中心，迫于汉朝的军事压力，迁到了阴山以北去了，于是在阴山以南的辽阔疏树草地生态系统下，形成了大片空地。为了守住这块夺得的土地，汉朝就不得不在这儿驻军。驻军要粮食，但当时的农耕区是在南边的黄土高原和黄河中下游平原，在当时的交通条件下，远距离运粮，国家支撑不起。如果能够在这片匈奴人此前的牧场上种出粟来，那么国家的财政开支就会大大缓解。值得一提的是，这样的记载在生态民族学看来，它已经明确地划定了文献所称的代田法的适用范围，那就是蒙古高原的南缘和黄河的河套地带，这一地带降雨量偏少，且分布不均衡，因而在没有人类干预以前，在地表的特殊地点，可以长出参天大树来。树龄可以超过几百上千年，整株树可以重达几吨甚至十几吨，但这些树木不能连片，只能孤立地星散在蒙古高原的西南缘，树与树之间才是连片的草地。生态学家将这样的生态系统归类称为"疏树草地生态系统"。这将意味着，代田法是针对这样的生态系统做出的发明创造。离开了这样的生态系统，这项发明的效用就会大打折扣。当然文献是不会记载这个内容的。这样的内容，是生态民族学借助生态学和民族学两个方面的理论和资料，做了复原工作，才可能提出现代的结论。

赵过发明的代田法是怎么做的呢？办法很简单，那就是用当时处在传承状态的远古农具——耒和耜，在草原上开沟起垄，沟和垄的走向尽可能保持东西走向，然后把粟的种子播到沟底，稍稍盖上一点沙土，整个操作就算完成了，其后就只需坐等丰收了。最终的结果《前汉书》说得很明白。在这片此前无法耕作的荒地牧场，一旦启用了代田法后，一下子就变成了粮仓。不仅不需要再运粮养兵了，而且丰收的粮食还多得吃不完，并因此造成全国粮贱钱贵的食货失衡。原先运粮为生的劳力投入免去了，并导致这部分人失业，从而酿成了新的社会难题。但那已经不是我们今天关心的问题了，留给历史学家们去探讨吧。我们要追问的反倒是代田法为什么可以丰收稳产，今天还有什么应用价值，这才是我们的任务所在。

原来在这片草地上，每年都有季风光临。冬春吹西北风，夏秋吹东南风，持续的时间又长——顺便提一句，我们今天遭逢的沙尘暴、雾霾天气根本成因也在于此——这意味着，大气环流这一基本格局，尽管时间过去了两千多年，但至今仍未发生实质性的改变。因此，只要弄清了代田法的科学性和合理性，那么代田法在今天就肯定可以"东山再起"，只不过得运用现代化的耕作机器了，再将耒耜加以复古，那就完全没有必要了。

粟或称小米，是这片土地上的本土野生植物。值得说一句，这种植物虽然在栽培和放弃间多次反复，但它的生物属性至今没有改变，不只和汉武帝时代相同，甚至与先秦时代也是相同的。这同样是今天代田法可以复兴的关键性要素。经过调查分析，粟的如下一些生物属性，对澄清代田法的科学性和合理性有重要价值。一是粟和其他干旱草原草本植物一样，极为耐旱，经得起数十天的干旱，也不至于枯死；二是它的根系发育需要疏松碱性土壤，根系可以发育得极大，在整个植株中，往往要占到整个植株总重量的百分之五十以上；三是它的种子颗粒很小，种子外还包着蜡状的软皮，因而它极耐储存，长期储存也不霉不腐；四是它的生长速度极快，生长期只需九十天就够了，如果环境适合，每亩地可以收获两百斤左右的粮食。

不消说，以上的这几个生物性特点，伴生的其他草原草本植物都大体一样，而这一切都是生物与环境协同进化的产物。种子结得多、颗粒小，成熟后容易被风和其他动物带到其他地方去，确保其物种延续和群落扩大。种子颗粒过大，即使落到适宜生长地带，如果不及时被土壤覆盖，会被其他动物偷食掉，那就无法传宗接代了。种子颗粒越大，数量越少，在干旱草原上，它绝种的风险就会越大，根本活不到今天。这就是生物自保的辩证统一，也是生物协同进化的基本原则。

和小米伴生的其他耐旱草本植物也具有类似的生物属性，它们同样是协同进化的产物，因为只有这样，不同物种间的种间竞争，才可能各显优势，大家都可以获得生存的机会和繁衍后代的机会。这是生物进化生存的规律，但不是对人类种小米有用的规律，反而是有害的规律。如果不用代田法，只是一般性的撒种，那么和小米伴生的草本植物，就会与小米展开你死我活的种间竞争较量，小米虽然不会绝种，但是结实就和其他野生植物一样了，不相上下，这肯定不是人类所希望看到的结果。要改变这种对人类而言的不利状况，那就得给小米特殊的关照和特殊的保护才行，而这一切就在代田法的沟垄中得到了落实。原理是，能不能让小米提前十数天甚至一个月，比其他伴生的野草提前发芽生长，那么发芽时的野草就不会对小米构成威胁了，人类对小米的丰收也就天从人愿了。

代田法之所以要把小米播到沟中，就是要让春夏之交的西北风将垄上的细沙细土吹到沟中，将小米种子浅浅地盖住，不仅可以让粟的种子避免被动物偷食，更重要的是促进种子发芽。草原的春夏之交，昼夜温差很大，往往相差十几度甚至二十几度——对这一点根本犯不着做实验，只需看看今天的天气预报就知道了——这样的自然变化，却给代田法提供了免费的服务。尽管地层大气环境相对湿度很低，但到了深夜温度降到最低点时，凭借这样的大幅度温差，盖在种子上的沙土表面很自然地就会凝结成一层薄薄的水雾来。粟是极耐旱的植物，这一点薄薄的水雾就能够让小米提前发芽。其他的野草种子，没有经过人类保护，即使落到了地表，由于接触不到液态水，它肯定不会发芽，其后也不会跟小米存在种间竞争了。而这一点正好是《前汉书》对代田法的记载中根本不提除草的文化生态原因所在。因为小米在文化的干预下，提前发芽了，而其他伴生草本植物只能按自然规律办事，它们也就没有可能与小米展开种间竞争了。除草这样的农事操作也就无须做了，当然也就没有必要记载了。

当代还有不少学人对以上的分析不以为意，他们会说，光凭露水就能够支撑小米发芽吗？小米能够发芽，其他野草的种子为什么不会发芽呢？要回答这个问题，并不困难。这是因为按照空气动力学原理，地表一旦出现起伏，高起的部分，也就是垄，风吹过时，贴近地表的部位，气压会明显降低；反之到低洼的部分，也就是沟底，气压会明显增强，于是垄上的沙土会吸到空气中，然后靠自身重力均匀地落到沟底去。这将意味着，人播到土下的小米种子绝对不会被风带走，只会被沙土越埋越深，而其他沙土种子肯定享受不到这份待遇。因而，它们埋的深度达不到小米埋的深度，或者杂草种子，因为太小太轻，不会自然沉降，只会被强风带到更远的地方去，那就更不会对刚发芽的小米构成威胁了。另一方面，同样借助空气动力学原理，由于沟底气压会偏高。沟底的微薄水沫也不会被带走，与此同时，由于在这样的干旱草原上，土壤非常疏松，前一年的雨季降下的水，有相当大一部分会穿过这些疏松的沙土，渗入地下成为地下水储备。只是水位太低，草原的草本植物根系发育得再长，也长不到这样的深度，无法利用这样的地下水罢了。但是地下水所处的位置，温度肯定比地表和大气的温度高，储藏在深处的地下水，会以气态的形式穿过沙土的空隙上升到地表，碰上了冰凉的沙土后，会很自然地形成薄雾。一旦形成薄雾后，液态的水又会在重力的作用下往下沉。于是在地下的一个特定深度，就会很自然地形成一个薄薄的液态水富集带，也就是距地表 2cm—3cm 的位置，每天夜晚都会有相对富集的液态水在这个位置形成，而这正好是代田法所播下的粟在人工干预下所处的特殊位置。代田法的诀窍就在于，开了沟后把种子播到沟底，这就会使得小米有机会恰好落到这个薄薄的液态水富集带上，保证它提前出芽，也就不成问题了。其他伴生的杂草种子，由于得不到这样的待遇，它们当然不会和小米一样提前发芽。代田法的创造也就是在这一点上，巧妙地利用了自然规律，确保小米能够提前发芽，从而满足人类的需要。不过要通过代田法确保丰收，先秦典籍并没有正面提及，记载代田法的《前汉书》也发生了疏漏，未能做出有价值的交代。但今天的生态学研究却可以给我们提一个醒，那就是小米既然能够提前发芽，人肯定很欢喜，草原上的动物也会很欢喜，因为它们可以吃到新鲜的嫩草了。这样一来，人类虽然可以不除草，但还得从这些动物的嘴下夺丰收，于是就得把它们驱赶走，即使猎获了它们，吃其肉也不为过。因为它们是代田法种植的天敌，不把它们赶走，提前长出的小米肯定会被它们吃得一干二净。对这一点《前汉书》虽然没有明说，但《周礼》中却可以提供旁证，该书明确提到周朝所封的所有诸侯，每到法定的季节，都得组织全民狩猎，谁不这样干，就要废除他的爵位。理由是说，他们不打猎，就没有肉祭天、祭地、祭祖宗了，他们就落到离经叛道的地步，罢黜其爵位，当然也就天从人愿了。但结合上面的分析，我们一下子就明白了，其实被强行打猎，不光是为了祭祀和吃肉，更重要的是和我们"撒杀虫剂"一样，是在和粟的天敌相抗争，是从它们的嘴里面争夺小米的丰产。你们看生态民族学要研究的哪儿光是简单的民族学或者生态学的问题。气象学、地质学、植物学和动物学，乃至人类的信仰观和制度设置，都得汇在一起，各显其能，才能够得出正确可靠的文化生态结论来。单一的任何一个学科都不可能真正读懂前代留下的典籍，更不可能复原其间的文化生态原理，而这一切正好是生态民族学的专长所在。但光有专长不行，还得多听听、多学学其他学科专业的理论和方法，才能成事。

今天就在当年赵过推广代田法的地带，土地沙化极为严重，由此引发的雾霾天气已经弄得我们头昏脑胀，但如果我们动用现代的机械耕作设备和卫星定位系统，将小米播种的深度把握得更精确，开沟起垄的人力投入得更少，

1994年，杨庭硕在关岭断桥滇黔古道田野调查

1994年，杨庭硕（右三）在关岭岗乌镇坡蝉村田野调查时与队员合影

1994年，杨庭硕在关岭小盘江村抄写有关沙营长官司界碑

那么在布满沙丘的退化土地上搞现代化的"代田法"，或者干脆称它们为"精准播种法"，那么沙化土地的生态恢复，基本农田的保证，雾霾天气的防治，都可以一并打包解决。这才是我们专注于已经失传的文化事项还要展开研究的必要性和有效性所在。

乡土智慧

同样是一块山地，这块山地种小米一种就好，那块山地什么作物都种不出来时，不能简单地认同乡民说这块地不能种小米，那块地不能种什么，而是要认真地看，综合地分析，才能确认乡民根据本土知识做出的结论哪些适用，哪些不适用。这是因为很多生态问题涉及众多的学科，而乡民肯定不具有这样的学科背景，他们完全是靠经验下结论。如果不能针对性地做出科学和合理的解读，就盲目地生搬硬套乡民的结论，那肯定是要出问题的。

我的好朋友杨明生是金沙县的政协委员，他就直接讲，那片地就是这么怪，其他地要种树也好，种草也行，种粮食也可以，一种就活，只有那一片山洼地势，什么都种不出来。我就问他怎么知道的，他说，他们种过，那一片什么都种不活。

我亲自去看，结果就发现，那一片土地是在地质史上由海底沉积物堆积起来的洼地，在大陆抬升的过程中从海底抬上来的，其中没有土，全是碎屑和石片，所以种树不活，种草也不活，这本来就是情理中的事情。杨明生说那里种不活植物，与科学结论并不矛盾，绝不能因为他的说法没有使用科学术语，说话的口气太绝对，就接受不了他的说法。当然，不少基层行政干部，往往就是因为这样类似的原因，听不进乡民们的经验。我自己经过多年的反复思考后，最后才下决心，就是要想办法，在这样的土地上种出作物来。我们正在申报一个专利，在废弃的矿渣堆上快速实现人工生态恢复。为此我们正在做一个重要的专题研究。

凡是山区，别看都是山，有一些地方是海底沉积后从海底直接抬升出来的。贵阳市的高坡乡上的某些岩石上布满了孔穴，是没有成陆地以前，在海底爆发的火山熔岩形成的。火山熔岩在海底喷发以后，突然遭到冷却，水蒸气会胀起来，在岩石中留下不可计数的空洞。出落地表的这种多孔熔岩，同样会寸草不生，但人工干预后，却可以长出植物来。生态民族学这个学科要解决的问题，必然广泛地涉及不同学科的知识，上面两个例子不过是冰山一角罢了。

生态民族学要找出对策的这些难题，当地老乡有的经过了几代人都无法解决，当然例外的情况也有。乡民们通过经验的积累，也可能找到有效的解决办法。一旦发现了这样的创造发明，生态民族学的任务就是要让它推而广之，让类似的地质结构带能够为人所用。至于生态民族学工作者有没有运气碰上这样的好机会，碰上后能不能做出科学性和合理性的证明，使相关的本土性经验得以推广，那就得看生态民族学家的本事了。这是因为，世界大得很，只要用心，涉猎的范围足够广，碰上好运的机会总是有的，做好了才能显示生态民族学的价值。

我个人就多次碰到过这样的好运。在贵州的麻山地区，我带队去的任务本来是要调查当地苗族老乡对野生植物的利用，但在当地住的时间一长，乡民偶然向我们提及他们这儿的一片山上也是寸草不生，我就请他们带我去亲自看看。看完之后却让我大吃一惊，因为那儿虽然处在喀斯特石漠化山区，但当地老乡砌猪圈、堡坎的石头，却不是一般的石灰岩，而是结晶化的碳酸钙，是地质学家所称的"冰洲石"，这是一种制造旋光仪的特种矿石。高质量的冰洲石价格不菲，在市场上可以卖高价，但这一点乡民是肯定不会知道的。惊叹之余，我不得不询问他们，此前有没有人知道这种石头。他们说曾经有一位地质学家来过，给了他们很多好处，并且告诉他们这种石头很值钱，不要随意打碎，也不要不看对象宣传。这下我才明白这里寸草不生的原因。借助上面提及的那两次经历，我猛然大悟，这是一个好机会。因为当代国内外不少农学家都在探索无土栽培法，如果把这样的方法，移植到这样的特殊地带，那么生态恢复不就可以落到实处了吗？在这样的思路上研究切实可行的专利，这正好是生态民族学家应该干，也可以干得好的事情。只要把这一点想通了，那么看似至艰至难的废矿渣堆积成的生态问题，不就可以迎刃而解了吗？此外，连片的红壤带，连片的砂岩风化层，要实现生态恢复，也同样可以做到。

有了以上的经历后，我总算明白了，很多看似无解的生态难题，其实在历史上，我们的先辈也许早就有过成熟的可行经验，可以给后人以启发和借鉴。关键是要看你留不留心，能不能把那些看似不相关联的文化事项，做出准确的判断和科学性、合理性的解读。事实上，这些问题并不像此前想象的那么复杂，反而极为简单。那就是，诸如此类的不毛之地，原因都在于没有土，不能储积水分和养料，任何植物当然都长不出来。为此，我不得不感谢我的老朋友杨明生。我带学生们在金沙县调查时，有幸认识了他。他的主要能耐就是能够在别人认为种不活树的石漠化坡面，培育出森林来。他的经验可以用一句话总结，那就是"要找土"，就是要找出石山下隐含着的土壤，只要找准了地点，无论种树种草都可以种活。他的经验和找土的口诀，我在一篇论文中已经写过。但给我更大的启示在于，比较容易利用的资源，由于大家都习以为常，因而不屑于投入关注，更不屑于深入探讨。土壤就是这样。由于容易利用的土壤随处都有，所以这些特殊的、罕见的无土带，肯定不会引起世人的关注。即使当地各族老乡，凭借世代经验积累找到了切实可行的对策，也没有人想到要去推广，最终都会使得这些创造和发明默默无闻，被世人遗忘。

但是到了今天，形势不同了。国家要落实生态文明建设战略，那么每一寸土地，都得让它发挥作用。要达到这样的目标，即使是零星分布的小片地带，也要实现生态恢复。我们就是得总结这样的经验，让它们在新时代大放异彩。由此看来，类似的地带，用常规性办法，是肯定不能实现生态恢复的。然而一旦借助或者嫁接偶然发现的各族乡民的经验，那么看似无解的难题，就可以迎刃而解了。历史上积淀下来的废矿渣堆积带，在贵州省内为数不少。废弃的汞矿渣、洗煤废渣，还有河流改道后残留下来的鹅卵石滩地，湖泊干涸后留下来的泥炭堆积层，在贵州境内非常多。要把这样的荒地盘活，采用现代的无土栽培法让它们都变绿，做起来易如反掌。只要有关部门能重视，就不仅可以在短期内让这样的荒地实现无害化和绿化，而且还可以获得理想的经济收益。

我的经历告诉我，生态民族学看上去很难，但找准了路子后，解决的办法其实很简单。生态民族学是一个涉及面很广的学科。上面所言仅涉及与地质学有关的问题，实际涉及其他学科的问题更多。从以上的例子出发，举一

2009年，杨庭硕（前）在安顺紫云县麻山地区调查

2014年，杨庭硕（右）在麻山地区就苗族养蜂开展田野调查

反三，也就够了。当下的问题是，我们的教育体制中，文科理科的界限分得太死，学科间的壁垒太厚。哪怕是学习民族学专业的学生和专家，大多数人的注意力仅关注本学科，对其他学科总是望而生畏，没有胆量去涉猎。但作为民族学家，了解一下生态学、地质学、气象学、农学的一般性知识，这不能说是一个过高的要求。因为我们需要的仅是这些学科的一般性常识就够了。更专门性的知识，可以查工具书，可以去向各学科的专家请教。现在还有互联网，坐在家里面都可以查到，很方便！关键是要我们的同人有这样的思想和念头，敢于去碰自己不熟悉的学科，还要有勇气，敢于找到其间的结合点，那么看似至艰至难的生态问题，都会变得像吃饭、睡觉那样简单。我自己就是这么走过来的，也希望我的学生们继续这样走下去，希望生态民族学可以在中华大地上大放异彩。

本土知识

人类社会进入固定农耕时代，按照考古学和历史学的双向研究，至少已经经历了近三万年的历史进程。如果人类的祖先在固定农耕的进程中，没有创新发明过卓越的本土知识，那么人类肯定不可能按照固定农耕类型文化的核心价值，稳定延续到今天。这将意味着很多具有价值的农耕本土知识，在数百年的工业文明冲击下丢失变性，当然也有卓越的本土知识得以幸存到今天，从而成了文化残留的活标本，能够被生态民族学工作者发现、认识和加以利用。就这一意义上说，卓越的农耕本土知识就在你我的身边，这一说法并不为过，只看你有没有兴趣和意识去加以认识和利用。对这一点我深信不疑。因为我的工作历程几乎是每次田野调查都有所发现，我们的同人也是如此。否则的话，我国和世界各国正在大力推行的重要农业文化遗产立项保护，就找不到保护的对象了。目前登记在册的农业文化遗产，数以万计，直至今天依然是客观的现实。我的如下一些经历，真可以说得上是启动时几乎误以为"踏破铁鞋无觅处"，但真正做起来后，却深感"得来全不费工夫"。

2002年，我带领罗康隆和吕永锋到贵州省黔东南的锦屏县卦治侗族村做田野调查，目标是收集侗族有关人工林的农耕文化资料。下乡之前，我们早就读过了单洪根、王宗勋等人有关侗族人工林业的研究资料，所获得的印象总感到模糊不清，不免误以为，栽树无非就是挖坑、定植树苗就可以了事，以后就让它自己长吧，以至到了田野点住下后，几乎是按照此前做过的工作，到处找碑刻做拓片，抄碑文，再找乡民核实，每天都累得不行，回到村子里只想睡觉。但到了第四天，一位乡民找上门来，问我们："你们想干什么呀？"我只能照实回答，是为了做课题。那位乡民说："你们可不要专听林业局的那些人说话。"我感到很惊讶，不得不追问："何出此言？"那位乡民说："他们要求我们种树的方法，和我们老一辈传下来的方法完全不同。按他们的种法，是种不好杉树的。但我们犟不过他们，我们只能背地里按我们的老方法种。结果呢，我们种的树长得比他们要求种的树还快。但他们报成绩时，把我们种的树也算在他们账上。我们对此无所谓。反正树种好了，是我们砍伐、我们卖。他们又不会来分收益。大家都可以相安无事。"惊喜之余我自然得对他盘根问底，结果整整谈了六个小时，直到深夜三点钟才结束。第二天我把结果转告了罗康隆和吕永锋。罗康隆自幼就有种杉树的实践，他一听完就明白是怎么回事，吕永锋却半信半疑，举棋不定。不过在我的鼓励之下，他们还是把这项工作做到底了。结果不仅让我们感到意外，文章发表后，也引起了一场长时间的争议。但最终的结果还是证明，那位乡民提供的资料确凿无误，可以称得上是卓越的人工林种植知识和技术。18年后，这项农业文化遗产才最终获得国家重要农业文化遗产立项保护。有关整套的技术体系，相关论文已经发表了好几篇，专著也写了好几本，在这里就没有必要一一道来了。如下几个要点，对我来说确实称得上是刻骨铭心的。其一，必须火焚炼山。这一做法，单洪根在他的著作中早就提过，但具体的技术操作，却复杂得一言难尽。我们最后的分析和论证，最终都指向学界同人鲜有提及的要害问题：杉树看来并不是当地的本土树种，而是从中山和高山地区下移引种的物种，即使种活后，染病的概率很高。而实施炼山，乃是防范叶萎病。其二，堆土定植。办法是把地表松土堆成圆丘形的小土堆，将要定植的杉树苗的根系平铺在小丘上舒展整齐，树梢朝向山谷，再扒松土覆盖其根部，然后拍紧压实。我们最终的分析结果，认定这样做有三大功效。一是避免染病，二是确保根系发育中的通透性，三是确保根系能够沿着浅层地表伸展，以杜绝地下水的浸泡。这显然是由于当地的黄壤过于粘重，还有就是当地的地下水位偏高而做出的技术应对。其三，林粮兼作。树苗成活的头三年，必须在林间种植旱地作物，最好是种小米、荞子等相对耐旱的作物。其功用是增加土壤的通透性，同时为杉树苗提供荫蔽。其四，及时间伐修剪。杉树苗容易染病，一旦发现树皮变灰，树梢的叶子内卷，就必须砍掉、淘汰掉，否则这种疾病就会蔓延。这样的操作绝对不能手软。染病一株树，就必须清除一株。不过间伐下来的木材，就只能以小规格木材出卖了。我们的总结，开始时仅聚焦于技术层面，其后才陆续注意到以上各种要点，其实在当地侗族文化中，几乎延伸到文化构成中的多个层面和几乎所有事项，大到思想观念，小到衣食住行。从科学技术到制度建设、语言表达，都直接或间接与上述各要点息息相关，以至完全有理由将这儿的侗族文化，当之无愧地称作"林粮间作文化"。当然这也是时下正在致力于传承和保护的主要内容。

生态民族学致力于解决的难题与其他学科存在着一定的差异。其他学科要解决的难题，通常是在本学科范围内，相对短暂的时间和狭小范围内的直接因果关系。这样的难题，既可以做实验加以验证，也可以通过逻辑分析找到答案。而生态民族学要解决的难题跨越了人类社会和自然生态系统两大范畴，以至简单的实验或逻辑分析，都很难切中要害。为此，生态民族学不得不多听听各族乡民的世代经验积累，并对这样的经验，加以科学性和合理性的分析，进而才能发现乡民的经验精华在哪儿，缺陷在何处。生态民族学要解决的难题，才可望得以水落石出。

我和杨明生交往很深，他原是金沙县的政协委员，他做的绿化得过联合国颁发的地球奖。2004年我带着学生在他家里面住了三个月，资料收集几乎说得上是满载而归。但直到今天最不能忘记的是，关于漆树出苗难的化解办法。此前我们早就查阅过不少林学家的著述，其最终的结论都是认定：用常规的符合林学传统的漆树育苗办法，漆树树籽的发芽率都很不理想，不会超过20%，而且不管怎么改进育苗办法，都很难提高发芽率。但到了杨明生家，日子住久了，大家谈话都没有顾虑，有一次谈到植物和动物时，杨明生就清醒地提及，培育漆树苗不是一件难事。关键的难点在于漆树也是有生命的，它和人一样会保护自己。比如说，它结的种子，表面有一层蜡，自然落地后放几年也不会发芽。但是，如果是被鸟吞到肚子后再随着粪便拉出的种子，当年就可以发芽。后来，有人告诉我，种漆树很好，其他树和漆树混合栽培，就比较少染虫、染病，这是因为漆树的气味会造成过敏，像人一样，其他动物也怕过敏。于是，我们也想培育一些漆树苗，但是，发芽率还是很低。经过考虑，我大起胆子，用开水烫。我把沙子和漆树的种子混合起来，烧开水来烫，然后用棒子搅烫完以后，用棍子搅，沙子和种子摩擦，在热水中就会把那层蜡磨掉，处理完后再播种，发芽率就明显提高了，可达到85%。因为那一层蜡磨掉了，所以种子才能沾水，沾水它才能活。在自然界，为什么有的漆树种子能够顺利出芽，就是鸟把漆树的种子吞到肚子里后，鸟肚子里的消化液把它外面的蜡给消磨掉了，种子发芽也就没有障碍了。后来我们才知道，不少生物学家早就提到了协同进化原理，用这样的理论解读杨明生的创新，实属恰到好处。事实上，在漫长的生物进化旅程中，不同物种之间早就达成了相生相克的关系。既相互依赖，又相互利用，像鸟和漆树之间的关系，只不过是无穷的协同进化关系中的一个小小的例子罢了。林学家说漆树发芽率低，本身并不错，因为他们是通过实验得出的结论。这只能说明在习惯性的实验规范中，没有考虑到协同进化的客观存在而已。而乡民的经验则相反，他们是经过长时间的教训吸取和经验积累而得出的结论。他们的不足在于，没有进入主流话语，他们做好了、做对了，无法说服世人接受他们的经验。这样一来，林学家和乡民其实各有所得，但也各有所失。生态民族学要做的事不是别的，而是在重建人与自然的和谐关系过程中，将两个方面的成就结合起来，发扬光大，要帮他们去弥补不足。在现代科学与本土知识之间，架

2001年10月，杨庭硕（前排拓碑者）在锦屏县卦治菜园村调查拓片

2001年10月，杨庭硕在锦屏县卦治菜园村进行田野调查记录

起一座桥来，这才是生态民族学的使命所在。

上面的两个故事，仅是沧海一粟，不足挂齿，但值得在这样的基础上，举一反三，形成一个潮流。如此，重建人与自然的和谐关系，就可以做得更好了。

生态恢复

生态民族学引导大家去发掘本土知识和技术技能，引导大家去回顾传统，绝非无事找事做，而是要完成一项迫在眉睫的使命，那就是生态恢复。一谈到生态恢复，人们习惯性地认为就是简单的植物种植，但这样的理解并不完整。因为其间隐含着一个哲理问题，需要做深层次的剖析。在生态民族学看来，人与他所处的自然与生态环境，本身就是两个完全不同的范畴，其间并不存在必然的可重合性和可互换性。人类要生存、要发展，就需要获取资源，资源从哪儿来，就得从他所处的自然与生态系统中去获取。这是人类的权利，谁都不能剥夺。但如果生态环境出了问题，生态环境只能按它的规律行事。它下一步会怎么变，由不得人，而是自然规律和生态规律说了算。这将意味着，人类不管怎么样与环境打交道，就终极意义上说，永远不可能由人类任意而为，大自然会报复我们的。报复的形式很简单，就是环境退化、生态灾变。关于这一点，恩格斯在《自然辩证法》中已经说得很清楚了。他的目的就是要警告人们，必须留心大自然的报复。生态民族学在这个问题上，是遵循恩格斯的警告行事，就是要担起责任来，自己做错的事，不管是有意还是无意都要检讨、都要改错。承担这样的责任，人类责无旁贷。总体来说，就是要为生态恢复承担全部责任，而这正是我们利用传统，发掘本土知识和技术、技能的目的之一。说到生态恢复，我们必须首先注意到其间的内容极其复杂，因而生态恢复具体的做法，不能简单等同于植树种草。必须因地制宜地审视，你要恢复的是什么样的生态系统，你要借助的是什么本土生态知识和技术技能。也就是说，你同样得跟民族文化打交道，否则的话，因地制宜、因人而异的古训就会成为一纸空文。怎么样才能因地制宜、因人而异，我和同人在麻山地区的调查，使我受益匪浅，并且我们至今还在致力于借此推动麻山地区的生态恢复。这里仅就喀斯特山区溶蚀湖的存亡为线索，谈谈我个人的感受。

我曾三次较长时间在麻山从事田野调查：第一次是在云南大学读研究生时，第二次是1986年带贵州民族学院的本科生去，第三次是2006年在福特基金会横向资助时。我们现在的很多论文都是以麻山调查所获资料写成的，但其中自觉责任重大的难题是喀斯特溶蚀湖的生态恢复。因而想围绕这个问题多谈几句。

1986年，上海博物馆的研究员陈翁良先生、中南民族学院（今中南民族大学）的吴泽霖先生资助我们，我有幸获得他们两位专家的资助，再加上贵州民族学院配套的一些钱，我们就把一个班的学生带下去做田野调查，这也开创了贵州民族学院本科生的第一次规模性民族调查的先河。

我们分成八组，直接到黔西南布依族苗族自治州、黔南布依族苗族自治州走了六个县。这次调查的结论非常重要，我们有了对整个麻山地区的民族生态历史的过程认知。后来福特基金会资助我们做横向课题的时候，我再次来到了这个地方。对这个地方的生态建设，如喀斯特山区怎么实施生态救治，我们提出了很多看法。有的和自然科学家的理解存在着较大的差异，现在正在论证相应的专利和相应的操作方案，还在搞试验地。

一个重要的发现是，这些地区的苗族生活方式和其他地区苗族有很大的差异。他们种植庄稼的方法，不是像一般人一样，全部把土地犁翻。他们采用的是择点种植，即认准一个植物的立地位置后再下种，而且这样的立地点还要传给子孙、朋友和亲戚。每年不管种什么作物，都得在这个点下种。我们也注意到，他们喜欢种很多藤蔓类植物。这些都是我们调查中，最终认定最具价值的本土知识和技术，对喀斯特山区的石漠化治理具有十分有效的作用。如果不仿效他们的做法，即使花再多的钱，请再多的专家都不免要走弯路。

望谟、罗甸、紫云、惠水这四个县边缘地带的山区总称为麻山。清朝初期，雍正致力开辟苗疆，麻山就是开辟对象之一。当年雍正皇帝派来的钦差大臣和当地苗族首领庄严盟誓的马头山，至今还一望便知。但这儿原有的高原溶蚀湖消失了，变成了乱石成堆的不毛之地。原来开辟苗疆后，清政府就意识到一个问题，当时的苗族基本不用钱，集市活动都是以物易物，但大清王朝明确规定要以"地丁银"规制交税，交白银也行，交铜钱也可以。在这样的情况下，麻山苗族当然交不了税。于是雍正皇帝就下令要他们引种棉花和麻。种出棉花和麻，通过官商贩运到内地供制布匹和麻袋之用。这样一来，发达地区有了生产原料，国家在麻山有了地丁银税收，麻山乡民也有钱可以买到内地货物了，岂不一举三得了。从历史的眼光看，这当然是一项"德政"。但其后的演化却不尽如人意。种棉花彻底失败了，这是因为贵州的阴雨天太多，特别是在深秋时节，会遭逢连天的连绵细雨。棉桃不会绽开，不能吐穗，会自然霉烂。因而，麻山地区至今在种棉花，依然得不偿失。但引种麻却出人意料地取得了重大的成功，以至近三百年来，这儿成为中国知名的原麻产区之一。直到新中国成立，贵州省农科院还专门建了一个麻类作物研究所，基地就设在今天的独山县。当时的紫云、望谟这一片归独山管，还没有建黔西南布依族苗族自治州和黔南布依族苗族自治州。我们卖给苏联的农产品，就等这个地方的麻制成麻袋运到苏联去，所以周总理两次下令表彰麻山苗族乡民。

当地种麻产量很大，但是派生的生态问题也很严重。因为在种麻的时候，喀斯特山区地表土很少而且不连片，土层稍微深厚、相对平坦的地段，只有一处，那就是此前的溶蚀湖湖底。人们想到，只要在溶蚀湖底部找到地漏斗的位置，人力戳通后，高原溶蚀湖就会消失，露出来的土地自然成了最理想的麻园。但始料不及的是，人工戳通一两个溶蚀湖，似乎没有什么负面影响，但是植麻的面积一经扩大，那就不可收拾了。查阅典籍和当地的地名后，人们才注意到，在当年的麻山地区，早年曾经拥有过数百个七大八小的溶蚀湖。它们都是当地苗族狩猎采集、汲取饮用水的聚宝盆，但后来这些聚宝盆全不在了。自此以后，当地的苗族不得不去过极端缺水的生产和生活，直到今天还无法从根本上解决问题。这样的生态恢复自然成了从事生态民族学研究者的心病。

有人主张，现在有的是钢材水泥，用这些材料把地漏斗堵起来即可。而其间的困难在于，麻山的溶蚀湖底部，本身就是土夹石的复合存在。所谓地漏斗，并不像想象的那样只有一个两个，而几乎是千疮百孔的存在。找到地漏斗本身就很难，找到后形状不规则，现代基建使不上劲。更麻烦的还在于，这样的地段土石结构本身就不稳定，随着溶蚀作用的不断发育，地层事实上连年都在下移。地层一旦下移，动用以上的工程办法，哪怕填补得再牢

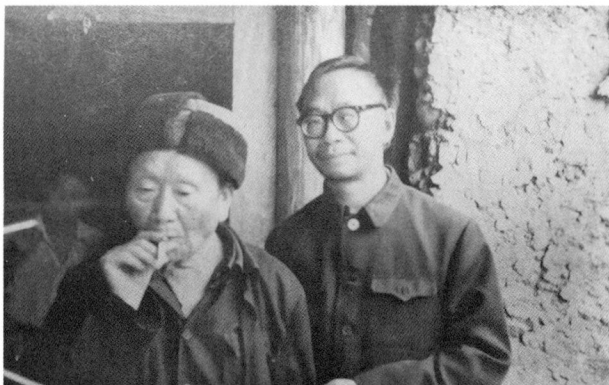

1994年，杨庭硕（右）在望谟县大观乡访谈合影

靠，随着地层下降都会撕裂，形成新的地漏斗和岩隙，因此这样的努力也会打水漂。还有人建议，这样的土地资源既然暂时难以利用，干吗不暂时搁置一下，把当地的乡民迁走不就了事了吗？等到以后有了好机会再来修复，似乎也不伤大雅。话虽有理，但作为社会既成事实，要放弃这样的土地资源，需要付出的代价很大，还会留下一些不良的社会负效应。这样的问题，同样是生态民族学研究不容许退而求其次的做法。因为这样的溶蚀湖消失，不仅是麻山受害，它还会累及江河下游。因而既然要搞生态民族学研究，那就得迎难而上，得在当地各民族的文化传统和本土知识积累和技术中找出路。将这儿的湿地生态系统进行恢复，在当下就要纳入议事日程，否则的话，生态文明建设在这样的地带就会落空。恢复以后，它的淡水养殖和水量的储集都有利可图，还能减轻下游的洪峰压力，这是很有用的。在古代，像这样的溶蚀湖数以千计，每一个山洼底下都有。所以，大家讲的种玉米造成的喀斯特石漠化灾变问题，那是对坡面而言。对溶蚀湖而言，是种麻导致的。辩证地来看，在一个好的政策面前，它取得了好的成效，但是也埋下了负效应。这个负效应还需要今天的生态建设来给它补救，因而也需要生态民族学对此做出贡献。

需要注意的是，这些地区的发展，不能简单地去叫他们勤快点，多种树，多种草。种不活就没有意义，对不对？我们希望处理好这些生态问题，我们的生态民族学者，去到农村给他们讲课时，就专门要讲类似的问题。当然也要结合其他问题来看，因为我们的生态民族学"要把地球装在肚子里"，那我们要解决的生态问题就不仅仅是贵州的。中国的荒漠草原问题怎么处理，青藏高原的生态问题怎么处理，这些都在我们的工作范围内。其中有趣的实践也很多。很多争吵不休的问题，我们一去，就给他们讲清楚了，大家就满意了。

麻山还在种麻。虽然种得不多了，但还在种。未来还要大种，但是不能用挖穿溶蚀湖的办法去种，得另辟蹊径，得想办法把消失的溶蚀湖恢复起来。

生态民族学没有别的本事，但关注各民族的文化传统，关注各民族的本土知识和技术，却十分在行。只要把这个长处发挥好，溶蚀湖的生态恢复完全可以做好。上面我们提过他们种任何东西都要找特定的地点种。有关这一点，当地苗族乡民其实很自豪。他们敢于夸口说："外面能够种的东西，我们这儿你别看它乱石成堆，但我们偏有办法把它种活。只要地点对了，种活不成问题，问题倒在于我们无法规模连片种植。甚至那些需要潮湿环境的植物，只要把它种在洼地的边缘，特别是地下伏流缝隙，尽管开始长得不茂盛，但肯定死不了。而且，几年后它们也会长得很茂盛，还能做到小有收益。特别是那些带有地上和地下藤蔓的作物，它自己会长大，不投劳，收益还可以逐年增大。"这段话，虽然很朴素，但给我的启示却很大，后来查了很多资料，最终还是想通了。那就是地下的溶洞和岩穴，虽然会漏水，但它同时也会积水。不过不是积液态水，而是积气态水。这一点研究喀斯特的地质学家，早就做过测量。那就是在地下溶洞中，相对湿度几乎恒定在百分之百。粗看起来，好像没有用处，但它却有助于破解乡民所说这段话的科学原理，找到其合理性。

原来越是湿生植物，它就越需要水。它的根系会自然地向有水的地方延伸，而且还会长大、长粗、长长。不管是什么样的空洞和岩穴，在这样的过程中都会被植物的根给堵上。要知道它们的根系是可以吸收气态水的。这样的生物生长过程，一经积累后，最终都可以把哪怕最小的缝隙堵起来，溶蚀湖也就自然随之而恢复了。事实证明，在人类没有干预之前，之所以会形成溶蚀湖，靠的就是这种植物的本能去达成的。乡民的认识，不过是把这样的过程内化为自己的经验罢了，那么把这样内化的经验移位到溶蚀湖的生态恢复中去，不就可以如愿以偿了吗？

具体的做法很简单，那就是将具有地下茎的植物或者耐水淹的植物，移植到峰丛洼地的山麓交界处，用营养繁殖的办法去加以种植。开始时，肯定长不茂盛，但它不会死，因为它们的地下根可以从溶洞中的气态水中获取水分。多年积累后，随着对地表水截流的扩大，他们就可以形成湿地生态群落。一旦大气降水与下泄其间的比例出现反差，能够下泄的水量小于大气降水后，溶蚀湖就可以慢慢恢复了。因为在第一次种植后，不需要持续投工投劳，就可以坐收其成，所以从经济上看，这样去恢复溶蚀湖是很合算的。最紧迫的需要是，要借助政策的力量实现思想统一。一旦恢复工程启动，任何人都不能动那些按计划种植的湿生作物。而且在此之后，即使地表还会下沉，也不要紧，因为这些植物的根是活的，生长速度较快，出现新沉降的速度很慢，这样的植物还可以将新出现的缝隙及时堵上，因而几乎可以称得上是一劳永逸。

这不仅是我们的想法，也是和相关专家进行了多次交流得出的结果。乡民们也认为这个办法好。最令我们宽慰的是，这样的想法、做法和大家达成共识，确实是前进了一大步，可以称得上是曙光在前头了。就这个意义上说，我们去发掘本土知识和技术只是起步，目标之一就是要解决现实的生态恢复难题。我们更希望这个例子能够成为方法论的起点。这是因为，在今天亟待生态恢复的对象，不仅到处都有，而且种类繁多。但只要贯彻这样的方法论，我们肯定可以找到切实可行的生态恢复对策。生态民族学也就有了存在的价值了。

从民族学的视角看，国家权力的出现，本身就是民族文化演化中派生的事情。有关这一点恩格斯的《家庭、私有制和国家的起源》说得很好。既然如此，不仅今天要搞生态恢复，国家和行政权力要扮演关键的角色，对生态的维护甚至生态灾变的酿成，国家和行政权力同样脱不开关系。这将意味着，国家和行政权力具有很强的支配和执行能力，能够动员强大的社会合力，做大事，当然也包括解决生态问题这样的社会系统工程在其中。但其中有一点先得讲清楚，那就是掌握国家行政权力的人或者是一个集体，如果对生态问题的认识不够，甚至是出现了错误，那么后果肯定是不堪设想的。反过来，如果认识得很清楚，那么再难的生态恢复都可以做好。因此在实施有关生态的系统性工程时，关键是要认识清楚到底是什么样的生态问题。这就需要科学研究做支撑了，得广泛征求各方专家的意见，还得慎之又慎。这是因为即使做好了这些知识和技术上的准备，鉴于生态系统的极端复杂性，肯定还会碰到当时的科学研究尚无法认识清楚的难题在其中，不管是制定规划还是付诸实践，都不免会碰到一些始料未及的事项。这就需要做出必要的调整了，甚至得改正此前的错误才行。在这样的情况下，如果不留有适当的余地和调整的空间，那肯定是一种莽撞的做法。有关部门只要注意到这一点，我们就可以完全放心地齐心协力做到底。

我之所以这样说，绝不是凭空的想当然，而是有历史教训做依据才悟出的道理。中国的大运河是一项世界级文化遗产，也是一项国家主持下取得辉煌成就的生态系统工程。这是因为开通运河后，几乎是打乱了我国东部平原地区的原有自然地貌和生态构成特点。将五大条东西向的河流，用一条人工开凿的南北向河流把它们串起来。五条天然河流的水都可以流到运河中去。运河中的水，也可以流到每一条天然河流中去；各条河流的生物，也可以通过运河游到不同的河流中去。说它仅是一项水利工程，显然是没有包括进它的全部内涵，生态的改变就明显没有包括在其中。

值得注意的是，北宋统一全国后重修了运河，在其后的一百多年间，运河一直畅通无阻，利国利民，运河沿岸的经济发展使这些地方很快就成了全国的经济中心。始料未及的事情是到了北宋末年，运河的河底被明显抬高，无论国家如何组织强大的人力物力去疏通维修，但还是达不到预期，更严重的是到了宋金之交，黄河恰好在与运河的交接处大决口，原先运河的两岸成了一片沼泽。黄河水直接窜入淮河，这就是水利史专家所称的"夺淮入海"。在其后的六七百年间，原先富饶的淮河两岸，反而成了连年闹饥荒的灾变带。其间的生态教训非止一端，但最大的教训正在于，这样去修筑的运河，得靠各条天然河流给它补水，这就得等待天然河流涨水，好在中国的雨季原则上每年都是从南向北推进，各条天然河流就可以靠发洪水时依次给运河补水了。这样的设计看上去无懈可击，但事实上，任何河流发洪水，水中的含沙量必然会很高，解决了补水问题，却会在无意中将水中所含的泥沙沉淀到淮河底部再流不到海中去了。日积月累之后，运河也就成了悬河，北宋末年屡治不愈，问题就在这儿。而更可怕的还在后面，运河两岸的土地海拔变得比黄河和运河还要低，黄河一旦决口那就再也无可救药了。黄河改道的同时，造成的经济和人员损失至今还无法做出可靠的统计。从某种意义上讲，宋朝的改朝换代，运河环境的灾变肯定是不可忽视的重要原因之一。

　　在中国的历史上，北宋时的黄河改道仅是其中之一，其他的改道至少还有六七次。就这个意义上说，要实施大规模的生态工程，不慎之又慎，能够确保平安无事吗？其间的道理很简单，人类社会和生态系统本身就是两个不同的范畴，决定两者运行的信息系统各不相同。双方不能沟通和兼容，国家权力能够动用的只有人和靠文化集合起来的社会合力，但管不了沙管不了水，也管不了生生灭灭的各种生物。自然无机物的运行，生态系统的运行，人类很难做到全知尽晓，但国家要运转，要治理好社会，又不能等认识清楚了、彻底了，才实施生态工程建设。因而不仅是历史上，就是到了今天要实施生态系统工程，就本质而论，我们都只能摸着石头过河。出现意外总是在所难免的，知错就改才是和生态打交道的不二法门。能够吸取类似的教训，对于我们今天实施的生态工程，不管是生态恢复、生态维护还是生态重建，都大有好处。

　　除了国家和行政部门外，我们每一个人还需要清醒地意识到，生态建设人人有责。国家实施生态工程，每个人都得积极参与，责无旁贷。但这还不够，这是因为人类对生态系统的认识，直到今天还不可能做到全知全能。以至很多日常生产生活中的鸡毛蒜皮的小事，在生态民族学看来，却无一例外，都与生态安全和生态维护存在千丝万缕的直接或间接联系。举例说，你每天吃什么作主粮看上去再正常不过了，也显得微不足道，但你要知道，如果全国人民仅仅消费一种主粮，那就不是一个简单的事情。因为中国虽然地域辽阔，但最适合种植任何一种粮食作物的耕地肯定是有限的。比如说大米，我国最适合种植水稻的浅水湿地生态系统，无论怎么算，怎么人为建构，都绝对不会达到 5% 的比例。其结果就会表现为，用 5% 的土地去养活十几亿中国人。这完全可以在无意中造成主粮供给方面的难以平衡。如果把水稻的种植推广到不适合水稻种植的地域和生态系统中去，那么不管你怎么维护生态，最终都会酿成生态灾变。反过来，如果全国人民能够自觉做到主粮结构的多样化，那么中国境内的生态压力就会得到大大的缓解。粗略地查阅一下，清代留下来的我国各地方志、物产志和贡赋志，我们不难发现登记在册可以作为主粮的作物，竟然将近一百种。如果把这些作物在今天都开发出来、用起来，那么很多当年面临的生态难题和生态灾变，都可以得到大幅度化解。总之，别看食物事小，但只要国家政策加以倡导，人人都配合国家的施政，很多生态建设和生态维护，其实可以在吃饭的问题上得到极大缓解，简直可以称得上是以逸待劳的生态建设方案。

中国地大物博，要推动主粮作物的多样化，自然优势极为明显。但是做起来还有众多的难题需要克服，储藏问题、收购问题、运输问题、分配问题，都得考虑进去。今天我国的粮食安全储备，依然还只能集中在大米、小麦、玉米、大豆等几种极少数物种上。有幸的是，近年来，我国粮食部门提出了推动马铃薯主粮化的决策，这当然是大好事了。但远远不够，如果我国能够解决主粮作物构成达到 50 种到 80 种，或者更多，时下面临的很多生态问题，都可以化解于未然。现在做起来的难度还很大，需要一步一步地做，更需要人人都能配合国家的政策，个人都做出自己的贡献，尽可能多样化的消费主粮。那么在吃饭这件小问题上，也就是在为国家做贡献了，为生态文明建设尽了力。

2008年7月，杨庭硕执行福特基金项目，在内蒙古乌审召考察沙地植物

利用与维护

利用与维护是辩证统一的两个方面，没有利用就不需要去维护了，维护好了反过来就是为了能够实现可持续利用。正是需要利用才会有人去认知、去推广、去发明，利用才能够不断地升级换代。维护也是如此，只有在利用的过程当中出现了偏差，人们才会意识到需要维护，在维护的过程中，不断地求知，不断地改良，不断地升级换代，维护也才能够走得越来越好。就这一意义上说，利用与维护谁也离不开谁，停止利用等待生态系统自然恢复，不仅行不通也达不到维护的目的，人肯定不能饿着肚子等生态环境自然恢复。反过来即使生态系统自然恢复了，但恢复的结果是纯自然的生态系统，并不是适合人类利用需要的生态系统，恢复了又有什么用？要知道在人类没有来到这个星球之前，生态系统已经延续了50亿年的漫长岁月。其间，虽然也遭逢过各式各样的自然灾变，但是生态系统最终都可以自然恢复。不过它恢复的是纯自然的生态系统，而不是人类可以规模性利用的生态系统，它适合于养活千千万万的生物物种，但不利于人类规模性地利用人类最适合利用的物种。举例说，水稻是我们最常见的粮食作物之一，但需要注意这是经过人工驯化后的水稻，而不是纯自然状况下的野生稻。在人类来到地球之前，

野生稻早就存在，并能够形成七大八小的群落。但遗憾得很，野生稻在最适合生长的环境下，通常都是靠营养繁殖，很少结种子，结的种子又少又小，根本不好吃，更麻烦的是，它是与其他湿生植物混合长在一起，它要和共生的其他植物展开你死我活的种间竞争，才能求得它的物种生存和繁衍。但这就麻烦了。你到哪儿去割水稻？找到的也是东一株、西一株，混在其他的杂草丛中。就算你去找了一整天，收到的水稻种子肯定还不够你吃一餐。这样去利用，是养不活人的。远古时代的人类，之所以要靠狩猎采集过日子，不能靠水稻过日子，原因正在于此。那是因为，考古学上有专家就明确提出了"最佳觅食模式"这一概念。远古的人类，就得找那些以植物为食的动物，为人类积累营养。人靠文化凝聚起来的合力，猎获一只羊，就可以让几个人吃一天了。就这个意义上看，所谓"最佳觅食模式"，其实也是人类的一项发明和创造。它借助了生态运行的一般性规律，将生物能和生命物质积淀度最高的生物物种，作为狩猎的对象或者采集的对象，这才解决了人类自身的生存和文化的延续两大行动目标。达到了这个目标，人类社会才得以建构起来，文化的发展进化也才有了起点。但回到问题的原点上，远古人类早就开始了利用。与此同时，远古人类还得积累有关利用对象的知识，发明相关的工具和技术，找到值得狩猎的动物和采集的植物，使之为人类所利用。在利用的同时，远古人类还得优化狩猎和采集对象的环境。也就是说，他们很自然地也开始了维护。比如，选中了采集的对象后，他们会很自然地把与之伴生的其他植物靠文化凝聚的社会合力，让它们长不好，只是让采集的植物长得好，只是让狩猎的对象长得好、容易猎获，让其他的动物长不好。这样一来，利用就有把握了，就省力了，人的生活就好过了。利用和维护分得开家吗？如果远古人类只知利用，不理会维护，那么最先被淘汰的不是普通的植物和动物物种，反倒是人类自己。

到了距今两万年前，人类社会取得了飞速的进步，着手建立起了固定农耕类型文化，于是私有制、国家都随之而产生。人和自然生态系统的关系，也随之翻开了新的一页。人类利用自然、加工自然、改造自然的能力得到了飞速提高。人们的生活也随之一变，过上了高度定居的聚落社会生活。始料不及的是，人与生态的关系也随之发生了不可逆的巨变，人们不再仰仗纯自然状况的资源获取，而是在主要由自己建构起来的次生生态系统中去获取资源。于是生活变得很安定，生产生活的节律也随之稳定下来。人们对未来的预期也可以做出清晰的预测了，一切都变得非常美好。美中不足的是，这样的文化改变，却在无意中打乱了自然状况下的生态运行规律。诚如上面已经讲过，随着人类取食物种变得越来越简单化，埋下的生态隐患也会变得越来越多。人类需要付出的生态维护代价，也会越来越大。要知道一种主粮作物，一旦规模性地连片种植后，自然规律还会起作用。虫子、病菌会和我们争粮食，我们辛辛苦苦种下的粮食，总会要遭虫，要染病，我们就得做植物保护工作。兽类、鸟儿甚至爬行动物和水产都会来跟我们争粮食。防兽害、防鸟害就得提到议事日程。更麻烦的还在于，大自然的运行，我们左右不了，水灾旱灾总会来光顾我们的农田，修水利又得提到议事日程。几乎是没完没了，没有穷尽。今天的人们总不免要发问，既然症结都出在人类的食用主粮太单一，那干吗还偏要走这条路呢？这也很简单，那就是国家权力机构需要节约管理成本，种的作物越单一，管理的成本就越低，而这是一个死结。人类建构的各种文化，在此前都解不开这个死结。历史上人类可以消费的植物和动物物种多得不胜枚举，但在国家权力操控下，物种开始变少，对国家管理而言，好处多得很，但在无意中，留下了挥之不去的生态灾变魔咒。从事生态维护和生态恢复，是历史上从未有过的新内容，无一不在等待着人们去认识、去了解、去寻找对策，而这正是当代生态维护越来越难做的根源所在。只要出现了疏忽，可持续发展就会成为泡影。这场考验至今还摆在我们面前，等待着我们去做出正确的应对。要实现可持续发展，其实并不轻松，根本无法一劳永逸，依然还得摸着石头过河，要不断探索、不断创新才行。这就是我们今天面临的现实。

在这个问题上，有两个基本概念需要澄清：我们维护生态的对象，是纯自然的生态系统，还是人类凭借文化建构起来的次生生态系统？此前不少学者，常常误以为我们是和纯粹的自然生态系统打交道，但事实却不是这样。我们是在和人类自己建构的次生生态系统打交道。为了避免由此而引发的误判，我们有理由提出一个新的术语，那就是"民族生境"。举例说，南方的汉族居民是以稻米为主粮，于是围绕稻米种植，凭借特定文化建构起来的稻田、森林、草地，供水工程、道路工程，住房，村落，这一切显然不是自然生态系统中古已有之的东西，而是中华文化节制下整合起，每一个个体的人靠世代积累，始终如一地坚持下去，才得以建立起来的次生生态系统。它们是生境，不是纯自然的生态系统。我们的生态维护，其实是维护这样的生境，而不是去维护纯自然的生态系统。明白了这一点，非常重要。因为只有这样去维护，才符合中华民族的需要，才利于我们利用，也才有可能维护得好，维护得到位。与此同时，我们还需要意识到，停止利用，让生态系统自然恢复，那么恢复起来的肯定不是生境，因为这里面恢复不起水泥工程来。如果把这一点搞错了，无论你怎么停止利用，其实是达不到维护目标的。这是因为，你从一开始就忘记了，利用与维护始终是处在辩证统一关系之下，谁也离不开谁，撇开了利用，事实是撇开文化去谈维护，撇开了维护的对象——生境，误以为是维护纯自然的生态系统，结果就维护得文不对题了。

明白了以上情况后，有利的一面也就明白了。既然作物单一化是总根源，那么我们维护生态的决策，干吗不来一个大转弯？先激励物种资源利用的多样化和多元化，那么派生的生态问题就可以一并解决，接下去就看我们能不能做到这一步了。答案很清楚，肯定可以做到。理由在于作物走向单一化，是出于行政管理的成本节约，在当时的技术条件下，但凡不能稳定储存的粮食作物就得淘汰，管你是芋头还是红薯抑或是瓜果，都一概不得作为主粮去用。因为它们都不耐储存。再有，不容易分享、不容易计量的粮食作物也得淘汰。桄榔木的树芯富含淀粉，单位面积的产量比水稻、小麦单位面积产量都还要高，而且不需要动用高科技也可以丰产，它还不怕病害和虫害的攻击；但是在历史上它就是因为不好分享，作为财富积累办不到，再加上它产出的粮食含水量高，运输起来不划算，当然得把它淘汰掉。诸如此类的问题不一而足。但就在一百年前，贵州境内的各少数民族，还同时消费着几十种不同的作物，产量不一定低，营养不一定低，也不一定不好吃，就是因为不便储存、不便分享、不耐运输，就得把它们淘汰掉。当然贵州各民族也有他们的对策，他们交税时也可以遵从国家的法律，要交多少税，就种多少大米和小麦。至于自己的生活需要，则不妨花样翻新。薏仁米可以，山药也不错，桄榔木在个别民族中，天天吃也无所谓，于是在清代的《黔苗竹枝词》中，留下了"年年饱吃桄榔饭，不信人间有稻粱"的名句。可是到了今天，原先吃桄榔饭过日子的布依族地区，北盘江下游地区，今天连桄榔木的影子也找不

2014年，杨庭硕考察怀化通道阳烂村（今岭南村）

2017年，杨庭硕在保靖进行黄金茶申遗考察

到了。不过这不要紧，利用现在的科技手段加以引种就可以一了百了。麻山地区的苗族，原来曾经靠种芋头过日子，现在却靠种玉米过日子，不过芋头还在种，只是拿来当菜吃罢了。这也不要紧，恢复大面积种植，只要有政策支持，有各民族的认可，大规模种植芋头，不仅可以盈利，对当地的生态恢复也有好处。这是因为芋头不怕阴，在次生林、灌丛草地都可以种，而且不需要翻土，在岩缝中也种得活。晴隆县内的苗族，至今还在大量种植薏仁米，其效用也和芋头相似，可以在森林的边缘大规模种植。对退耕还林政策的落实完全无碍，如此等等多得不胜枚举。只要我们的思路一变，不仅人们对食物多样化的愿望得以满足，扶贫成效也可以巩固，生态恢复和生态建设也可以做到事半功倍。

更不要忘记的是，现代的交通条件、农产品运输的交通手段、信息服务能力等都发生了天翻地覆的变化，历史上交通有困难、储存有困难、加工有困难、分享有困难，事实上已经成为历史。如果生态恢复的决策稍稍转一个弯，鼓励多样化的主粮作物物种种植，再赋予现代化的科学技术手段，那么生态维护、生态恢复，完全可以做到从根本上加以化解。其他的各种社会问题，也可以一并得到满足，一举多得，岂不是美事一桩了吗？

贵州自信

生态民族学不仅在重建人与自然和谐关系中可做出贡献，在推动各民族和谐共荣过程中，也可以发挥作用。其中的道理很简单，各民族间的文化，尽管可以出现各不相同的特点，但有一点是全人类共有的，那就是人必须和生态系统、自然环境打交道。既要利用资源，也得维护环境，还得搞生态恢复。由此看来，各民族文化的共有公约数，或者说人类的共有纽带，都必然要表现为人与环境的关系。从这样的公约数出发，要找到不同民族间的共性，就只有人与环境的关系了。因此从这样的关系出发，去建构各民族和谐共荣的关系，就有了基础和靠山。贵州各民族就是如此。

贵州自从建省以来，长期财政不能自给，对全国的影响力也排不到前面，所以被发达地区的人们看轻，也是一件十分自然的事情。作为贵州人感到自信心不足，也就由来已久了。即使是历史上，贵州培养出来的名人，往往不敢称自己为贵州人，总是千方百计地在发达地区寻找一个攀龙附凤的对象，去认同宗，这样的事情史不绝书。但从生态民族学的学理逻辑看，这样做完全没有必要，因为贵州人在盘活这片热土的历史过程中，早就做出过其他任何人都不可替代的贡献。贵州人完全可以毫不迟疑地声称，贵州产出的生态产品，曾经影响过全国，炫富于世界。不信，可以查一查今天已经成为记忆的历史。

刚才提到过贵州各民族种麻取得了成功。不过麻并不是中国的本土物种，而是从外国传来的，但引进到贵州后，贵州各民族将它驯化，使形成的产品能够得到其他民族的接纳和好评，这也是一个做出了贡献的表现。这是因为任何植物都和人一样，也会水土不服，因而换地方种植都得将它重新驯化一次。不过即使驯化取得了成功，规模性种植后，又必然要派生出始料不及的负效应来。前面讲到的湿地生态系统退变问题，就得靠这一代贵州人承担恢复生态的责任。只要做好了，贵州人同样可以求得更大的自尊自信。中国的每一个民族都能这样想、这样做，那么在中华民族建立当代意义上的人类命运共同体，不就有盼头了吗？

种麻如此，养蚕缫丝也不例外。贵州的柞蚕饲养和加工利用，是清代才引进的。但在其后，贵州却成了清代后期优质柞蚕丝的生产基地之一。能够做到这一步，贵州各民族也做出了值得称道的贡献。贵州各民族是将此前已有的薪炭林改造成了柞蚕饲养林，而其他地区的柞蚕生产基地并不需要做这样的事，但在贵州非做不可。因为在贵州饲养柞蚕必须克服多雨、多病、多天敌，春季气温低、波动幅度大这一系列的环境问题，才能够顺利地产出。不过这样产出的柞蚕丝反而很优良，强度大，耐腐蚀，又不容易变形。19世纪到20世纪之交，世界各国的军用产品都要仰仗柞蚕丝，从而使得这样的生态产品在当时的国际市场一直是卖方市场。这可以从清代后期的税收中得到明证。当时卖往国外的柞蚕丝，清廷收到的财政税收总额总计达八百万两白银，折算成今天的人民币，就是好多个亿了，在清代这是赚了大钱的生意啊！不过当时的税收是流通税，产品产自贵州，但税收的地点相当一部分是落到了四川、湖南、湖北等省的码头和对外的海关。前面提到，建省以来，贵州财政很难自给，但这不是贵州真的穷，而是刚才提到的税收征收的制度性安排所造成的假象。弄清了此中的关系后，局外人谁再说贵州穷，贵州人完全可以理直气壮地说："这是制度安排上的假象。"贵州人在柞蚕外销这件事情上所做的贡献，比周边各省要大得多。在此仅就一件历史积案，就可以让这样的假象不再干扰贵州人的自信：第二次鸦片战争的赔款中，有1/5的赔款就是柞蚕丝的这笔税收去偿还的。贵州各民族对国家的贡献，由此可见一斑。但这还不够，我们还得追问，柞蚕丝为何会如此重要。原来，在20世纪30年代以前，现代意义上的化学工业还没有问世。化学纤维还没有发明，柞蚕丝的特有属性是其他纤维都无法替代的。以至当时世界各国都把从中国收购到的柞蚕丝作为军用特殊物品去加以掌控。但凡军用物资，从军装到帐篷，乃至军用的包装用材，都优先选用柞蚕丝为原料。甚至美国原来的飞机制造都要用柞蚕丝。在木架子上把柞蚕布蒙上以后，再涂上中国产的桐油和生漆，二战前期的飞机就是这样造的。这种情况在第一次世界大战期间走向了鼎盛。直到二战末化学纤维发明后，高纯度的铝材冶炼成功后，柞蚕的军用价值才开始跌落。不过这也是一个暂时现象，到了今天，出于生态维护的需要，贵州的柞蚕业还可以东山再起，还可以为生态维护和经济发展做出新贡献。贵州人应该有这样的一份自信。

除了柞蚕丝外，贵州的猪鬃和桐油也是世界性的名产。抗战期间，美国援华的军用物资还款中的相当部分，就是靠贵州产出的猪鬃去抵债。在抗战期间，贵州产出的猪鬃被列为国防专卖物资，要当时的财政部长孔祥熙签字才能够公开交易。盗卖、非法交易贵州产出的猪鬃，当时是要以叛国罪判刑的。谁说贵州各民族对抗战的贡献不大？这也是实例之一。所谓猪鬃，是猪头和背脊上长出的硬毛，这样的硬毛顶端还可以分叉，弹性极佳，极耐腐蚀。

当时西方发达国家的基础化学工业的过滤材料都得靠猪鬃，甚至造原子弹的铀235提纯都得靠猪鬃作防腐材料。猪鬃会成为卖遍全球的名特优产品，原因正在于此。外国也喂猪，但是猪的饲养种和饲养的环境与贵州不同。即便产出了猪鬃，也达不到军用的标准。贵州确实例外。贵州猪鬃的主产地，在黔西北的彝族和苗族地区，这一地区海拔高，晴天多，紫外线强，其他猪种在室外活动很难健康成长。但贵州彝族和苗族驯化的可乐猪，却能够抵御强烈的紫外线照射，又能够忍耐气温的剧烈波动，在连天的阴雨环境下也不会染病。只要啃食野草、野果就可以长大。因而产出的猪鬃质地非常好。直到今天可乐猪还是国家有关部门大力保护的特色猪种。但其间隐含的文化生态问题，至今还没有得到系统完整的探讨。生态民族学在这一领域内可以做出的贡献还大得很。尽管如此，单这一项生态产品能够走向世界，就足以让贵州人信心大增了。

桐油也是如此。桐油曾经是引导世界的主要产品。在阿姆斯特丹、海牙等地区，到处都有桐油博物馆。利物浦港口都有中国的桐油博物馆。桐油这种植物只有在中国种，才能确保其品质优良。美国试种过，在日本的推动下，

2016年11月，杨庭硕参加怀化洪江桐油文化研讨会做主旨发言

阿根廷也规模性地种植过。美国的引种效果不理想，美国人放弃了。阿根廷人种植规模一度很大，但桐油质量达不到最高标准，做高精细的电子绝缘材料时，都得经过多次加工才行。但产自贵州的桐油，却可以直接使用，质量的优越性不可取代。经过系统的生态民族学研究后，最终认定，贵州的自然和生态环境具有一系列的独特性，足以确保桐油中的桐油酸含量达到最高值。这是贵州各民族在栽培加工储运等各个方面做出的独特贡献，可以确保加工后的桐油经得起长途运输而不变质，能够达到现代化军用的要求。欧美的很多发达国家，至今还保留有桐油博物馆，但在中国反而没有，这是一件怪事。单凭这一点，贵州省同样可以引以为荣。贵州质量最好的桐油出产自北盘江两岸，其次是镇安。贵州在历史上对国家的贡献并不小。

茶叶、油茶、白蜡走向世界，贵州各民族也做出了不可替代的贡献。在此，也就不再多说了，大家去查一查历史文献和生态民族学的著作就一目了然了。

贵州是喀斯特山区，地表的异质性很大，各种各样的地质结构都有，所以各种优质的农作物都能够找到落脚生根的地方。贵州木棉多，罗甸、望谟的干热河谷地带都是木棉主产区。收集木棉要在空中吊网，风一吹，木棉的花絮就挂在上面，然后把它慢慢取下，再捻成纱，就可以织布。木棉布很轻，用它做的衣服只有普通衣服的1/5重，木棉可用来做很薄的衣服。木棉是空心的，不像棉花是实心的。全世界最大的木棉生产地是委内瑞拉。但贵州和云南很多少数民族都种植和使用过木棉。困难时期，贵阳的汉族居民拿粮票去给布依族、傣族、壮族换布票，因为这些少数民族有木棉可以织布，就不要布票，他们可以把布票换给汉族居民。

总之，贵州的自然地理特点注定了贵州的生态系统类型复杂多样，生物物种的多样性水平极高，气候环境和水温环境的差异性同样很大，这确实给贵州的生态文明建设提出了不小的挑战，但一旦做好了，推广到全国的潜力就会很大。习主席要贵州守好发展和生态两条底线，也是跟贵州这样的结构有关联。贵州的水文结构很特别，虽然绝大部分河流都发源于贵州，但下游都流出了贵州。前面讲过贵州的很多产品，出产在贵州，商品流通税要轮到外省去收，就是由于这样的水上交通关系造成的。说贵州人穷，并不准确，历史上贵州是财政穷，人不一定穷。查一查《百苗图》那样的著作，很多条目都明确提及"其寨多富"。说贵州"天无三日晴"，换一个角度看并没有给贵州扫脸，因为贵州多雨，江河下游才有丰富的水资源利用啊。乌江的年总水量占到了长江总水量的1/8，这难道不是贵州做出的贡献？说贵州"地无三尺平"，不管他是不是有夸张的成分，但地表不平是事实，而这样的事实也不是坏事，只有这样才能够支撑生物多样性的和谐并存、物产的多样并存、资源的多样并存，人征服自然、改造自然的知识储备就得更加丰富多样。技术装备、技能也得多样并存。这样一来，贵州各民族的本土知识、本土技术技能，储备量、拥有量肯定只会多，不会少。

2004年，我到甘肃的临夏回族自治州做田野调查，向导告诉我："公路沿线的人行道，种的都是白杨，可是天牛作怪，所有的人行道树无一幸免，

口述史采集小组采访杨庭硕先生后的合影

无论怎么洒农药都没有办法。"我打趣地回答："这有何难？我们贵州的苗族群众能耐大，只要天牛蛀食树木，他们一眼就能够认出，蛀洞在哪里，把相关的树枝修掉当柴烧，就可以一了百了。即使不用杀虫药，森林也不会连片成灾。"话虽如此说，却因为相关的手续和联系工作很难到位，在当时难以付诸实践。但作为一个趣谈，用以展示贵州各民族文化在处理生态问题上的独特能耐还是有价值的。这样的故事多积累一点，贵州人的自信心不就提高了吗？

岜沙的影像时长

口述·卢现艺

卢现艺，1958年生于贵阳。中国摄影家协会理事，中国摄影家协会纪实摄影委员会委员，贵州省摄影家协会第六届副主席。自1985年自学摄影，三十多年间拍摄数十万张珍贵照片，参与了图书《符号与仪式：贵州山地文明图典》《亚鲁王书系》《贵州苗族舞蹈》《贵州侗族鼓楼》《图像人类学视野中的贵州乡土建筑》《图像人类学视野中的贵州安顺屯堡》等的摄影或编纂工作，在《中国国家地理》《华夏人文地理》等杂志发表专题照片近千幅。先后获得第二届贵州省文艺奖一等奖，第二十一届全国摄影艺术展金奖、银奖，第九届全国人像摄影艺术展览金牌、铜牌，第十届中国摄影个人成就最高奖（纪实类）金像奖，以及第三届全国人像摄影十杰、全国中青年德艺双馨文艺工作者、中国摄影家协会成立50周年"突出贡献摄影工作者"等荣誉称号。

卢现艺

少年学画

我们家四兄妹，我排行老二。父亲祖籍山东，到贵州后在客运站当驾驶员，母亲在贵州省商业厅幼儿园工作。

很多人问我，"现艺"这个名字是怎么取的？我们家是现字辈，或许我注定和艺术有关联，所以父母给我取了一个"艺"。从此我就走上了献身艺术的道路。

还在读小学时，我就喜欢临摹小人书上的图画，我妈就给我爸讲："这娃娃喜欢画画，也能静心坐下来，做事情还比较聪明，你看能不能让娃娃学点什么东西？"

"文革"期间，我父亲曾和文艺团体下乡演出，认识了一些搞文艺工作的人，还认识了一些艺校的老师，父亲用了一天时间带我去见了一位教大提琴的老师，她问我想学什么，我说想学画画，于是她把我的第一个恩师毛朋老师介绍了给我。

毛老师是一个画家，她是一个很有故事的人。

我记得，第一天到毛老师家学画画时，她给了我一个茶缸、一个火柴盒，就叫我自己画静物。画一个火柴盒、一个茶缸，这有什么不会的，我觉得很简单，就开始画了起来，但那个茶缸，永远画不圆；那个火柴盒，它画出来也是扯的、扭的。毛老师非常细心地教我物体的透视关系，以及用铅笔线条画出物体结构和空间的虚实关系。我慢慢地从临摹学习简单静物到复杂的石膏人物、人体，以此来夯实素描绘画基础，那时候我才14岁。跟毛老师学习画画是我人生最重大的一个拐点，我很感激她，毛老师不仅孜孜不倦地传授很多绘画的方法给我，还像母亲一样在生活、学习、工作上给我无微不至的关怀。可以这样说，如果没有毛朋老师就没有我今天的成就。

跟蒲国昌老师学绘画是我素描水平突飞猛进的时期，经过几年的基础训练，我的素描达到专业水平，这得益于蒲老师的点拨。毛老师家和蒲老师家是隔壁。那一段时间，他们两家的生活很有意思。每到过节时，蒲老师和毛老师就比厨艺，我印象最深的是中秋节。毛老师是浙江人，会做月饼，蒲老师是四川人，会做坛子肉，两家过年经常拼桌。我在他们营造的这种氛围下，慢慢长大了。

1981年，我第一次参加高考，专业成绩排在前几名。我是西南地区唯一参加浙江美术学院复试的考生，但是后来因为诸多因素，没有被录取。毛老师鼓励我再考，他们觉得按我的专业课来看，是没有问题的。

就在我开始补习文化课时，我突然就结婚了。这段婚姻来得也比较偶然，在复习文化课期间，弟弟和我因为一些口角之争，他便提起菜刀在我腿上砍了一刀，我腿上的肌肉被砍断了，缝了21针，至今伤疤还在。恰巧我夫人正

1938年，母亲12岁时和外祖母的合影

1968年，卢现艺（右一）和父亲及兄妹合影

1973年，15岁的卢现艺学习画画

好在医院工作，时不时照顾我，我心里很感动，就和她建立了恋爱关系，其实我当时也很矛盾，如果我考上浙江美院，就不会和她继续恋爱，因为我知道环境会发生变化，两者之间必须要有一个选择，要么继续再考，要么干脆就成家。1982年，我选择了成家，也就此断送了我的大学梦。

结婚之后，我的两位恩师非常生气地说："小卢，你这么有才华，这么有能力为什么这么早就结婚呢？结婚后，你考大学就不可能了，就断了！"人生有许多拐点，不是每次都是对的，但我还是继续努力坚持在画画。

职工比赛

我1977年参加工作，进了贵州冷冻厂。

我去冷藏车间堆码班当了搬运工人。成天把冻肉一块块堆码到库房里去。这个工作我一干就是四年。我非常怀念这四年的工作，它练就了我强壮的体魄。当时我的身高和现在一样，净高1.77米，但我的体重才112斤，很瘦。

由于我会画画，1981年，我就被调到了工会，当一名宣传干事。

当时我们厂要修一个新办公楼，所有的会议室都需要画很多大幅油画。刚好我学过绘画，能力也很强。我就把我们办公楼二楼到五楼的会议室全部画上2米×8米的油画风景。之后，一次来我们单位开会的上级领导问："你们这些油画是请哪里的画家画的？"我们单位领导说："是我们厂的一个车间工人画的。""你们厂真是藏龙卧虎呀，把这个同志借到我们公司画几幅画！"就这样我被借到食品公司，给公司会议室画了几幅大型油画，这以后，回到冷冻厂我就被调到了厂工会工作。

工会真是一个大熔炉，琴棋书画，吹拉弹唱，红白喜事哪样都要会。我会踢足球、打排球、打羽毛球、打乒乓球，而且我舞跳得也特别好，一般都是跳双人舞，并且我都是领舞。

人生的阅历和经历，对人的一生还是很有帮助的。那一年，我们贵州冷冻厂要做彩车参加国庆游行。我从来没做过彩车。我们单位有机修车间，有木工班，电焊也有，反正什么工种都有，我发挥自身绘画优势，整个彩车的创意造型都是我独立完成，我把瀑布啤酒和贵州特有的山水瀑布融为一体。彩车游行经过之处每每博得阵阵掌声，这次彩车参加了贵阳市的国庆游行，我们获得贵阳市参展比赛的第一名。

我很感激在工厂的岁月。从1977年到1992年这段时光，它让我懂得了，一个人在逆境中靠自己的能力得到别人的认可，也能改变自己的命运。

我从绘画转向摄影，也是缘于一个偶然的机会。当时我在工会做干事，省工会和贵阳市工会会发一些通知组织职工书画、摄影展览和比赛。我向朋友借了台双镜头的海鸥4B相机，连夜坐火车到凯里旁海（今凯里市旁海镇）进行了人生中的第一次摄影创作。这一次我拍了三个120胶卷。

那个时候从贵阳到凯里，旅程非常艰难，火车比较慢，到凯里要坐五个多小时的火车，然后在凯里又要坐大巴，转班车才能坐到旁海。我星期六下班后晚上赶去，星期天又赶紧坐车回贵阳，星期一要上班。

那是我第一次触摸到清水江。那时清水江的早晨，小船穿梭在薄雾中，渔民撒网的吆喝声、鱼鹰不停地在江水中翻腾、船头的煤油灯若隐若现，构成了一幅幅精美的画面。

从凯里采风回来后，我在家也创作了一些艺术作品，其中就有《蜡炬成灰泪始干》，我拿蜡烛放在玻璃板上，利用不同的造型拍了多张照片，蜡烛不同的高度和反光折射出燃烧自己的情境。

我完成作品后，投了四张照片参加比赛。这次比赛，让我欣喜若狂。我获奖的总奖金是300元，比我当时的工资高出很多。我接到通知，并得知我包揽了这次比赛的一、二、三、四等奖。那是我第一次拍摄，我自己觉得获奖并没有什么压力，很轻松，这也许和我之前的艺术积累是离不开的。

当时我就产生了一个念头，我想我能不能从绘画转向摄影，是不是以摄影作为我以后的事业之路？但我还没完全心动，直到第二年，也就是1986年的第二届职工比赛，我也同样送了几幅图片参赛，没想到当时我的油画作品《秋韵》获得一等奖，摄影作品《第三次浪潮》也同样获得一等奖。准备《第三次浪潮》这张参赛作品时，我的印象很深，当时我在黔东南都柳江边拍摄，船头上有个人用斗笠蒙着脸，脚翘着睡在船头，我想，如果我把浪潮放到船头的背后，是不是更加有意义？回来后我就在思考去哪里拍浪潮。偶然一天我在家看电视，正好看到大坝在放水的镜头，我赶紧拿起相机就拍了张照片，用暗房特技合成了《第三次浪潮》这张摄影作品。

之后，一次偶然的机会，我看到《贵阳晚报》刊登了一篇1000字左右关于我的作品报道，写这篇报道的人当时是我们贵州比较有影响力的摄影家王亚新，因为这篇报道，我就特别想拜访这位作者。于是我跟他见了一面，和他谈了弗洛伊德、尼采、叔本华还有东方的哲学等等，那次谈话后让我对摄影初懵的心有了前进的方向，我可以得心应手地用摄影的方式去表达自己的思想、创意和想法。于是从1985年开始我就专心研习暗房技法。

当时中国有很多摄影大赛。我第一次参加全国性的青年摄影大赛，送的一张片子就获得了优秀奖，奖品是个台灯。由于我工作比较积极，本职工作也得到领导的认可，于是向单位领导申请去领奖，我带上我的这一堆作品，坐上火车去西安。在西安，我把我的作品给中国摄影界比较顶尖的几个专家

1997年，贵阳市小十字地下网管改造现场

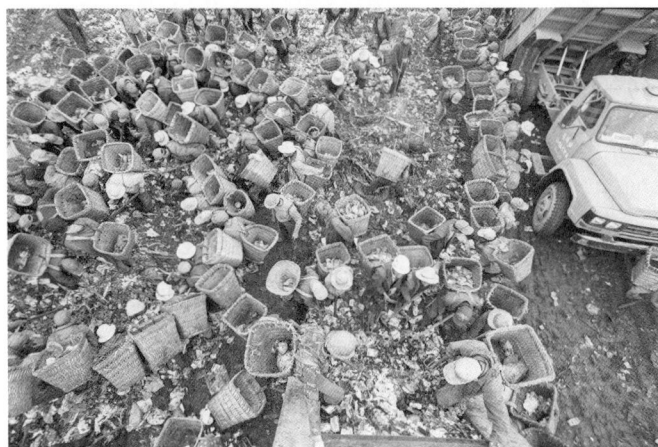

1998年，卢现艺拍摄贵阳市阿里垃圾填埋场

看了一下，他们说，作品太惊艳了，没想到贵州还有这么一个喜欢现代艺术、当代艺术的摄影师。他们就鼓励我："卢现艺啊，有个全国'艰巨历程'摄影大奖赛，你一定要去参加。"大赛规定，从1949年到1988年拍摄的作品都可以用于参赛。于是我勇敢地去试了试，最终获得该比赛的大奖"最佳探索奖"，奖品是一个空调。那个时候，资源紧缺，好多人家都没有空调，我有了。

暗房技术

这次获奖以后，我开始认真思考我对摄影的理解，回过头来看，是因为我把绘画里的观念和思想用摄影来进行呈现，这和我有较好的绘画功底是密不可分的。也就是那时候开始，我把它用"剧本"的方式呈现，先有构思和创意，然后再拍摄素材。比如说我拍的一组叫《山鬼》的组照，是以贵州的民间神话传说为蓝本，那么我就在想山鬼的构成需要什么要素，比如需要一些破罐子，需要一些墓碑，需要一些树和石头，还需要什么法器……我用绘画的方式去找这些东西来拍摄，然后通过暗房特技的方式合成上去。1988年《中国摄影报》推出了《卢现艺作品五则》。《中国摄影报》那时候在中国摄影界的影响很大，自此业内就把我看作是中国现代摄影派的先锋代表人物之一。那时候，我就在做一些尝试，将绘画和贵州民间文化传承结合起来，去做很多当代的片子，非常受欢迎。包括《方不等于圆》《时光变迁》这些作品，他们很惊喜："在贵州居然会有人玩这些东西。"

在暗房里创作时，我用做豆腐的一块纱布和一个罐子作为道具拍摄了作品《守护》。做《子夜》时我在暗房里合成一张照片，显影用了两个小时还没曝光过度，这个技术当时好多人做不到，我就研究出一种在显影时停影，

1988年，《中国摄影报》发表的卢现艺现代摄影作品

停影后我又换底片，又第二次曝光，曝光后，我又停影的手艺。这个过程里，有很多遮挡。这样的技术，我和他们开玩笑说："不知暗房停影能不能申请'非遗'？"这种手艺现在好多人都不会了。因为从某种意义上来说，它的制作方式和方法需要换算，过程更多是要用手艺。不管如何变化，不管变化中再产生多少变化，整个过程就像演魔术一样，都得手工制作。这张照片的原图我一直留存至今，它像我的生命一样珍贵。

做艺术创造，我是先有构思再进行创作。这是很重要的一点。我在想：贵州广阔的喀斯特地貌，留住了多少神秘的故事和隐秘的文化，一个音符吹了几千年，一个故事讲了几百年，年复一年，日复一日。我要把构思变为贵州的民间故事，因此我创作了《古歌》，我将一块布飞起来，让吹芦笙的人在后面显得很魔幻，拍出的芦笙就好像产生了一种梦幻的光斑。那时没电脑，我的作品全都是暗房手工做，不像现在用电脑处理。在20世纪80年代就能做这么好的暗房特技，也很少见，即便用现在的思维方式来看也不落伍，不一样的是，原来是用纯手工合成，而现在用电脑特技做，做得更不一样了。

我买了一本书《暗房特技》，从此就走上了摄影道路。

我在暗房里学习了很多摄影技巧，也有很多效果是"失误"产生的。有一次，我在单位办公室的暗房工作时，刚在里面放上照片，就有人来敲门说："厂长叫你去开会。"我肯定得走，我马上停了手头的工作。等我开完会回来时，看到暗房里的照片，我马上就惊呆了——照片的颜色突然就反转了。因为，灯一闪，白的就变为黑的，黑的就变为灰色的，出现了像水墨效果一样的线，后来专业上把这个现象叫"萨巴定势效应线"。那一年，我第一次参加全国人像摄影比赛，第一次参赛就获得了第九届全国人像摄影的金牌和铜牌，并获得"第三届全国人像摄影十杰"称号，同时也是"第十届全国人像摄影十杰"的评委。

其实有些摄影的暗房技术源于偶然，有人说，这云彩是没办法制作的。我就拿薄薄的棉花做成一个云的形状，把焦距一调虚，那"云彩"便活灵活现了。那云既是云又不是云，但是它里面的层次协调得非常好。在暗房特技

1999年，卢现艺在第三届全国人像摄影十杰评选中荣获"人像摄影十杰"称号

这一块，2000年浙江摄影出版社出版了我编撰的第一本书《新梦幻人像摄影技法》。同时，在艺术这条路上，当时我就萌生了一个梦想。

此外，在那个时期我就想，当一个人的营养和内力消耗完了以后你一定要沉下去，静心回望，要不断地在民间、生活中、文化里吸收养分，不断滋养自己，训练自己，让自己下一次做得更好。

南下深圳

我想去寻找一种艺术的发展。

为了梦想，我辞职了，舍弃了稳定的工作，放弃了单位分房，什么都不要，去追求自己的梦想，想做一个艺术家。于是我南下到深圳，做了一年职业摄影师，一年以后我发现，想成为一个艺术家，没有经济实力是寸步难行

1992年，卢现艺（前排左二）辞职去深圳时

的，比如说，那时候我做了大量的暗房特技的当代作品，有人想帮我做一个个人展览，但是如果自己没钱就要找赞助。在找赞助的时候突然发现，艺术家在一些商人、企业家面前就像一个乞丐。因为自己的经济不独立，你没有能力来完成自己的艺术创作和展示，所以我那时候就暗下决心一定要做经济独立的艺术家。于是我去开影楼，去做商业摄影赚钱养活自己的艺术梦想。

1992年，我回到贵阳，之后开了一家以黑白创意摄影为特色的影楼，在当时这是很少有的。第一个月我纯挣了2800块钱，我特别开心。当时台湾的婚纱摄影开始进入大陆，好多女孩子想去拍艺术摄影，这里面有个核心技术叫柔光技术，把脸拍得很好看，现在叫磨皮技术。把人家女孩子脸上拍出来没皱纹，脸上像陶瓷一样发光。我自制了将近20多种柔光效果。这种技术确实很有效果。

我通过经商获得了经济独立。1997年，我开始梦想北上，我想一个艺术家如果不到北京去看看、去学习，怎么知道贵州自己的文化特色在哪里，民族特点又在哪。

1996年，卢现艺在家中制作的文化墙

北漂生活

北京是中国的经济政治文化中心，那里能打开我的眼界。1997年，我去了北京。当北漂生活开始的时候，困难重重，只有经历过的人才能理解，其实不是每个北漂的人都会获得成功。

我住在北京语言学院（今北京语言大学）附近，我喜欢去中国美术馆看展览，那时候也很能吃苦，包包里放两个馒头，一个随身听挂到耳朵边，骑出去就是一天。在北京看展览，我学到了很多东西。我准备开一个摄影工作室。找工作室要看很多地方，后来我终于在五棵松金沟河附近找到一个60多平方米的工作室。我要住在里面，在里面隔一小间厨房，还要隔暗房、化妆间和影棚。安定下来后，我将工作室取名为"雅尼黑白摄影工作室"。这样我就开始了北漂的第一年。在北京，工作室里所有的道具、场景、背景都是我自己动手做的，与众不同。样片挂出时，很多人不相信这些照片出自这么简单的影楼。

后来，我经常去参加摄影圈的活动和比赛。用北京摄影圈的一句话来说："来了一个卢广把北京摄影圈搅得天翻地覆。卢广走了，又来了一个卢现艺把北京摄影圈搅得天翻地覆。"北京当时摄影圈各协会的规定是："你有能力，一、二、三、四等奖都可以同时拿。"我一去北京，要么就是一、二、三等奖，要么就是二、三、四等奖，要么就是一、三、四等奖，反正每次都多级别地拿奖。最后北京的摄影协会可能因为我改变了获奖规定，即一个人只能获一个级别的奖项。北京广角摄影协会最高的一个奖叫广角流动杯，必须连续三个月拿一等奖，才能拿到一个广角流动杯，我去了两年，就把两座广角流动杯全部拿了。

北漂三年，我一直坚持自学，自成一派，我有自己独到的见解和特点。在商业摄影当中，我用了很多暗房技法表达自己的观点。从1998年开始，我的作品又在人像摄影界小露锋芒，要么作为杂志的封面，要么里面有我拍摄的专题版面和那些不为人知的特色故事。转到商业摄影圈后，我的人像摄影

1997年，卢现艺在北京五棵松开设的影楼

作品就在《人像摄影》上陆续发表了。一年十二期，起码六期有卢现艺的作品和介绍文章。1999年，我参加了全国人像摄影展览，个人就拿了一块金牌、一块铜牌，他们就以我的名字在全国办培训班，经济效益也还挺好，讲了十天课，收入很高。之后我被邀请到中央工艺美术学院（今清华美院）讲了两天的人像摄影课，这也是我第一次站到大学的讲台上。

那时候，我虽然人在北京，但同时也在关注贵州的岜沙。我的记忆回到1988年，我还在画画，曾经到岜沙写生，当时去岜沙的交通非常艰苦，坐火车到广西柳州，又从柳州坐火车到老堡，再从三江坐小木船逆水而上，30多公里的水路，从早上6点出发下午5点才能到从江，然后坐车到岜沙。根本没时间到寨子里去，因为天晚了第二天还要上班，于是只在岜沙寨头看了一下赶紧掉头返程。1998年贵州某摄影组织邀我去西藏采风，我想与其去西藏不如再去岜沙看看，于是自己买了一盏影楼用的闪光灯径直赶往岜沙。

这一次我再去岜沙，岜沙独特背景下的人物形象、特殊环境和古老的生活方式，让我如饥似渴地拍了几十个胶卷，回到北京后，我制作了一组《岜沙男人》参加摄影比赛，屡获大奖，大家都觉得这组照片非常震撼。从我接触岜沙的那刻开始，就迷恋上了它，北京到岜沙我一年至少来回十次以上。

商业摄影，它是以商业为服务对象，要用商业的方式来进行拍摄。在北漂的这几年当中，我拍明星、演员，各行各业的人。这几年的商业摄影锻炼，为我今后拍摄视觉人类学方面的作品，提供了非常重要的技术支撑。同时，在北京也打开了我的眼界，我能看俄罗斯的芭蕾舞剧《吉赛尔》，能看全世界高品质的美术展览，能看中国级别很高的摄影展览，能和中国摄影界无障碍交流，《中国摄影》《中国摄影报》都常常向我邀稿，我也能了解中国摄影的方向。但我有时候觉得自己就像空中的云一样在飘，感觉没有根，自己游离在梦中，找不到着陆点。我开始反思自己来北京的目的是什么，难道只是为了商业摄影去挣钱吗？不是，因为我非常清醒地意识到，作为一名商业摄影师虽然会有钱，但是我的梦想是成为一名艺术家，我更希望以本土文化去呈现和反映我对艺术独特的理解和认知，为后人留下点有用的东西，为民族的振兴和摄影的真实意义做一点自己的贡献。

我把我所有的摄影经历，像放电影一样回放了一遍，贵州是生我养我的地方，只有这片土壤才能滋养我，只有这片土壤才让我显得必不可缺，当我离开生养我的家乡时，我就离开了艺术的土壤。北漂三年后，我可以选择去国外，也可以继续留在北京，但我没有犹豫，我决然地回到贵州。

回贵州的那天，特别有意义，我以前跳过忠字舞，临行前北京的几个摄影朋友来为我送行，我们一起在天安门前跳了一段《敬爱的毛主席》。当天晚上，我就坐飞机回到了贵阳，回到贵阳是1999年12月的最后一天，第二天就是千禧年的第一天，我还特地去到人民广场看升国旗，当我脚踩在生养我的土地上，看到国旗冉冉升起的那一刻起，我觉得我的回归是正确的。

回归贵州

贵州的每一处在我眼里都是瑰宝。它多变、绚丽、多彩、神秘，让我不停地按下快门，生怕错过它。拍120反转片，需要不少钱，半年的狂拍，我存的钱很快就用完了，巧的是贵州日报报业集团下属子报《新报》在招摄影记者。贵州师范大学教授、国旅学院原院长张晓松老师就推荐说："现艺，是一位很好的摄影师！"2000年，正好中央电视台《东方之子》节目摄影组来采访我，因为他们看到我拍的岜沙作品，来拍我和岜沙的故事。我也因此顺利地去《新报》做了一名记者。在《新报》当记者的这一段时间，虽然解决了我的生存问题，一个月有几千块钱工资，但我的内心依然想做一个专题摄影师。每次去贵州各地采访、拍片，我就不想回来。每个专题，我刚刚触摸到它的一点皮毛，因为差旅的时间问题我又要赶回来，回来又要报新的选题，又要交稿子。这一份工作依然实现不了我的梦想。

这个时候，我的贵人张晓松看了我拍的岜沙，很震撼，也很激动。我们就共同去榕江做了一个加去鼓藏节的田野调查。

加去鼓藏节的消息我是半路知道的。我从从江返回榕江，榕江宣传部部

2000年，卢现艺接受中央电视台《东方之子》采访

2000年，卢现艺（中）在贵州《新报》做摄影记者

长杨胜辉告诉我加去村有个鼓藏节，13年举行一次，此时我的胶卷全部用完了，于是我就连夜赶回家，第二天早上又从贵阳坐卧铺班车，直到晚上才赶到榕江，这次我带了40个135反转片。

加去村有140多户人家，有60多户人家砍牛，村里总共只有三个祭师，每个祭师头上都绑着鱼，此时的鱼是作为唤醒祖先灵魂的信使，每户主人家都要请祭师去和他们祖先的灵魂沟通，这样牛的灵魂才找得到回家路。我坚持拍了11天，终于拍摄了一部完整的苗族鼓藏节仪式。

专题拍摄一定要做必要的田野调查，做录音，做记录，因为人类学不是纯粹的拍张照片，不是"一图胜千言"，它里面有符号，有缘由，必须要讲清楚。

第二年春天，我和贵州人民出版社合作了一本书《图像人类学视野中的贵州古镇名寨》，里面记录了二十几个村寨，也包含了加去村的鼓藏节，之后相继出版了《图像人类学视野中的贵州安顺屯堡》《贵州侗族鼓楼》《贵州苗族舞蹈》，这些书都比《符号与仪式：贵州山地文明图典》出版得早。《符号与仪式：贵州山地文明图典》这套书，用了我2100张图片，这些图片我拍了10多年，10多年的翻山越岭，风餐露宿，我觉得值。这套书荣获中国出版领域最高奖——首届中国出版政府奖（图书奖）。

2002年，都匀举办国际摄影展，这也是国际性的摄影博览会第一次在贵州举行。作为一个本土的摄影家，我当然要积极参与。我就把岜沙男人、鼓藏节的一组照片送到摄影展进行展示。世界著名的摄影节"法国阿尔勒"的一个策展人，到都匀参加活动，就看中了岜沙这组照片。后来，在参加都匀国际摄影博览会展览后，我的这组作品被邀请去法国阿尔勒摄影节参展。

参加法国阿尔勒摄影节，真正打开了我的眼界。阿尔勒摄影节有相当于戛纳电影节的品牌效应，在全世界的影响力很大。在一个大工厂车间里，有

加去鼓藏节"吃牯脏"仪式现场照

上千本摄影画册，我如获至宝，在那里待了两天。虽然外文我看不懂，但是图片叙事、编辑、视觉表达使我受益匪浅，加深了我对世界摄影标准的认知和对记录方式的学习。

我在法国接受西方媒体采访时，有一种强烈的表达欲："我来自中国贵州！"我说："中国有五千年的灿烂文化和历史，有很多的民族文化。中国不仅有陶瓷和自行车，还有很多灿烂的民族文化待世人去挖掘。"

我从法国巴黎回来，第二天正好是岜沙的芦笙节。我又连夜赶到岜沙。一个人的文化情结不是装出来的。为什么我拍完岜沙后，决定不离开贵州，原因之一是岜沙让我获得了很多奖，在中国知名度很高，但更重要的是，我没有忘记我是一个贵州人。

摄影观念

摄影是片段性的表达，以前人类学家只把相机图片作为研究实物的一个佐证、参考，它有史料性、文献性的特点，但它缺少传播性，缺少艺术的表达性。摄影更强调的是独特、直接，要表达瞬间性、广泛性、代表性。摄影是把一个很长的故事，以片段的形式从纵横方面来连接，而这些连接里，貌似没有直接关系，但是又有整体的串联。摄影表达和文字表达是有区别的，和音乐、绘画表达也是有区别的。因为摄影是借用相机，用镜头把一个空间凝固和浓缩在一个画面里，我们在一个画面里去寻找空间里的相互连接关系。

从北京回来后，美国有个人类学的博士生导师带了三个学生找到我，他看了我岜沙的这组照片，想拿去美国各个大学做学术交流展，需要150张照片，要求销售不完的照片必须留在美国，不再还给我，我觉得条件太苛刻了，没有同意，但他与我的交流，让我受益匪浅。他说全世界任何地方都有被发现与记录，他到中国南方看了很多城市，接触了很多摄影师，他们的图片很多只有文献价值和史料价值，缺乏传播价值和艺术审美价值。他说："一个人类学的工作者，眼睛看到的也不一定是真实的，那只是你自己眼里的真实，没有绝对的真实。凡是通过影像记录的东西，包括画面，也不能说是绝对真实的。"

多年的拍摄感悟，关于人类学拍摄，我总结了七个字——观察、参与、不干预。记录过程中，观察方法很重要，参与的程度也很重要。我拍了很多贵州的苗族仪式，不管分支也好，亚鲁王也好，毕竟他们都是蚩尤的后代。因为地域环境和其他因素，与当地文化产生互动的过程也是值得观察和继续研究的。

一次我在拍摄苗族英雄史诗亚鲁王主题时，内心里艺术的表达情绪不断高涨，于是我爬到麻山顶上大声呐喊，以此缓解与压抑住我对艺术的渴望。苗族英雄史诗亚鲁王拍完以后，我就想找一种方式回到艺术中去。毕竟十多年来翻山越岭，几十万张的影像记录让我身心有点疲惫。

贵州大学艺术学院摄影教研室主任杨安迪说："如果说《符号与仪式：贵州山地文明图典》标志着他正式进入民俗摄影领域，让摄影界重新认识了他，将他和贵州少数民族文化、民俗学、人类学联系在一起——因为他拍摄的范围几乎涵盖了整个贵州少数民族物质、非物质文化的内容，他用热情与责任、专业与执着的艺术精神丈量了这片多彩神奇的土地——那么苗族英雄史诗《亚鲁王书系》则是他潜心数年、默默耕耘的一亩良田，是他继《符号与仪式：贵州山地文明图典》后的又一力作。'亚鲁王'是他在贵州民俗摄影中精心挑选出来的重大题材，是他将民俗摄影提升到民俗影像文化研究层面上的鸿篇巨著。为此，他做了精心准备和大量的摄影器材投入，在记录过程中几乎用尽了他摄影的十八般武艺。宏大的叙事场景、细微的人物描写、人物事件的长期跟踪、环境肖像的灯光拍摄，将摄影化为最精准的语言描述，一层层揭开亚鲁王的神秘面纱，是一次艺术精神与工匠精神的完美合体。"

贵州天海美术馆馆长伍新凤说："卢现艺具备大家的思想，大家的胸怀，对艺术的不归路的感受，那种对艺术誓死不归的情怀，我觉得这是一个真正的大艺术家最起码要拥有的情怀和心态，一个真正的艺术家不是用技术来衡量，悲哀的是，当下很多艺术家把技术当作目的，回到两百年前，因为两百年前只能手工完成，通过技术来达到目的，今天用技术手段来鉴定艺术家是对艺术本身的亵渎，是一种偏见。"

关于摄影设备和胶卷，我的选择是不在多，但在我力所能及的范围内去用最好的胶卷。我曾经说过："你能不能用10年、20年后的眼光、角度来看我们今天的事情？如果用20年后的眼光，我把影像的技术和质量做得最好，就算我们不讲艺术，不讲文献，它的价值也是可以无限去使用和放大的。"所以，我会用我能接受的最高、最极致的方式来记录影像，希望我的影像在10年、20年以后还有最佳质量。

像当年我拍芭沙，他们很多人认为我是用专业设备拍摄。"你看，放这么大，毛孔都那么清晰。"其实我就是用玛米亚的中画幅120相机拍摄的，但是我能把相机技术、光圈控制用到最佳。胶卷和最佳的冲洗配方配合，最后使它的影像呈现巨大的震撼。现在我用数码相机，要拍成这种效果轻而易举。不过我明白一点，影像如果只有文献价值和历史价值的话，这个照片只能在那一个特定的空间里使用，如果影像有传播价值和审美价值，那就具有艺术价值，这些照片就能在任何地方都能吸引人们的关注，还可以将这张照片收藏在公立博物馆或者收藏在私人博物馆。

就像拍老贵阳一样。为什么没有很多清晰的贵阳老照片？因为当时用的就是一般相机，现在来看五六十年前的贵阳，都找不到好照片，看到的都是模模糊糊、翻拍又翻拍的图片。可是当我们看18世纪法国人拍的云南，照片放大后非常震撼人，每一个人穿的服装、服饰纹样和细节，人们餐桌上用的餐具，生活中买卖的物品，还有小脚的老妇人叼起杆烟的神态，绣花鞋的纹样工艺，她叼的烟、穿的服装，还有她周围的环境和闹市的状态，都非常清楚，据此能解读那时的文化和政治以及经济面貌。这就是图像人类学的重要特征，高清晰高质量，为以后的历史学家、经济学家、人类学家提供一个最佳研究的角度和一个复原场景的画面，所以我愿意在能力范围内投资最新最好的摄影器材，希望留下一些有用的影像图片给后人。

我曾经拍过苗族舞蹈专题。我把苗族迁徙的方式用一组图片来展现，听说他们是跨过黄河、长江来到贵州，我想可不可以用一组图片来展示他们的这种迁徙之路呢？歌师在苗族族群里是特殊人物，他们是亡灵回归故土的指路人；苗族人的眼睛是透明透亮的，如果从体质人类学来观察，我是不是要拍一个人的瞳孔来表现？怎样去拍？我使用超微距镜头来近距离拍摄。

我在拍《亚鲁王》的时候，就用了环境肖像来拍。用一种现场记录和生活抓拍的方式来记录歌师的唱诵过程和日常生活，我要把歌师置于他们的文化环境当中，把他们生活状态的瞬间捕捉记录下来。

在我的摄影过程中，我多数时间都做了采访笔记和录音。人类学影像调

2009年，卢现艺（左一）在拍摄《亚鲁王》场景

2010年，卢现艺（左三）拍摄《亚鲁王》时与村民在一起

查，图片和文字的结合很重要，所以一定要做现场的记录和采访。一个摄影师是多重身份。有时候，我是一个人像摄影师，我要考虑到环境；有时候，我又是一个视觉人类学摄影师，我要考虑到用怎样的光影、怎样的角色把他们的经历和质感表达得更加凸显。

关于《亚鲁王》

1999年，我参加了第四届中国摄影金像奖，获得了提名奖。2014年中国新华社的首席编辑陈小波来贵州讲课。她对我说："金像奖是中国摄影个人成

2011年，卢现艺（上）拍摄《亚鲁王》场景

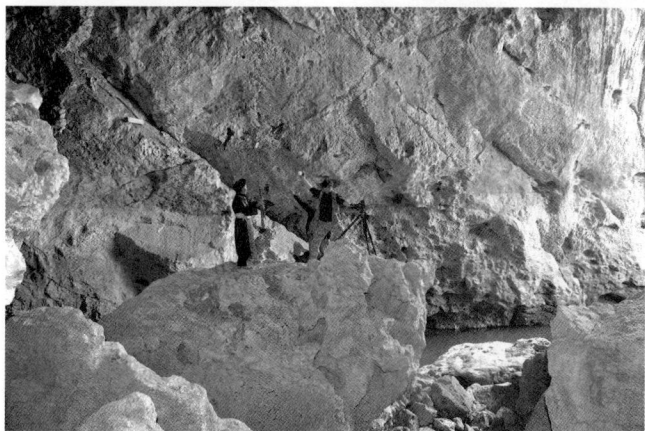

2011年，卢现艺拍摄《亚鲁王》场景

就最高奖，你的摄影，不管从艺术还是技术各方面，做得非常非常好啊！你为什么不再去参加金像奖呢？"这番话在我心中泛起了阵阵涟漪，参加金像奖的评选需要50张图片，这一组照片可能对于一般摄影师来说，难度很大，但我必须迎难而上。

我从2009年开始拍《亚鲁王》，为什么我要选题《亚鲁王》？因为亚鲁王的发现填补了中国南方没有英雄史诗的空白，这个题材是一个国家级的重大题材。那用怎样的故事来讲《亚鲁王》？我就想，能不能用"大亚鲁王"的概念？因为他们是苗族，祖先都一样，我用贵州几个苗族独特的葬礼，也引用岜沙的葬礼来呈现。我把这个摄影主题叫《寻找祖灵之路》。

我记录了将近3年，拍了1万多张图片，也走了很多地方，但是我没有一张表现麻山严重石漠化的图片，我就决定去拍这张图片。我的拍摄设备比较重，我准备花钱请当地老百姓把将近40多斤的设备背到山上。刚走到山脚，他说："卢老师，我有事情，我去不了。"话音刚落，人就溜得没影了。没路上到山顶，我怎么办？说句实话，我背着设备爬到一半的时候，想飞下去的心都有了，回头一看，没路下山，往上看，都是石头，荆棘密布，海拔150米高的山，我用了3个小时，终于爬上了山顶。拍好照后，我心里真的感觉到非常非常震撼！起码我看到了什么叫石漠化，我做到了一个摄影师的敬业。下山时，天快黑了，又没有路。我就摸着石头连滚带滑，下山走了将近两个小时，身体被划得体无完肤。但我心里依然欣喜若狂，因为我做到了，为自己感到自豪。

拍摄时，我遵循参与、不干预的原则，不过记录也是多样性的。我在做《亚鲁王》的拍摄时，将每个人的图片拍摄完成后，我请他们在宣纸上面盖上自己的手印，而且要他们自己写叫什么名字，是哪个镇哪个村的。这张宣纸上的记录留存很精彩，全部是他们自己盖的手印和亲手写的名字。

2015年，卢现艺荣获中国摄影个人成就最高奖——第十届纪实类金像奖

岜沙故事

岜沙，其实我也做了很多东西。用人类学家潘年英教授的话来讲，起码来说，岜沙这么多人都出名了，有我的一部分贡献。岜沙人能走向世界，从某种意义上来说，与我拍摄岜沙男人这组照片有关。

在岜沙，我拍葬礼的故事，其中有一张照片是很多人都遇不到的。岜沙人一出生就种一棵树，这棵树要伴他一生，陪他长大，人死了以后，就把树砍了做棺材。我的拍摄中，死的这个人太年轻，父亲还在，那就要砍父亲种的那棵树，砍完树后，马上将其做成棺材，做好以后，人暂时不放在里面。其中一组人在森林里挖好坑，并迅速把棺材抬向墓地；另一组人用晾禾的杆子把人捆放在杆上，拿竹绳捆起，在祭师的开路下，两个人抬着就迅速地跑

2018年，卢现艺拍摄《皮肤之下》

向墓地。我一共拍了四组具有代表性的岜沙葬礼。所以在展示岜沙特色文化时，一直都用我拍的图片。

岜沙的生态环境非常壮观和震撼。在《寻找二十年前的岜沙影像》这组摄影作品里，2020年我用大的无人机又把岜沙的地形地貌航拍了。

我还想寻找20年前岜沙苗寨里的人，看他们还在不在。比如我20年前拍的支书，20年前拍的鬼师。20年后，我对他的拍摄又接近同一角度。在《寻找二十年前的岜沙影像》里出现，我尽可能去找当年的人，尽可能去用当年的背景，尽可能对照当年的姿势和光源条件，来还原当年的状态。

我还记录了岜沙村苗王一家和苗王的儿子，苗王的儿子后来得了白血病，死了。我记录他们一家，记录了20多年。

我第一次去岜沙，就选中了两家人准备做长期记录。我最先认识的是滚元亮，滚元亮懂普通话，听得懂汉话，而其他人讲话我听不懂，于是滚元亮成了我的向导兼翻译。滚元亮身高1.4米左右，看到这个人的形象，我就觉得特别精彩，在他的身上聚集了苗族人的各种特征。岜沙人上树能捉鸟，下河能摸鱼。怎样参与到他们的生活中去呢？要和他们交朋友。于是我就把他们几家人全部请到从江县里吃饭，给他们每个人买了双解放鞋，带他们到当地照相馆去拍合影。我借此机会和场景给他们拍摄了第一张环境人像。

岜沙常年缺水，那个时候还没有自来水，所以一般不洗头，头上像有油和蜡，我看到好多人的头发都能立起来，也不垮。这样的照片太经典了，我就做了记录。

后面滚元亮经历了中年丧子、女儿出嫁、小女儿和外孙女出生，我都一一见证。现在他是岜沙村的明星人物。

现在的岜沙也不是原来的岜沙了，已变成一个旅游目的地。我内心多多少少会有些伤感和困惑。

我现在出去上课，第一句话就是："请你们走到贵州，一定要有敬畏之心。"我们贵州的山、水和人是有灵性的。凡是看到有民族文化节日的地方，

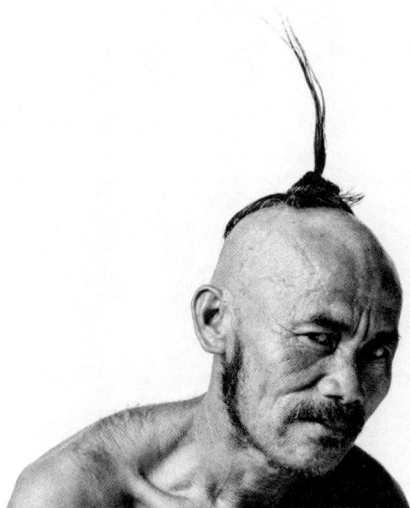

二十年前的苗王滚支书

二十年后的苗王滚支书

二十年前的滚元亮一家人

二十年后的滚元亮一家人

请尊重他们。按快门的时候，要走近的时候，首先要问，能不能进去。贵州的民族服饰经过千百年的净化，是非常漂亮的深灰色和暖灰色，去村寨不要穿鲜艳的冲锋衣。当穿着冲锋衣进去的时候，原来的民族色彩就不存在了。所有的游客来贵州，来贵州摄影，需要看到一个真实的贵州，而不是被鲜艳服装所破坏的贵州。

一个摄影师能做的就是用摄影的力量去传播它，用摄影的故事来讲述村寨的过去、今生和未来，更希望尊重他们，像爱护自己的眼睛一样。希望民族文化的整个发展和蜕变来得慢一点，让更多的人，让后面的人，能看到更原生态的贵州。

我愿意去做一个民族文化的传播者，用适合的方式，用包容的心态，让民族文化有自信。

我有一个摄影专题叫《消失的风景》。我原来拍屯堡文化，拍得很早，

口述史采集小组采访卢现艺先生后的合影

几乎所有的屯守，我都拍过，但我这几年再去，就发现很多屯堡的石头房都变成危房了，我就拍了《消失的风景》。我记录过的屯堡文化几乎全部消失了，2000年那些民房成为危房，全部垮了，全部拆了。

岜沙，为什么我一年要去一次？因为一旦时间稍微隔远，突然回来再看，就会发现它的变化特别凸显。我天天见，就不会觉得它变得那么快。

摄影艺术，永远是在用图片、用符号，将其串联讲述故事。但它不是记录早上做什么，中午做什么，晚上做什么，它更多是用一年、二年、五年甚至十年的时间来做这个事。用多维度来看这个故事，我们会发现它和社会的关系，它和周边生活的关系，它和民族的关系，它和未来的关系。它的未来，它的一切，都会体现在其中。保持客观清醒是一种很好的方式。

在拍摄岜沙时，我还把每一个鬼师的名字做了详细记录，用细节化的方式进行处理，因为仅仅拍摄已经不能解释了。一定要用细节化的方式对他们进行记录，展示他们的精神。精神摄像，也是我以后让我的孩子进行摄像创作的一个专题。

不能断的脉

口述·刘柏勋

刘柏勋，1962年生于贵阳。主任舞台技师，贵州省省管专家，贵阳木偶剧团团长，省级非遗传承人。贵阳市筑城工匠，中国木偶皮影艺术学会理事，国际木偶联会中国中心会员，中国舞台美术学会会员，贵州省戏剧家协会会员。他设计制作的两个木偶被我国的木偶博物馆永久收藏。

刘柏勋

少年记忆

我父亲是贵阳市京剧团的京剧表演艺术家刘松甫，是一名言派老生。据父亲说，他小的时候家庭很困难，去了戏班进了科班跟师傅学戏，学的就是老生。言派老生代表人言菊朋是中国著名的言派表演艺术家。父亲在新中国成立后就被编入了部队的文工团。父亲随部队南下，先到了广西，又从广西到贵阳市京剧团。父亲去世很多年了。他患了癌症，走得有点早。母亲的祖籍不是贵州，但母亲在贵州出生，在贵阳医学院从事医务工作。我们家就住在医学院的宿舍。

我1962年8月在贵阳医学院出生，在贵阳土生土长，小学、初中和高中都在贵阳读，高中毕业于贵阳六中。

我们小时候，物资条件等各方面都比较欠缺，家里有一个收音机就算不错的家庭了。那时父亲演的都是样板戏。贵阳京剧团演过《沙家浜》，父亲就演刁德一。

我们从小对戏曲耳濡目染，听得也多，看得也多一点。本身家里有人从事文艺，所以我们对这一块不是很陌生。

我小时候就喜欢画画、玩泥巴。那时候条件不允许，也没有玩具。我就喜欢拿点泥巴去捏点简单的小动物，也不管它像不像。还有就是拿块红萝卜、白萝卜，用刀去雕点小枪。反正就是一些自己很感兴趣的东西。那个时候也没有人教，不像现在这些独生子女还送去美术培训学校学习。

我在家里面排行老幺。大哥很早离开了贵阳，十几岁就去北京工作了。二哥和我都从事了文艺事业，他原是贵阳市歌舞团的舞蹈演员，后来在杂技团当团长。杂技团改制以后，他在杂技团团长的位置上退休。我还有个姐姐是工人，她在皮鞋厂工作。后来单位不景气，她就下岗了，现在退休了。我从艺四十多年了，明年八月份就正式退休。

其实父母对我从艺也有一定的影响。1979年，我高中毕业时，父亲还在京剧团。父亲得到一个消息，贵阳要成立一个木偶剧团，那里需要一个美工。他说："你不是喜欢画画吗？你去试一试，考一下。"我刚刚高考完，时间很多，我就说："好嘛，就去试一下。"

我到木偶剧团去，以前的老团长就说："听说你喜欢美术，你画一个东西我看看。"我马上就在木偶上画了一小幅画。老团长说："你明天可以来报到了。"现在想起来也蛮好玩。第二天，我一来报到就参加了《孙悟空三打白骨精》下半场的制作。紧接着，我就离开贵阳，跟着木偶剧团下到贵州的各个县城去演出，又进入四川去巡演。这一去就是半年多，就这样，我就到了木偶剧团开始从事这项工作。

木偶剧团的前身是贵阳市劳动人民文化宫的一个业余木偶剧组，整个木偶演出队也就十多个人。到20世纪70年代末，老团长黄裕昆老师往上申请后，贵阳市文化局就发现原来有一个这样的剧组。当时劳动人民文化宫是下

年轻时的刘柏勋

属市工会，商谈后还是把剧团交给贵阳市文化局管理。当时为了树立文艺单位典型，就把贵阳木偶演出队列为模范和先进集体，但到后面就出现了很多困难，它毕竟不是国家拨款。

那时的主要演出是向广西学习《孙悟空三打白骨精》的全场大戏。到20世纪80年代初，我们团基本上都在省外，比如四川、云南等地演出。在云南的演出尤其多。我一进入木偶剧团，给我设的工作岗位是美工，但是木偶剧团有个特殊情况，要求一专多能，不能说是美工就只做美工，还要兼顾到别的工作。我也参加演员的培训，也上台演出，也分配有角色。《孙悟空三打白骨精》这台戏，白骨洞里有四大怪——狮怪、虎怪、狼怪、熊怪，我操纵表演的就是其中的狮怪，主要搞的是特技。一台这样的神话剧，有上天入地的变化。比如孙悟空可以从天上一下子就飞到舞台上去。演孙悟空三打白骨精的时候，如果要做出白骨精会变、会飞走的效果，就要在舞台顶上和观众席的天花板里安上机关。

在排练制作的时候，我就担任美工。刚刚来的时候，什么都不懂，要跟着老师，多看多学。我们单位当时也没有专职美工，布景都是请人，我记得连尹光中老师都来帮我们画布景，还有豫剧团的黄德伟老师也来画过。黄德伟是豫剧团的专职美工。当时我们也是在一个系统，请他来，他就来了，也不计报酬。没有专职美工，我就慢慢跟着人家学，加上自己也经常画一下。从简单的入手，美工这一块工作就是这样子干起来的。

在贵州的演出就是到各专州县份上去演。小型的节目就到学校、幼儿园演出。也在原来的豫剧团、曲艺团的小剧场演过。在省外演出的时间要长一点，这种演出叫巡回演出。20世纪70年代末80年代初，我随剧团到下面去演，从贵州境内的赤水进入四川的泸州、宜宾，一直演到成都、西昌和攀枝花，再从昆明回到贵阳。

我们的老团长黄裕昆老师是云南人，他从部队转业后就被分配到劳动人民文化宫，成了文化宫的一个文化干事，就没有回云南。他小时候也喜欢玩泥巴，没事的时候他也喜欢玩点泥塑、雕塑，他在文化宫就自己做一些小雕塑，也做些小木偶。

据黄老师讲，以前他小时候在云南老家，也看到过演木偶戏，之前叫着被单戏、帐子戏、扁担戏，就是一个人挑着，一块布一拉，然后两只手一放进去，简单的木偶就演起来喽。

他喜欢玩泥巴和雕塑，到工人文化宫自己就开始玩，喊女儿的一些同学一起拿着小木偶表演。大家一起表演，自娱自乐，也是宿舍里的一种消遣。文化宫的领导就说："你们不如就搞一个业余的木偶剧组。"

当时的木偶组各方面都还很简陋，没有专业的木偶剧学习指导。他就招了一帮在校学生，利用业余时间参加演出，达到十人以后，他们还上街巡演。

后来，贵阳市就想把它搞成专业木偶剧团，收归为文化局管。

1979年，经贵阳市革委会批文，成立了贵阳市木偶演出队，属自收自支的一个演出单位，归市文化局管理。

贵阳木偶剧团下乡演出

　　这之前，还有一个重要的插曲。1977年，黄老师还带着木偶剧《孙悟空三打白骨精》的前半段到贵州的十四个县去演出。那时已经有一定的影响力了。文化局想把它收成一个专业团队，这是其中的一些原因。

　　刚刚成立那几年，中央电视台也特别报道了这个剧种。我记得电视台用的还是胶片机设备。在中央电视台播时的提法是"贵阳木偶演出团队，贵州高原木偶轻骑队"。这个剧团还是贵阳市的模范和先进，黄裕昆老师还是全国的文化先进工作者。在建团初期，这个木偶剧种很受关注。那时正是树典型的时候。

贵阳木偶

　　据我了解，贵州的木偶剧团，专业表演艺术团的木偶，就我们一家。石阡县有一个民间木偶戏，解放前可能是个戏班。他们的木偶剧地地道道，非常传统，木偶的头都还是用木头雕的。我们为了减轻演员的体力劳动，现在的制作工艺比起原先的制作工艺，还算比较先进了。现在的技术可以把木偶的造型输入电脑里，再用3D打印技术打印出来，效果和我们的设计稿一模一样。但是如果木偶戏完全用高科技，就不叫木偶剧，还不如搞个机器人演出。所以，木偶的设计制作一定是以传统为主结合现代。当然，传统不是不革新，制作木偶的材料要结合现代的一些材料，但是它的制作工艺一定是按以前老祖宗留下来的那一套，这套制作工艺再经过一代代从事木偶艺术的前辈改进，才走到现在。全国的木偶制作基本上没有脱离这套模式，现在的装置都是做了很多改进，才形成如今木偶的基本结构。石阡木偶没有发生太多改变，还保持着原汁原味。我和几个老人聊天得知，石阡的木偶戏谱从湖南来，腔调都还有湖南湘剧的腔调。到现在湖南的木偶还是发展得比较好。据说不只省会城市长沙有，一些县、一些农村都还有木偶。

20世纪80年代，我到安顺演出，了解到安顺有个人也有木偶，我们就很好奇，就去他家看。在他家老木板房里，他从床角拖出一个有很多灰的箱子，拿出来两三个木偶，很传统，服装很简陋，还是那种古装的戏曲装扮，背上扎着靠旗。问这个老人家，他也说不清楚，他也不表演。我们就想刨根问底是不是安顺也会有木偶？但据记载确实没有。这个人为什么会有木偶？也可能是父辈留下来的。这不像石阡木偶，像是以前很古老的木偶一直保存到现在。虽然有些地方现在不演了，但起码也是交给文化馆传承下来，可是安顺的木偶就断了。我亲眼看到过有两三个木偶，虽然做工相对粗糙，但一看就是木偶。那时没有相机，要不就可以把它记录下来。

贵阳的这支木偶剧团中间有个插曲，当时索万金老师和几个老师来贵州采风、考察。索万金老师是我国著名的木偶制作大师，他的雕塑非常棒。黄裕昆老师就去接待了北京一行来的几个老师，他说："我们这个木偶，也不太专业，所以想学点专业的东西，看一下是不是能到中国木偶剧团去学？"索万金老师说："你们没有必要跑到北京。"北京远，当时进京，还要各种批准，

贵阳木偶剧团成立十周年合影留念

贵阳木偶剧团成立三十周年合影留念

而且贵阳还没有直接到北京的火车。所以索万金老师就跟黄裕昆老师讲："你们要学的话可以到广西南宁去。那里近，而且南宁的东西和北京很像，他们的表演手法、制作功底，各方面都很好。"20世纪70年代末，在建团之前，黄裕昆老师就带了几个业余的同志自费到南宁去了。南宁正好在上演木偶剧《孙悟空三打白骨精》。广西木偶剧团的同志也非常好，木偶剧的所有情况都认认真真地给他们解释。原来的木偶戏班都很保守，是不打开里面的结构给其他人看的。广西木偶剧团非常好。到今天我们都把广西木偶剧团称之为我们的老师团。我们和广西木偶剧团的历届老中青领导、演员的关系都非常好。

其实我们的启蒙就是从广西木偶剧团开始的。当时去的人有老团长黄裕昆老师和团里的老师王平川、王运筑、唐雯倩、钱晓影等。那个时候我还没来。我家夫人也到南宁去学习了。1977年，他们把《孙悟空三打白骨精》这台戏学回来后，就开始制作、排练。当时没有经费，文化宫只给很微薄的一点费用。他们因陋就简，把《孙悟空三打白骨精》的前半场排出来了。

贵阳的木偶戏没说师从哪一个派，但是说起来应该是广西的流派。广西和北京木偶很像。广西的木偶追溯起来，是从广东来的。

追溯木偶

中国的木偶，隋唐时期已经开始出现，在唐朝比较鼎盛。以前是祭祀用的，逐步形成木偶表演，然后是庙会形式。它最早是从俑的形式演变来的。考证下来，木偶戏的历史非常长。中国的木偶戏是中国的"百戏之祖"。"百戏之祖"是说现在的京剧、川剧、越剧等这些剧，都没有这么长的历史。

木偶戏的分支有很多，表演形式有杖头的、提线的、布袋的，还有铁肢的。如果要追溯到更早，它不叫木偶戏，叫傀儡戏，由人来操纵。

据历史记载，还有药发傀儡。药发傀儡需要用火药，点燃后，它就会靠火药的能量，形成一些设计的动作。这种技艺现在失传了。据说现在有一些民间艺人想把它恢复起来，也在根据以前的历史记载琢磨。还有一种叫水傀儡。它的表演形式和我们完全不一样，是在水里面表演。据记载，我国历史上曾存在过，但是现在据我们了解，已经没有了，不过越南还保存有。越南文化和中国文化交流密切，应该是以前传过去保留下来的。

改革开放以后，还创新了一些表演形式。比如说现在木偶的黑影戏，两三个人从背后操纵一个木偶。扬州市木偶研究所为了迎接建党一百周年，打造了一台叫《铁道小飞虎》的戏，就是运用了这种表演形式。广西演艺集团木偶剧团的《鸡毛信》也是这样的表演形式。现在有些表演形式，就是从后面做文章，它既不是杖头木偶，也不是提线木偶，又不是铁肢木偶，还不是皮影。现在的创新是从后面表演，有时候他们又是木偶又是扮人，手是真人的，身体和头都是木偶的。反正有好多新的形式。

中国的木偶本身就分了几种表演形式。贵阳木偶剧团的木偶叫杖头木偶；福建泉州的木偶是提线木偶；福建漳州和晋江是布袋木偶，也叫掌中木偶；还有铁肢木偶，但铁肢木偶在我国很少。广东和西北的一些地方，也有民间木偶。我们也结合了一些国外的表演形式。现在通讯发达，很多东西上网一搜就搜到了，很多表演形式都在发生变化。中国木偶在全世界比较受欢迎、比较有名的就是杖头、提线和布袋这三大木偶。布袋木偶光是在福建就分为漳州木偶和晋江木偶，但是它们的表演形式不一样，漳州的木偶非常传统，晋江的木偶要大一点，还可以用手杆。木偶的表演形式也分有流派。南北的提线木偶也不一样，2008 年奥运会开幕式就用了泉州的四个提线木偶，泉州木偶剧团参与其中。

石阡木偶的表演形式是把木偶举起来的，它没有创新。木偶头还是用木头雕出的，还是以前那种古老的形式，所以木偶非常重。

直到现在，我们也还在做一些小的改动。比如像安装嘴型，以前是找一个轴点，现在是活页式的。这种好看，而且感觉木偶更灵活。也许以后还要出现更新的材料，比目前的这些材料还要轻。但是木偶也不能太轻，演员要一定的沉手，表演出来的动作才到位、才好看。如果木偶完全一味地追求轻，演员没有感觉，表演起来就不到位。所以，我们也在制作木偶剧上陆陆续续做一些微调，但大方向没变。

古代木偶戏的情况，我都不太了解，但肯定是用于一些民间的风俗活动，后来慢慢就进入了庙会，在赶场天或者是庙会上表演，这样一步一步延续过来。木偶进入国家层面的视野肯定是解放后，原来叫民间戏班子。老艺人挑个扁担，两个箩筐里装着东西，演扁担戏、帐子戏、被单戏，穿一个棒棒，拿个被单一搭，就把人挡住，在后面就开始表演，前面是观众，小朋友都喜欢看。国外也有木偶，比如英法合拍的电影《虎口脱险》里的木偶剧表演的是布袋木偶，提线舞台都特别高，人站着，木偶在地上。我们是反过来的，木偶被人举着在上，演员在下面。

我刚刚进入木偶剧团的时候，市里正在办批文手续，计划成立这个剧团。应该说，我也是这个木偶剧团建团的元老之一。

贵阳木偶剧团下乡采风

1978年，贵阳木偶组排练木偶剧《唱着歌儿上北京》

1978年，贵阳木偶剧团在邮电大楼前演出，盛况空前

1985年，贵阳木偶队在河滨公园演出

青年时期的刘柏勋

　　我来的时候，木偶剧团有十多个人，有一些人还是从别的单位调过来的。自建团起我们就是一个自收自支的单位，因为批文就明确了。当时要树立典型，宣传一种精神。"以前的剧团都是国家养着的，现在我们就是要闯出一条路！"到现在来看，这条路应该是不可取的。文艺团体毕竟也是属于宣传系统，如果要把它们完全纳入市场，就会有很多没法解决的问题。最近，有个年轻人来问我："你觉得，未来贵州木偶应该怎么发展？"我说："很简单，就希望有关部门、上级领导对这个古老的剧种、"百戏之祖"，该扶持的要扶持，该提高的要提高。"

　　我的夫人现在已经退休了，返聘回来工作。现在我们单位的人手不够，但基本排戏的人都要有。排一台戏，连演员都没有，怎么行？1977年，我夫人到广西去学习回来，她的表演是负责操纵《孙悟空三打白骨精》里的沙和尚，这一干就干了几十年。

　　我们之前不认识，在剧团的时间长了，慢慢就熟悉了。她比我先进团，比我大三岁。我们那个年代，经常在外面演出，都不回家。多数时间都在省外，而且一去就是好长时间。这样，我们慢慢地就好了。原来我们团里面有几对，但是现在都出去了，都离开了木偶剧团。有一些在别的单位退休了，有一些调离或者从事别的工作去了。我们团就只有我们这对，从始至终都是坚守在这里。

我们1987年结婚，到广东演出，娃娃好小，没有办法，是她家表妹帮我们照顾。我们出去表演，几个月才回来，回来娃娃都不认识我们了。我们家孩子是个女娃娃，现在在贵州省文化艺术研究院（贵州省戏剧创作中心）工作。她从上海戏剧学院毕业后，考到戏剧创作中心，现在搞专业编剧。我们有两台戏是她写的剧本。一台是人偶剧的《木偶奇遇记》，这是她改编的。这出戏小朋友非常喜欢。《两个人的征程》也是她写的。她不光写，还导演，也做编导。

20世纪70年代末80年代初，我们把《孙悟空三打白骨精》全部演完了。原来团里演的是上半场，还不是一个完整的剧目。我来了以后就参与制作，把下半场搞完了。1981年，我们团又到上海去学了一台大型神话剧《美人鱼》。我们那时年轻，不到二十岁，一些哥哥姐姐制作木偶，我们只能在旁边观看、学习，但是自己也要勤问"这个地方为什么要这样子，那个地方为什么要那样子啊"。同事们会很耐心地给我们解释。

木偶造型

年轻时，我跟着老师学，在他们做的时候看一下，也跟着打下手。比如说画布景的时候帮调色，做点打杂的活。他们搞安装的时候，我也看一下、了解一下。做布景的时候，我也帮着锯一下、钉一下。先从这些简单的入手，加上自己也喜欢，就开始有一点基础。我记得第一次画布景，好像是在云南演出的时候。在云南个旧，当地有一个俱乐部有美工画海报。我们巡回演出时，布景的颜色有点淡了，不是很明亮，也不是很鲜艳。我们就用当地的颜料修补，再发挥一点自己的创作，就把老布景修复了。

我们不光要看和学，还要去做。我记得在20世纪80年代，老团长说："小刘，你造一个小猫的型。"我当时听了好高兴，第一次给我造型的机会，我就造了一个小猫的型。当时还怕造不好，就先观察家猫，然后拿出泥巴来造型。现在看到以前那个造型，觉得好可笑，但那是我的第一个作品。我做的猫头，还真的用到戏上喽，那个戏叫《小猫钓鱼》。

传统的木偶头，要用一整块木头。木头的材质可以用椴木、银杏木，还可以用樟木、榉木。我们喜欢用樟木。樟木的比重要轻一些，便于雕刻，钉钉子也不会破裂。全国用樟木雕木偶居多。樟木还有一个很好的特性，即不会生蛀虫。

我们现在做了改进，用泥巴塑形。泥巴塑好形以后，用石膏翻成模具，然后用报纸一层一层地裱糊，放入烘箱里把它烘干，石膏模具取出来，里面就是一个纸胎，经过修磨、打磨、烘烤、刮灰等程序。先完成翻模具、裱糊、刮灰、安装机关、装假发、化妆等工序，最后才安装里面的机关。一个木偶大大小小的工序算起来有上百道。一切都是根据剧情的需要来制作。

做木偶需要的工具很多。泥塑的雕塑刀、刮子，还有大大小小各种雕塑工具，美工刀、裁纸刀、排刷、糨糊等。糨糊里还要加明矾、黄丹粉。贵州比较潮湿，调糨糊的时候里面要加点黄丹粉，目的就是防潮。

裱糊时标注同志的名字。一般要求糊得标准，糊得不好的就不要。每一样工具都用得上，包括这些普通的剪刀、夹钳、锯子、钉锤等，夹钳分有尖口钳、平口钳、鸭嘴钳和弯嘴钳。

制作人员要有一点美术基础，不光能画。尤其是做木偶，要求制作人员对人物造型、人物塑形有一定的理解能力和技术能力，还要学会泥塑。剧本出来后，根据导演的要求、剧本的结构来制作木偶，还需要思考木偶的面部表情是什么样的，是正面形象还是反面形象。木偶的机关根据角色的需要来设置，有些需要眼睛动，嘴巴动，甚至其他地方动。比如《孙悟空三打白骨精》里要求猪八戒的耳朵会动，还会扇，甚至鼻子也会动。此外，还要安装木偶内部的身腔、命杆、中轴，还有操纵手杆，接着再给木偶穿上特制的服装，最后化妆、定型，这个木偶才算基本完成了。

木偶是一门综合艺术，它的核心是以木偶为主，其中有木偶制作，还有木偶造型。我们讲木偶造型，就是把它造成一个形状。有了木偶造型，才有下面的步骤。

木偶的好坏在于表演操纵木偶时演员是否觉得好用，但木偶的造型，主要是根据剧情来做。比如说，我要一个非常漂亮的木偶，可以造型出来；我要一个很丑的木偶，也可以造型出来；青衣这个角色的木偶，我们就按照京剧传统来造型；我们要造型一个外国人，很漂亮的希腊人，也可以；还有稍微夸张一点的角色，比如像刚才在隔壁看的"济公"，脸这么长，脑袋还有点尖尖的，也是我们做出来的造型。木偶可以千变万化，不拘形式，当然也这是在编剧导演的要求下来做。

我刚刚进团的时候，木偶剧团没有专门的美工，所以美工这一块没有专

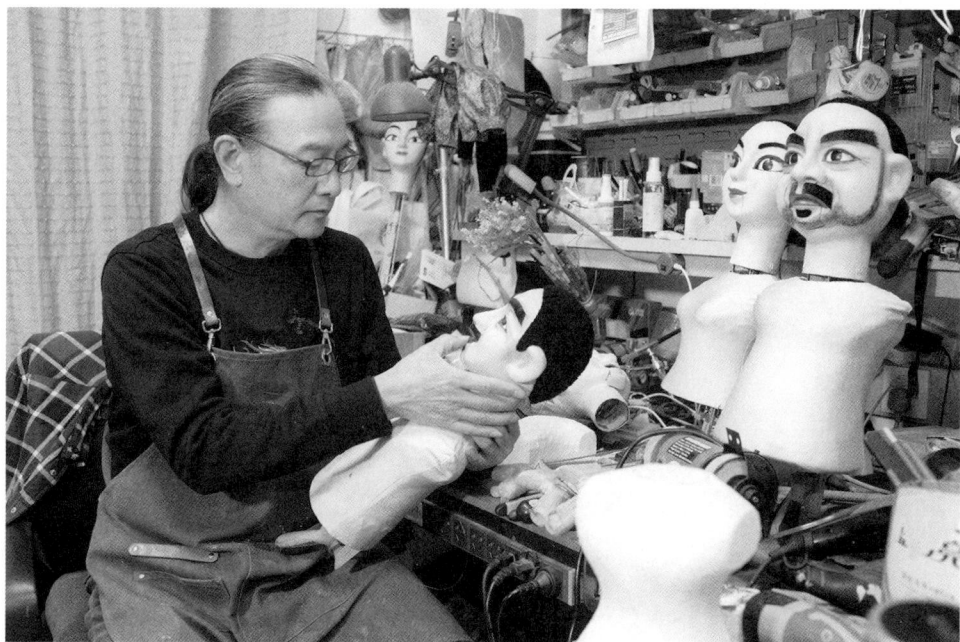

刘柏勋的工作台（一）

门的老师教。不过黄德伟、尹光中、范光鼎这些老师做造型的时候，我会经常看，经常问。

1982年，我和另外两个同志到湖南木偶皮影艺术剧院学习，这让我受益匪浅。我们去了两个月。这期间，我就跟湖南木偶剧团的造型师唐勇全老师系统学习了木偶造型。舞美设计这一块，我是跟湖南木偶皮影艺术剧院的朱开远老师学习的。他给我讲如何设计木偶的场景。到湖南去学习的那两个月，我们一天到晚就在湖南木偶皮影艺术剧院的制作室，跟着四五个制作老师学习。那时，他们团正好要到澳大利亚去做友好交流，他们就带了一个传统剧目——古装木偶戏《金鳞记》去交流。他们制作木偶，我们也参与。我们到湖南去的那两个月，相对系统地学了一些东西。回来后，我们就参与木偶戏《美人鱼》的制作。

我们单位出的作品相对少一点，基本都是小剧目，最多有几个中型节目，有《猪八戒背媳妇》《小金龟智斗大海怪》《傻大熊和小刺猬》等，其余很多

刘柏勋的工作台（二）

是小型的剧目。这些剧目中，有跟北京学的，有跟上海学的，有跟南宁学的，都没有我们的自创剧目。这些都是20世纪80年代到90年代初学剧目的情况。1994年到1996年，我们请上海木偶剧团的一个老师专门为我们写了剧本，五个小剧目打造起来了一台小戏《小兔系列》。那台戏就是全团上手来做的。

接任团长

那个时候，我们老团长也退休了。当时的文化局局长、党办主任就把我和另外一位同志叫到文化局去，要求我们接木偶剧团的工作。我稀里糊涂地就把这个剧团接下来了。

1996年开始，我任木偶剧团的团长，一直到现在，但是这一路上坎坎坷坷、披荆斩棘、跌跌撞撞。这中间还有很多故事。

有很多人问我说："刘老师，你觉得，你工作到今天，四十多年的艺术道路，这么清贫，你后悔过吗？"我说："这也算我自己选择的一条道路。其实没什么后悔的。为什么？我自己选择的，我还比较喜欢，不和别人去比。"我也曾考虑过离开，而且还有好地方可以去，比如到广东，他们给我开的条件也蛮好。最后决定还是不去了。有两个原因：一是自己喜欢，舍不得；二是想到自己一走了之，那么下面的这些队员就得另谋生路了。

文化局没给固定拨款，有一点政策性补贴。整个木偶剧团建团四十多年，我们老团长带了十多年，我带了二十多年。剧团一个是生存问题，一个是发展问题。进入2000年，我们和演出公司、演艺集团慢慢融合在一起。毕竟这个机构要大一点，演艺集团有产业，对剧团还是有扶持。我们这些老演员有归宿了，起码都是进社保了。等我们退休了，温饱还是没有问题的。

我们单位有一些老师，觉得这个行业苦，已经离开；有的老师退休了还在这里工作。没有办法，我们现在是这种情况，人手不够，演员不够，制作力量也不够。老同志们毕竟参加了大大小小的无数台木偶制作，这些辅助工作，一讲，她们就会。虽然她们不能搞人物造型，不能搞化妆，不能搞里面的机关安装，但是起码能做裱糊、装头发，还有一些缝纫工作。

贵阳木偶剧团有个很好的传统——吃苦耐劳，勤俭节约。我们从来不大手大脚，本身我们也没条件大手大脚。我们买东西都是货比三家，都是和人家讨价还价才买。买点原材料，我们都很节约。

我们排的木偶戏《长征路上的小红军》参加全国的比赛，获得全国最佳剧目奖，我还得了一个舞美奖。业内的同行广东团团长问我："你们打造这出戏，差不多要五百万吧？"我说："五百万对我们来说是天文数字，我们这出戏全部搞下来百来万块钱。"《长征路上的小红军》投入百万，我们还反复修排、复排和改进。我们出去演出都是用一辆九米长的大卡车来运东西！

一个单位不排戏的话，就正常开支。如果要排戏，就牵扯一些费用。这一次，我们拍的戏《两个人的征程》预计要八十万，我经常喊财务拿报表来看，可不能超支了。一台戏打造了几个月了，很多开支，都是必要的，有些开支也大力紧缩。财务说："你看，连演员排练都是领十五块钱的盒饭。"我早上出来，一直到下午才回家，中午都不走的。紧张时，连晚上都加起来，但我从来不计个人得失。

今年上半年集团召集开会，领导说："建党一百周年，木偶剧团要搞一台戏。钱，你就不要操心了，我去想办法，你就搞好业务。"我说："有你这句话，我就放心了。"不像以前，我们排戏还要想钱怎么来。现在有领导去操这个心，真好。

这个剧团存在四十多年了，要操心的地方多，要生存，要出新，要出剧目啊！我现在操心制作，怎么样出精品，怎么样把它做好。好在经费，我不操心了；人员，我也不操心了。

我肯定要做传承。但是现在的学生不比当年，当然我也不能用以前的眼光去看待他们。我们那个时候好有担当，还没有四十岁就把木偶剧团接过来，一直带到现在。虽然我明年退休了，但是我也不会不管，需要我回来帮忙，我会来。但是我们也要培养年轻人，这个剧种的演员很关键，制作很关键。没有木偶就没有剧团。

我打算在明年上半年正式收徒，还要有仪式。

我们收徒还是很正规的，要给师父敬茶，给师父磕头，然后师父要交代一些事情，要给他讲以后要如何如何，师父要送徒弟礼物。对徒弟的要求，首先三观要正。要有一段时间在一起生活和学习，大概了解这个人的德行、品行，这个人还要有点上进心，有点进取心。我们也观察，哪怕他们刚来时一点都不会，但是一定要去动手、要去摸。如果只说得天花乱坠，但不去实际操作，永远都学不会。特别是搞制作，要参与制作，要去摸，而且制作会负很多伤，我们的手经常被削到、被锯到，到处都是伤。

搞制作，特别难。我经过这么几十年，到现在，能做出这一些人物木偶，能够设计出这些木偶剧的舞美，这真是要用时间来积累的。现在的年轻人，不像我们，认一个死理，觉得是自己喜欢的，就是终生事业。

木偶剧团走到今天，真的不容易。

有一年，我们到云南一个大山里演出，坐的敞篷车是人货混装，盘山公路上看到云彩，雾气在脚下，几十公里，不敢开快。我们演完后，一车道具连人开到云南的双柏县，正值雨季山洪暴发，路被冲断了，车过不去。我们的一个演员就跑到双柏县城去找部队里的老乡。部队好热情，就派车转移我们和道具。我们还要赶时间，大木箱，一拎过来，扛着就过去。不像现在，装车卸车都要请人，出门都是卧铺，赶时间还可以坐飞机。我们原来出省都是硬座，不管去北京还是上海。演出自带行李，自己背背包，原来都是这种光荣传统。女同志住下场门，男同志住上场门。我们也可以住招待所，但要出费用。两毛钱的场次补贴，每天八毛钱的出差补贴，跟着客货混装的货车东奔西跑。我们这一辈人，真的很能吃苦！我们在甘肃省玉门市体育馆演出时，就在露天体育场搭一个舞台。演出完，晚上没有水，拿起大电筒，拿起桶去舀田里的水来洗脸。天很热，一身都是灰。玉门市的人一天只吃两顿饭，早上十点钟吃一顿饭，下午四点钟一顿饭。没办法，我们还是要过。顿顿吃黄瓜、苦瓜和花生米。

木偶剧团的日常排练、练功，还有一些大型的布景生产，可以在图书馆的儿童剧场完成。这里主要是木偶剧团排练和练功的场所，有时候也举办一些讲座。三百多个座位的小剧场，对木偶剧来说是比较合适的。湖南、广西的剧场也不是很大，但是设施非常完善，舞台非常的正规，它的吊杆很多。好在我们木偶剧团现在还有一个排练场地，原来连场地都没有。在河滨公园的时候是露天排练，那时条件十分艰苦。

有的木偶还需要活动手，让它可以拿东西。比如说在舞台上，需要拿一个手榴弹啊，或者拿一个杯子等等。《沙家浜》里的刁德一和胡传魁还要拿烟，阿庆嫂还要刮火柴把他的烟点上。这都叫活动手。一台戏有几十个木偶，少则十多二十个，多则三四十个，有一些更大的剧有上百个木偶。制作木偶的过程非常漫长。它不像别的剧种，剧本出来熟悉剧本，导演把戏导了，演员直接扮上妆，穿上服装就可以上台演出。木偶是两次排练。首先要走一个像普通剧种那样完整的排练过程。导演根据剧本进行演员的调度，各个点固定好了，要先排好人戏，木偶演员要根据导演的提示，完成感情戏的内心活动，还要加上演员自己的发挥。把人戏部分走熟了后，还要再反过来排木偶戏。

严格说，木偶戏的导演要懂木偶，但也不排除不是木偶界的导演，也可以导戏。但是木偶有三度创作，甚至还有四度创作。木偶界也有专门的导演，只有大剧团才有，比如扬州、广东等地的剧团都有专门的木偶导演。贵阳剧团本身不大，就没有专职导演，也没有专职编剧。木偶演员基本的形体、形象和五官，还是要有一定的讲究，五官端正。当然没有舞蹈演员、戏剧演员及其他出台演员那样高的要求。木偶演员招进来后，前三年不能上台，他们要练基本功。他们还要有一定的文化水平。

国外很多国家的艺术院校都有木偶戏专业。国内的上海戏剧学院搞得比较早，中央戏剧学院近几年才设木偶戏专业。如果有条件，我们就可以去这些地方培训，但贵阳的木偶剧团没有这个条件。现招来的学生有一些艺术基础，学声乐、舞蹈，对表演有一定理解，也有一定的特长。他们除了需要学声台形表，另外还要专门学木偶表演，进行基本功训练，其中举功很重要。

贵阳木偶剧团日常排练（一）

贵阳木偶剧团日常排练（二）

刚刚来的学生，老师先教他们举一个木偶，练功的木偶有三斤到四斤重；然后就练定举，从两分钟三分钟开始，一天加一点；最后，我们的要求就是举木偶能达到半个小时以上，基本功就能过关。

举功练好，木偶的基本功才算有一点点基础。在动作上有无数的专业词语，都是分解它的动作，比如"胸有朝阳"是木偶的单个动作，然后才慢慢把一些动作连贯起来，这才成为木偶演员。严格来说，从学员到登台演一般配角跑个龙套，需要三四年的时间。当然这也不是绝对的，有些悟性好的，可能一两年也会参加一些配角演出。作为木偶演员，被要求的不光是声台形表，还有木偶操纵。我们讲的木偶演员就是木偶操纵演员。木偶演员操纵木偶，要达到得心应手、比较流畅的程度，花的时间是比较长的。几年的工夫肯定要，而且以后都要不断排练、不断演出，在不断学习的过程中积累一些经验。木偶演员也需要拜师，也要有指导老师。

他们进团跟着老师学，也需要一系列的学习过程。我们这次准备到南宁去参加中青年技艺大赛的两组剧目，都有专门的指导老师。木偶演员，从进团到能够独当一面，要花不少时间。好多东西是在长时间的琢磨中积累下来的。

木偶作品

小猫造型是我进入木偶剧团做的第一个造型。之后慢慢地也参与一些木偶的造型、道具制作、布景的绘制。第一台独立完成的大戏是《诺德仲与豹子精》，这台戏是戴明贤老师写的一个剧本，我自己完成了人物设计和舞美设计，还完成了整部戏二十多个人物的造型。这台戏参加了文化部的第二届中国木偶金狮奖评选，获得了一个铜奖。这也是木偶剧团建团以来第一次参加全国的大型比赛。

然后，我又陆陆续续制作了几个大戏人偶剧。比如《白雪公主与七个小矮人》，还有帮原贵阳市艺术中心打造大型人偶剧《青蛙王子》。《青蛙王子》

就是我做的人物造型和人物设计，受到很多好评，也获得了贵州省的一些奖项。这台戏里面的人物造型都是我的作品，里面有好多造型，包括大白马、青蛙、老鼠等。我还设计了大型卡通魔幻剧《魔笛》，它的人物造型和舞美设计也是我的作品，也获得了很多省市的奖项。紧接着我又在团里设计制作大型卡通人偶剧《小红帽》。再往后就有大型民族神话木偶剧《黄果树瀑布传奇》。这个戏很有特色，是以布依族为原型的一个戏，参加全国金狮奖荣获优秀剧目奖。2000年以后，我们出戏出得多了，打造了《水寨龙珠》，是以贵州水族为题材的一台戏，请的导演是广西木偶剧团的团长兼导演谢家富老师。《水寨龙珠》的舞美设计不是我，请广东的老师设计的，但我设计了人物造型和木偶。这台戏在成都参加第二十一届国际木偶周"国际木偶节"，荣获国际木偶节的最优秀剧目奖。紧接着，我们又重新改版大型儿童剧《白雪公主》，也是我设计的人物造型和舞美。然后，给演出公司打造了一台《卖火柴的小女孩》。这几年又打造了一台大型侗族木偶剧《侗寨寻歌》。这个剧目是根据省委宣传部一个宣传贵州的动漫短片改编而成的，我们请原文化厅的副厅长谢彬如改编成木偶剧，参加全国木偶皮影艺术比赛，在全国又获得了一个优秀剧目奖。

贵州几个主体少数民族的题材在全国还有点影响。因为贵阳木偶剧团和全国的剧团相比，剧团不大，成立的时间也不长。全国的好多专业院团都是20世纪50年代成立，都是老团、大团，擅长戏曲的、现代的、科幻的，还有神话的。贵州最有优势的就是民族特色。所以我们几台戏都具有民族特色。最近这几年，我们打造了一个大型红色题材木偶戏《长征路上的小红军》。《长征路上的小红军》请了广西话剧院的一个老师导演。这台戏是我们团建团以来投入比较多的一个剧目，投了一百多万。一直到现在都经常演，深受好评。这个剧目讲的是红军长征途经贵州的故事。这台戏也是我亲自动手做的人物造型和舞美设计。这台戏参加金狮奖评选，获得了贵阳木偶剧团建团以来最高的一个奖项——最佳剧目奖。总的来说，贵阳木偶剧团民族题材、红色题材的戏，在全国影响都还不错。

《木偶奇遇记》剧照

我们单位没有专业编剧，觉得题材好，我们就专门约稿。

后面我们又打造了一台大型卡通剧《木偶奇遇记》。这台戏启用的是年轻编剧，效果还蛮好。受疫情影响，演出的场次还不理想。等疫情过了，我估计这台戏的商演可能还会多。《两个人的征程》也是大型红色题材的木偶剧。这台戏也是我做的人物设计、造型，舞美设计和造型、制作。

我现在基本上不演，不担任角色。我是中国木偶皮影艺术协会的理事，很多演出都要对接。我们出去演出，所有人都必须要去，舞台监督、效果、切换、装置等，都要在舞台上来做。有时我们角色也不够，我也跟着去跑个龙套，一闪而过的那种。比如像《黄果树瀑布传奇》上面那一条会喷火的龙，就是我操纵的，因为我有臂力。

小朋友比较喜欢木偶，它本身的造型就很生动。木偶有一个得天独厚的条件，在塑形的时候，想要塑成什么样就塑成什么样，它的形象是更直观的。

舞台上面有动物，只要想得到的造型，根据导演的要求，我们都可以做出来。而且它还有特技，木偶也可以上天入地。

我在贵州土生土长，我们的优势是民族特色。其实我对一些少数民族的造型还是蛮喜欢的。在人物造型方面，我喜欢夸张一点的东西，比如像一些反面角色，我可以尽量去发挥，尽量夸张一些。但是正面形象就不能太夸张，只能说造得比较魁梧、英俊，或者憨厚老实，还有神话剧也可以夸张。红色题材里的正面形象不能很夸张，反面形象可以相对夸张点。比如这台戏木偶造型上面有个龅牙，两颗大牙齿，还有一个斗鸡眼，因为那是特务的形象，可以夸张一点。

在做人物造型时，我们都有一种对造型的理解，经我手出来的大大小小木偶有几百个。我十多二十年前做的木偶，到现在来看，总觉得有点遗憾，仿佛还有点欠缺。但我们一次比一次进步，包括我去年做的木偶和今年比，总是觉得哪个地方有点不足。人家讲"活到老学到老"就是这个道理。没有哪样东西是令人非常满意的。但对我来说，所有木偶已经融入了我的生命，它们就像我的孩子一样，我对我的每一个人物造型、每个木偶，都是蛮喜欢的。当然里面也有我更偏爱的：比如说像《侗寨寻歌》里的小石头造型，我蛮喜欢；《黄果树瀑布传奇》里的一些动物形象（如金丝猴、猫头鹰），我蛮喜欢；《长征路上的小红军》的团长、赤娃造型，我也蛮喜欢。

木偶的服装、人物造型和舞美设计，都要出设计图。服装设计就是服装师出图，但一切都是根据导演的要求来做。要看在什么样的时代背景下穿什么样的服装，如红军的服装不能用现代的面料，要用粗布，该打的补丁都要打。

我现在身兼数职，不光设计人物、舞美，还有道具。有时候来不及，我就出草图。这有点违反艺术规律，严格来说应该画成彩色图纸，拿来给导演过目。导演根据题材提出修改意见。我干了几十年，也没有达到炉火纯青的地步，出草图主要还是时间来不及。

一定要有设计图。其实好多东西我已经全部印在脑海里了，剧本一出来，我就开始看剧本，脑海里会呈现一幕一幕的场景，然后慢慢推敲。当我要落实在实物上时，方案已经比较成熟了，这时可以开始去做泥塑了。上场门需要怎样的场景，下场门需要哪种场景，中景是什么样的场景，远景是什么样的场景，天幕上面是哪种场景，全部都要有一系列的安排。一台木偶戏是一个比较复杂的系统工程，它不光是把木偶做好就完了，还牵扯到头饰、化妆、服装，还包括它的人物造型，哪怕身上的一个小标志，都要考虑进去。《长征路上的小红军》里有一场过雪山的场景，天上飘着鹅毛大雪，红军战士都已饥寒交迫，很疲惫了，这时很亮丽的服装就不符合那个场景，所以都是要求做旧。红军的八角帽、红领章，五角星不是现在的金属材质，都是红布做的，也要做旧。《两个人的征程》这台戏，很多木偶的布料都是粗布，因为它就是要那个年代感。

我们有一位长期合作的服装老师，他的服装做得非常好。他在制作之前，会把服装设计图拿给我们看，然后根据导演要求的木偶尺寸来做。

一台戏就是一个系统工程，最后交给演员后，还需要我们"搭手搭脚"——这是我们的行话。"搭手搭脚"就是演员要去拿道具，下面还有个同志要配合，但这个同志观众是看不到的，是在挡布后面。还有演员的配音，现在找配音演员有多种渠道。我们找的老师来自长期合作的渠道，比如省话剧团的一些老师，还有一些播音员，还有我们本团的一部分配音演员。配音配乐首先是根据剧本将台词录下来，再搭配音乐后期合成，演员据此时长来排，中途还有无数次修改。等人戏排完了，木偶戏排完了，就合成音乐。全部做完后，木偶演员就开始举起木偶正常排练。

一台戏要好好打磨，用一个月的时间是比较好的，有些剧团还要排两三个月，然后才进入彩排，最后进入剧场去合成。进剧场演出前，要先把舞台装好，我们叫"装台"。我们装台要装十多二十个小时。舞台上需要的灯光、布景效果，还有木偶全部安装好了以后，就要对光了。对光就是根据剧情一场一场来对灯光。其中还要有灯光设计。灯光设计要把整个剧情吃透，设计整个剧目的灯光运用。这一场是要暖色光还是要冷色光，哪个地方要用追光，

还有灯光的明暗、定点光及特殊灯光，比如有些要用紫外光，有些要用激光、追光。装完台，布置完后，把光对好后，全体演员进入正式演出前，要进行一次完整的彩排。灯光、音响、舞美、布景、道具、演员、木偶、舞台监督，全部做好后对观众做演出的准备。这时主要是内部的同志来看彩排，领导审查。正常彩排完后，还要请各方专家开个座谈会，针对领导提出的要求做微调，改进后再正式和观众见面。

在演出过程中，我们还会发现一些问题，也要做一些修改。有些对演出比较认真、精益求精的老演员，他们每次演出都会有一些微小的变动，但肯定是在导演的要求下和他们长期排练的基础上来实现个人的发挥，前提是他们的改变不会影响整个剧目，比如，他们会考虑加一个动作、一个眼神，怎么做更好看。一出好的木偶戏，一演就是好几年，有些经典的戏甚至演十年。

舞台上表演过的木偶，下了台就是一件经久不衰的工艺精品。另外，经典剧目不会随着时间的推移而过时。比如木偶版《西游记》就影响了无数代人。小时候，我去云岩电影院看动画片《大闹天宫》，我父亲知道我喜欢，就给我买两场《大闹天宫》的票，看完这一场又接着看另外一场。到现在，我还是觉得《西游记》系列是一个精品，是经久不衰的作品。以前的小朋友喜欢它，现在的小朋友同样喜欢。经典是不过时的。

木偶戏是一门老少皆宜的艺术，一老一少特别喜欢它。上了年纪的老人和充满童趣的小朋友特别喜欢木偶剧，成年人看了也觉得很好，像动画片一样。有颗童心的人都喜欢看。

有家长带娃娃来看木偶剧《长征路上的小红军》，很受感动，有些家长还掉眼泪了。有些家长说，现在的好多小朋友对红军长征的历史不太清楚，红军二万五千里长征这段历史，是一段艰辛的历程。有了这段艰苦的历程才有了新中国。结合一些重要的时间节点，我们也想对红色革命题材做一些广泛的宣传。

我从事这个行业四十多年，一路走来也在反思，也在回想这几十年的诸多艰辛。一个剧种的发展，受经费的制约。要想一个剧种发展，一定要政府扶持，政府对这个剧目要有投入。根据我个人四十多年的从业经验，我认为一个文艺团体，尤其这个"百戏之祖"木偶剧团，要想生存，要想发展，如果没有政府的投入，我们就走不到今天，在以后的发展中也肯定会遇到很多阻碍。

我记得有个熟人的孩子，从贵阳飞到成都，花高价买张票看偶像的演唱会，看完又飞回来，我内心有些酸楚。有些东西吃力不讨好，像红色题材的木偶戏，观众看了，觉得很好，但是一旦要让更多人花钱来买票看戏，一些人就不太愿意了。这可能也有市场运作的因素。

在福建漳州有小厂制作小型木偶，但是造型几乎是程式化的，木偶的形态变化不多，一个造型就要生产成千上万个。他们也可以根据剧目的设计图来生产，要是做成我们这样的全手工木偶，我估计消费者很难消费，因为它的专业性比较强，价格也会比较高。

这个事业是我自己选择的，我又喜欢，也不想放弃它，所以一直在坚持，我有时给别人做设计，几百块钱、几千块钱，也都给人家做。现在我的收入也并不高，我把心思全部放在了木偶剧团里。好在我的孩子大了，她也不需要我们负担。

我明年就要退休了，但我希望木偶剧团不要因为哪个同志退休了就发展不下去了。他们经常在讲："刘团，你退休了，怎么办？"尤其是制作这一块，我说我退休了，我还是要关注木偶剧团的。我们领导说："刘团，你退而不休。"我说："不叫退而不休，退了就叫退了，但是木偶剧团一声令下，需要我，我绝对要回来帮忙。"我对木偶剧团很有感情。我希望木偶剧团以后比现在搞得好。我希望木偶剧团发展能越来越好，希望借助媒体呼吁一下，希望上级主管部门、各个部门对木偶这个非物质文化遗产给予更多的支持和帮助，让这个剧种延续下去，让它发展得更好。

口述史采集小组采访刘柏勋先生后的合影

雕塑人的精神气

口述·李钢

李钢，1966年生于贵阳，布依族，雕塑家。现任贵州省美术和雕塑研究院院长、贵州省雕塑艺术委员会主任、中国美术家协会会员、民盟贵州省委常委、民盟贵州美术院副院长、贵州师范学院特聘行业专家、中国人民大学艺术学院雕塑导师、中国当代雕塑艺术研究院研究员。其雕塑代表作有《老妇人》《阿Q》《今年喜事多》《莫言像》《苦难英雄任正非》《中山先生像》《时代楷模文朝荣》《奢香夫人》《知行阳明》《布洛陀》等。

李　钢

我的家人

我的父亲是毕节纳雍县人,20世纪50年代到贵阳工作,我在贵阳出生贵阳长大,算是老贵阳人了。

新中国成立初期,父亲在纳雍搞过"土改"、剿过匪,抗美援朝战争时期负责在毕节地区招募军人,我曾见过时任国防部部长彭德怀签名的任命状,在我的记忆里父亲是把国家工作看得很重的人。

在纳雍县已当上副县级干部的父亲有机会到省城开会,在贵阳的所闻所见,启发了父亲辞职到贵阳另谋工作的想法。回到纳雍后,父亲带着小他十二岁的唯一的弟弟,从纳雍徒步走到贵阳。

母亲生在纳雍县城,我外公是因为参加了反对旧统治的组织被通缉,从湖南逃到贵州毕节地区,母亲三岁时外公被旧政府杀害,母亲是在缺失父爱、重男轻女的环境中长大的。

父亲的木匠活很在行,又有在政府工作的经历,找工作不是问题,新中国成立初期很需要能干活的人,父亲如愿到省汽车运输部门工作,父亲从木工班班长干到车间主任,再到厂级干部。

父亲对公家的工作很投入,根本顾及不了家庭,母亲自然地担起了家庭的重任。

我出生于"文革"时期,一两岁时我们住延安路宿舍,我大概三岁时全家搬到了位于威清门的交通系统的203宿舍,我们家原本有兄弟姊妹六人,大姐和二哥都去世了,听母亲说大姐生于1955年,二哥生于1958年。我父亲到贵阳工作后,母亲还在纳雍的罐头厂做工时,不到一岁的二哥早夭了,大姐是在上小学二年级时因为严重拉痢疾去世的,我大姐二哥相继去世的这十年正是新中国成立后特别困难的时期,许多家庭都经历着失去亲人的痛苦。

痛失了大姐二哥后，母亲对我们剩下的几个子女又严格又紧张，她干脆辞去了工作全身心照顾我们。

父亲每月仅有的几十元工资几乎都寄回家用，但依靠这点钱是无法养活我们的。母亲意识到不能等死，必须另寻生路，否则失子的悲剧仍有可能再次发生。除做一些家属工外，母亲一有空就领着我哥搭拉煤的火车到贵州各地赶乡场（赶圩），母亲大多采取以货易货的方式，记忆中，天一麻麻亮，母亲就领着十几岁的三哥背着大包小包的东西出发了，他们通常在当天晚上返回，母亲几乎不睡觉地整理货物，等到天微亮时又偷偷地将农产品背到威清门的小街小巷去卖，在那个将民间商品交易定性为犯罪的年代，母亲卖农产品的行为是要被判"投机倒把罪"的，为了活下去，母亲铤而走险了。

母亲带着我三哥又要出门了，临行时母亲把六岁的我和两岁的弟弟拉到身边嘱咐道："照顾好弟弟，面条和猪油都在碗柜里，饿了煮面吃，把门闩别好，有外人敲门就假装爸爸在家，要大声地喊爸爸，坏人就吓跑了，千万记住！"说完，母亲和年仅十三岁的三哥背着沉重的包袱消失在晨雾之中，为避开查票，他们就藏在车厢与车厢的连接处，凛冽的寒风将母子吹得摇摇欲坠，母亲和三哥的双手死死地抓住车厢板，预防从结了冰的车钩上滑落。

多年后，三哥回忆起这一段经历还后怕地说："我最怕列车迎面交错，风压瞬间骤增，噪音瞬间增大，如果我和老妈稍有一点神志不清，就命丧车轮了。"

小时候，我的脸上长了好多雀斑，我的肤色很白，反衬得雀斑分外明显，有人因此给我取了难听的外号。我还是一个说话迟晚的人，具体什么时候开口说话我记不清，母亲说我是三岁半才开口说话的，有人议论说我可能是"哑巴"。雀斑和哑巴像两座大山一样压得我喘不过气来，加速我自闭和自卑的心理。

我怕生，最不愿意家里来人，而我父母恰恰很好客，长辈们到我家就如回到自己的家一样，随心所欲自由自在的，他们总喜欢拿我脸上的雀斑开玩笑，拿我们兄弟姊妹比谁最好看、谁最丑……每次我都是不讨人喜欢的最丑的那个，我躲在门后冷冷地看着他们乐此不疲地比较，听着他们嘲讽地笑声……

为逃避被外人看见，我藏在光线暗沉的门背后，闻着门与老油漆混合发出的淡淡气味，我感到安心，这是属于我一个人的，是我的小家。除了吃饭，没有人会理我。春节这段时间，总有人到我家拜年，一波一波的，透过门缝我看见长辈们笑呵呵地给我哥姐派发压岁钱，一人一元，都是新钞，长辈们偶尔也会想到我，走到门边扭着头继续他们的说笑，他们不正眼看我，只是顺手掏出残旧的五毛钱递给我，来不及等我表示感谢便转身喝酒划拳去了。

我想自己肯定是有点"怪"的，否则不会被托儿所拒收。我没有上过一天托儿所，也没看过一本童话书，没有一件自己的玩具，没有一个童年的朋友。每天坐在门后，看着门外往来的人群和家人忙碌的生活就是我的全部，现在想着门后的白墙被我童年的背靠出的油色，心里仍有一种说不出来的酸楚。

总有人问母亲：你家小钢这么大了怎么还不说话啊？是不是哑巴哦？母亲受不住人们不厌其烦地关心，领着我去医院做了检查，医生说我一切正常，不讲话可能是心理受到某种刺激或是我自己不愿说话，母亲知道我和其他家娃娃一样是正常的，笑了，安心了。

儿童时期的经历，让我养成了用眼睛读外界的习惯。我似乎可以通过人物的表情、形状和动作感受到这个人的性情；通过人与人之间的亲疏和互动的情形，能感觉到其中的故事。美术是视觉的艺术形式。现在想来，成年后我将美术作为一生的职业是有必然性的。

母亲常说"粮食是宝中之宝"，要求我们掉落在地上的食物也要捡起来吃了。

小朋友郭建国约我打爆米花吃，我去弄米，他去弄苞谷，我不加思索就答应了，在我们那个年代能吃上爆米花简直是太爽了。

我趁着家里无人，像窜进皇宫的盗贼，偷偷钻进床下小心翼翼将黑黢黢的手伸进盛着白米的木箱，用手抓了一把又一把，直到衣袋装满。完事后，我从床底跪爬出来，刚露出半个身子，突然发现母亲盘腿坐在床上，母亲一把逮我个正着，瞬间操起实心的胶棒就往我身上抽，母亲一边打一边哭，一边斥骂我是偷粮的败家子，我的小偷行为是要让全家挨饿，是要断了全家的口粮……

看着伤心欲绝的母亲，想着父母为我们能吃上饭的艰辛……我泪流满面跪在母亲面前，任由母亲出气。

我们家只有母亲会动手打孩子，我被打过多次。这一次最重，记忆最深，教训最大，母亲把我打醒了，打懂事了，让我理解了生活的不易和做人的道理。现在的子女教育，家长不敢说，更不敢打，孩子们不是王子就是公主，受不得一点苦和委屈，孩子们普遍缺乏韧性，这不是好事，我认为子女教育适当地加一点体罚是有益的。

父亲长时间在外地工作，但还是有回家的时候，回到家的父亲总是不停地干活，不是修补漏水的屋顶，就是修理家具加固门窗，父亲总是想把家建得安安全全、温温暖暖的。

父亲是一个好木匠，我们家里的桌椅柜床都出自父亲之手。我家的家具不仅结实耐用而且美观，父亲的木匠活远近有名，总有人杠来各种木材请我父亲帮忙打各式家具。

父亲打家具时，便是我最快乐的日子，我喜欢闻木香，喜欢看着原木变成精巧家具的过程。父亲做家具时，我总能恰到好处地递给父亲下一步需要用的工具，看着满脸汗水的父亲接过工具时笑着点头的神情，我感到一种被夸奖肯定的满足，我与父亲有一种血脉相通的幸福感。

父亲雕琢柜脚或窗花时，我也找一些边角木料，雕刻手枪、脸谱等一些小玩意，父亲时常关心地拿过来看看，指着木型说这里雕深了一点、那里凸了一点，这里可以向左边一点、那里向右一点，薄一点、厚一点、方一点、圆一点……父亲就这样一点一点地指导，让我对实体造型有了形的认识和度的把握。

父亲说人一定要掌握一门过硬的手艺，他的口头禅是"天干饿不死手艺人"，这句话对我的影响极大，我很小就明白学好手艺就可以让自己不受饿的道理。

童年趣事

20世纪70年代，我上小学，没有校外补课这回事，家庭作业也少，放学后可以比较尽兴地玩。我家后院的模具厂准备扩建，紧邻我家的老厂房左侧每隔一块砖的位置伸出半块砖，扩建的厂房可沿着这预留的半块砖往下修，这样新老厂房便可无缝连接了。

该厂顺着我家后院挖了宽2米、深2米、长35米的条形地基，听大人说工人在这里挖到了大洋、金元宝、凉阴罐等陪葬物，人们说我家房子的地基曾是有钱人家的墓地。

挖地基的工人经常到我家喝水、乘凉，我至今还记得他们的样子。我家后院经常堆放着细腻黄沙。中午放学较早，我便急匆匆地丢下书包玩起黄沙来，黄沙像一座小山包，我就势把土堆成坟墓的样子，还找来纸板，在上面工整地写上"李钢之墓"，七八岁的我根本不懂这样做是很不吉利的。

上高中的大哥正好叫我吃饭，见我正认真插坟标，几步冲过来一脚将坟标踢飞，抓着我的手就往家里拖。

当天下午放学，我约上几个同学到我家后院玩黄沙，突然有个同学仰头指着老厂房大喊："上面有麻雀！上面有麻雀！"我顺着他手指的方向仰头望，只见几根干草横插在老厂房顶端墙体的凹处，确有麻雀出入，同学们激动地说："哪个敢上去抓麻雀？哪个敢去……"

话音未落，我已自告奋勇地说："我上去！"

我顺着砖缝垂直向上爬，身重分摊到伸出来的四块半砖上，没有一丝的恐惧感。爬到老厂房大约16米的位置，我正要伸手去捉，麻雀早已惊飞，麻雀窝里仍然温热，一无所获。

此时地面已聚集了的许多人，大人们阻止小同学说："不要喊，不要惊到娃娃，让他慢慢地爬下来。"

威清门的位置本来就高，老厂房周边没遮挡，可以看得很远，我远眺兴奋大喊："我看到余老者了！"

我在换脚的一瞬将砖踩断，从16米的半空向2米大石坑掉落，将触地的一刻我哥接了我一下，救了我一命，但我的左腿却重重地砸在大石之上，大腿骨像刀一样从肉里钻出，我粉碎性骨折了。若没有我哥挡这一下，我的生命将永远定格在8岁前。

母亲风一样地赶来，见断了腿的我躺在床上，性急地给我两耳光："死娃娃，太不省心了！"父亲找了一辆吉普车迅速赶到，大人们忙办入院手续，并将我放在医院漆黑通道的汽油桶上，几个与我年龄相仿的小孩蹑手蹑脚地从亮处向暗处的我靠近，他们的倒影被光线拉得奇长，他们小声地耳语："这是不是死人哦！"

我一动不动地等着他们靠近，再靠近点……突然有一个胆大的少年用木棍撩了一下我的被子，我将健康的右腿和两手猛然抬起，少年们见状被吓得大喊大叫四散奔逃。

我在交通医院住了半年多，病房里都是断脚断手的病人。父亲怕我无聊找来纸笔，同意我画画。从爬老厂房到摔砸下来的每一个细节都被我画了数遍。病友们赞叹我的绘画能力，让我给他们画像。

20世纪七八十年代，人们的服装和言行是很统一的，电视也只有极少数家庭才有，没有手机，更没有网络，人们听的只能是那几段戏，唱的只是那几首歌，说的是那几句规范的话……

对我而言，丰富有丰富的缺点，贫乏有贫乏的好处，贫乏让我专注和纯粹，我喜欢待在不被人发现的角落如看电影一样观看往来杂聚的人群，我发现在比较统一的背景下，市井的犄角旮旯却藏着新鲜真实的人性。

上小学后，我变成了爱动话多的人，我想原因之一是父亲回到贵阳工作分管这所子弟小学，还就是同龄人一下子多起来。在学校我虽然好动话多，但放学后我还是喜欢溜到威清门的菜场，过瘾地观看人群。

放手画画

童年因为不说话，我被认为是"另类"，上小学后我却喜爱唱歌。我家的房顶是用大块的石棉瓦盖的，呈中间高两头低的人字形，下午放学后我将自制的石棉瓦天窗向下滑动，探出半个身子，面向宿舍区高歌。李双江的《红星照我去战斗》《延安颂》《我爱五指山，我爱万泉河》等是必唱的。邻居习惯了一边吃晚饭一边听我唱歌，下雨天不唱时邻居说吃饭都不香了，有人说我是未来的歌唱家。

我在学习上严重偏科，文科还行，美术和音乐突出，最怕英文和数、理、化。我无法强迫自己做不喜欢的事，为平衡这种心理，我几乎将所有的课变成了绘画课，所有课本的空白处都被我画满了，主要画《西游记》和《三国演义》中的人物，我特别喜欢画关公骑在赤兔马上威风凛凛的样子，我用圆珠笔能画出很强的立体效果，我也喜欢画师生之间类似于猫捉老鼠的故事。

以我的成绩是考不上大学的，我二叔建议父亲更改年龄让我提前顶替，子女顶替父辈工作的政策是那个时代对离退休人员家庭的重要福利。我在父亲工作的省汽车运输公司三场的环境中长大，我一眼看到自己终老的样子，我从心底不愿意端这样的铁饭碗。

父亲想提前退休让我早一点进厂，我是下定决心一定要学好美术这门手艺的，我请求父亲给我一点时间，让我有机会在学习美术的道路上碰一下壁。

高一的暑假，我骑着辆自行车，像一条饿极了的狗在贵阳的城郊盲目乱窜。一天我窜到位于太慈桥的贵阳市第十二中学（简称十二中），骑着自行车在学校的操场上狂飙，突然听到远处排队的人群中有人大声喊我的名字。我定睛瞧看，原来是我的两位女同学林一青和李明娜，她们在这里排队是为报考十二中美术职业班，我受到她们的鼓励一起报考。

贵阳市第十二中美术职业高中班是贵州美术界公认的办得最好的美术职

高班。说它办得好，是它占了改革开放初期多渠道发展这一时代需要的天时，占了与贵州大学艺术学院仅一墙之隔的地利。职高班创办人邓传奇老师人缘好、办学思想开放自由、授课老师优秀。每年从十二中美术班考上各大美院的学生很多。再加上蒲国昌、田世信、吴家华等名师授课，十二中美术班名气大，报考的学生多，很难考进。

成功报名后，我走进了参加考试的学生人群，见他们长发披肩奇装异服，服装上不是破洞就是颜色，个个都是艺术家。进入考场，他们拿笔的姿态都那么具有仪式感，不拿笔的人左右手正反交叉形成框，眯着左眼对着静物比划。我没有上过美术培训班，从未见过如此阵势，我有点蒙了，看到他们每一个姿势都很帅，都很专业，我感觉我这样的野路子应该考不上。

我心一横，不管三七二十一，反正我也是交了钱，索性我按着自己习惯

李钢（左）与十二中美术职高班创始人邓传奇老师

的野路子来，过把瘾就行。1985年夏天，我参加十二中美术班考试，画了我生平的第一张模特写生、第一张静物和第一张色彩。

我感觉考不上，想着自己可能一辈子无缘从事美术了，心里痛！在一个有月亮的夜晚，我走到家附近的黔灵山公园，坐在黔灵湖边看着月光，在暗黑的湖面边洒下闪动的银线，流下无望的泪水。

虽然我感觉自己考不上，但还是心不死，盼着奇迹出现，我溜达到十二中，在录取名单上，竟然看见"李钢"二字显眼地被列入甲班（优等班）的名册中，我兴奋极了！

十二中美术班

考进十二中美术班后，我学会了起稿和铺调子，逐渐理解整体观察在整体表现上的重要性，晓得了有色彩的笔触是很有质感的。我虽然学会了一些技法，但不能因为尊崇这些技法而影响我对人物性格和灵魂的着迷，哪怕是静物也有性格。

在十二中美术班学习期间，教授我们素描的是田世信老师。田老师是北京人，为避"文革"之乱主动要求到贵州工作的，他画油画之后从事了雕塑，田老师长得像法国雕塑家罗丹，教课很严格，脾气又大。田老师的大女儿田园偶尔也和我们一起画素描。我曾见田老师走到田园身后时她被吓得铅笔掉落的情景。田老师性格霸道但专业能力强，教学认真严格，应该说是一位有魅力的老师，田世信与蒲国昌、向光、董克俊、尹光中、吴家华等老师在不崇尚金钱和官位的七八十年代，于贵州美术界如神一样存在。

中央民院（今中央民族大学）毕业、在贵阳市第十二中学美术职业高中班教书也兼职在十二中教色彩的马俊老师跟我说，田老师很喜欢我这样的学生。有一次，全班正画着苗族妇女肖像写生，田老师拿着泥正对着模特雕塑。我一直想尝试雕塑，停下笔向田老师要了泥，我围着模特一会左一会右，一会上一会下，一会远一会近，完全忘了这是集体的肖像写生课，贴近模特低

1988年，李钢（左一）与田世信老师（右一）及同学到龙门石窟考察合影

头观察，对照着她的脸一点点调整手里的泥塑，模特被我完全挡住了，几分钟后我才发现田老师和同学们都停下了手里的笔等着我呢。

我对自己不管不顾的行为很愧疚！

第一次对着人物用雕塑写生的经历，拓展了我的艺术表达空间，我感受到幸福和快乐。这次经历奠定了我以雕塑为终身职业的信心。

至此后，我整天想着雕塑，到了放寒假，一天晚上大约9点钟，我溜进十二中隔壁的省艺专，见雕塑班的灯仍亮着，我悄悄地走到教室门口，隔着圆形锁洞向里窥望，见田老师正背对着我视线的方向坐着，不停地从盛了石膏浆的半边篮球里舀着石膏浆，淋在绑有铁丝的骨架上，我躬着腰看着田老师的背影，见他一会拿了铲刀修一修，一会又拿了勺子舀上石膏浆淋一淋，石膏造型在田老师的背影和手部的遮掩下若隐若现，我始终不得见其全貌，我躬着腰就着锁洞默默凝视着，大脑里想象着石膏淋成的各种可能的造型，或许是这样的，也可能是那样的……师母坐在温暖的灯光下，一边陪伴着田老师，一边悠然地打着毛衣。

一个多小时过去，我仍躬着腰聚精会神地透过锁洞往里看，突然有人大声斥问："你是搞什么的，你是要偷东西吗？"我如梦惊醒拔腿就跑。

过了几天我跑到省艺专找到田老师，鼓起勇气向他借了一尊名为《中国青年》的石膏像拿回家临摹。我挖了几百斤泥巴堆在家里，做好了泥塑木撑骨架，躲在我睡觉的小阁楼没日没夜临摹。大概做了二十天，我觉得无论是每一个局部的尺寸还是人物形态上，已经很完美了，我准备送到省艺专请田老师指点。

《中国青年》泥塑有点干了但还没有到开裂的程度，一般性的搬动损不了泥塑，此时送去正好。当时的我无钱打车，更不敢坐公交车，怕人多伤了雕塑，我在泥塑的抬板下钉了两个棒棒，从早上8点出发将一百多斤的泥塑从威清门一步步抬到了省艺专，到那里已经是中午了。

田老师看了泥塑，对结构等都比较肯定，只是说我做得过于硬了一点，我想可能是泥塑干了发硬的缘故，之后才理解硬和软就是骨与肉的区别。

阿 Q 像

1987年，我从十二中美术班毕业，准备报考美术类大学。我的专业成绩在全班是很突出的，成绩比我弱的同学争先恐后地报考八大美术学院，而我却一意孤行地报考了只招三名学生的省艺专田世信老师主持的雕塑系，结果如愿考上了。

入校后的头个学期我们上肖像课，模特年龄与我相仿，是从毕节来贵阳建筑工地打工的。模特太有特点了，让我想起鲁迅小说《阿Q正传》的主人翁阿Q，我可能被鲁迅笔下的阿Q"绑架了"，觉得模特横竖就是一个"活着的阿Q"。

李钢制作的雕塑，搬运中（一）

李钢制作的雕塑，搬运中（二）

青年李钢（左四）在自己制作的雕塑前与大伙合影

1990年，李钢被分配到贵州省城市雕塑室工作及创作雕塑

李钢（左）与恩师刘万琪老师

那段时间迷鲁迅的小说，我摆脱不了鲁迅生动语言的影响，模特的额骨被我塑成七拱八翘的，我想这是阿Q为寻找出路，左冲右突撞墙所致，模特的双眼被我塑成无瞳孔还强睁着的盲目，这块体积死命地凸起，我想这是阿Q渴望接近目标时的一种肉体变化。

模特的鼻子被我塑成了驼峰鼻，想表现阿Q还有些自以为是和几分骄傲的样子，在模特驼峰鼻下是胡乱甩动四处寻味的有孔的肉，这坨有孔的肉嗅着唇裂的嘴，说话的口气自然会自大起来。

我将模特的左脸削成平面，想表现小人物被大人们扇耳光时不敢用颧骨梗大人的手。

模特左脸的耳朵虽然被削掉，但右脸还是有骨头的，也有一只干瘦且有反骨的小耳，我想让右侧的小耳与脑后的歪斜小辫构成意义……

做一件写生肖像我的想法确实多，田老师见应该严谨的肖像课被我整成了随心所欲的乱塑课，气得冲过来要砸泥塑！

我以身体护着一字一句地说："请田老师看在我们师生一场的份上，请您同意我把雕塑做下去，做完我走人！"

一周后肖像课结束，我放肆的日子也到头了，准备打包走人，田老师叫住我说："写实肖像课就是要严格尊重对象，上课时你按写实的方法做，下课后可以按你喜欢的方式做，这样你可以学习到两种方法。"老师的话说得有理又暖心，我留了下来。

年轻时做雕塑只管过瘾，不计后果，现在虽然温和一些，但搞创作时我骨子里还是有我行我素的老毛病，改不了了。

三寸金莲

初中时，我去同学家里玩，刚进院子就见他奶奶半躺在竹软椅上笑眯眯地晒太阳，我看见一双奇怪的小脚从泛黄布条的包裹中露出来，争迎着阳光，我第一次见到人的脚会这样奇怪，死死盯着不放，仿佛静候于鼠洞口的猫。

老奶奶发现了我的眼神，瞬间拿块毛巾将小脚盖住。

我好奇女人的脚怎么长成这样，这方面的知识无处查，我又不好意思问同学，至此以后，我始终想着这双奇怪的小脚，无数次想着布条全解开时会是何等样子……

好奇心驱使着我经常去同学家"玩"，我没事找事地和老奶奶说话，来多了说话也多了，老奶奶对我也越来越亲近了，我甚至可以试着问一些关于小脚的事了。

有一次，老奶奶同意我和同学一起给她洗脚，随着裹脚布一层层解开，我看到的不是脚而是一张脸，一张沉默的、委屈的、压抑的、哭泣的、孤寂的、变态的脸……

我惊诧这是人类身体的一部分吗？旧社会太变态了，把女人扭曲成这样，旧时女性的缠足，当下女人喜欢锥子脸，不知其中是否有内在的关联。有时我也想，男人虽然不裹脚，但许多男人内心都有一条解不开的裹脚布。

很多年过去了，我仍不忘十几岁时见过的这双小脚，为强化记忆我专门做了《金莲》雕塑。

钱学森塑像

2005年，解放军总装备部和钱学森的儿子钱永刚老师找到我，让我为人民科学家钱学森塑像，这是很大的荣誉，我感到意外和不解。

我从贵州赶去北京接受这项任务，钱永刚老师很热情地把我接到解放军总装备部，我见到了钱老的大秘书涂元季少将后问："北京有许多著名的雕塑家，怎么会找到没有名气、远在贵州的我为钱老塑像呢？"

他们说："我们要的不是名气，你虽然年轻，但你的雕塑里有灵魂！所以我们请你为钱老塑像，这是我们多方比较后的决定，相信你一定能做好。"

涂元季少将表态说："你需什么资料请尽管说，我们全力提供。"

他们的信任让我感受到责任和压力，更充满了动力。

1992年，李钢用三合板制作浮雕

想起十年前的我正着迷研究如何将人物的灵魂进行固化表达（即雕塑表达），我着力以灵魂去雕塑，以雕塑现灵魂，我的努力没有白费。他们能感觉到我作品中的灵魂，确实让我感动。

在北京的数天，钱永刚先生陪着我走访了与钱学森有关的学校和机构，讲了钱学森不为人知的经历和他们父子间的趣事。

在讲述中，永刚先生始终称呼父亲为"钱老"，好像百姓对大学者的称呼，于是我们你一句我一句地聊起钱老来。

与永刚老师相处的数天，他为我开车门，我感受平等和亲切，从永刚先生的身上，我明白了钱学森之所以如此让国人崇敬的原因了！

回到贵阳后，我开始熟悉资料，看了大量的杭州人照片，找到杭州人形象的共性，再研究钱老家族的形象特征，经过反复阅读观看钱老的图文、视频后，我逐渐触摸到钱老形象气质的成因，对如何塑造钱学森像我已心里有数。

我问永刚先生：如果您是雕塑家，您会雕塑哪个年龄段的钱老呢？他说：我会雕塑七十岁左右的钱老，这个阶段是钱老最放松、研究领域最广、最本真的时期。再读钱老这段时期的资料，我终于明白永刚先生这样定位的理由了。

为创作《人民科学家钱学森》像，三年多我几乎不出门，工作室地上堆积着钱学森的书籍，墙上挂满了钱老的图片，空气中弥漫着钱学森的气息，我活在这里，全身心浸入其中。

钱学森是大科学家，是中国载人航天的奠基人，是中国的航天之父、导弹之父，他是文人又是军人，是集中西方智慧于一身的爱国者和大成者……在雕塑上我既要表现钱老胸有环宇，又要表达精细入微；既要表现沉着平静，又要表达深藏的热烈……我着重刻画钱老的眼睛，眼神里蕴含了70%的睿智、20%的慈祥和10%的神秘……

我想表现一双看穿了宇宙回到5米之内与你亲切交流的眼神。

我将泥塑送到北京，建设部组织召开了《人民科学家钱学森》雕像的研讨会，参会者大多是钱老院士级的学生、文化方面的高级教授及钱老家人，还有建设部请来的院士级专家。大家看着钱老塑像幸福地回忆起与钱老共同工作的日子，讲述着钱老的故事……

我目不转睛地盯着塑像，看着大家的话语变成了一个个飘在空气中的分子，有的争先恐后地往钱老塑像里钻，也有逸浮在空中犹豫未决的……我想着，如果塑像收尽了全部的话语，说明这件作品完全成功了！

我入神地盯着钱老塑像，想着为钱老塑像的初心：用这尊塑像将钱老近百年波澜壮阔的一生与中国艰辛而伟大的航天事业融合，与近百来中国特别是新中国的发展融合……

我看着98.6%话语分子汇聚于雕像之中了，也有零星的分子被弹出来，飘在空气中……塑像90%以上是到位了，尚有百分之几的差距仍需要我200%的努力！

回到贵阳后，我又浸入钱老雕塑的创作中……数月后，永刚老师见到塑像激动地说："眼前一亮！这就是钱老！"

红高粱《莫言像》

现在有关莫言的说法很多，不管怎样说，莫言获诺贝尔文学奖都是一件值得高兴的事，他至少代表了一种风格一种声音。

20世纪80年代末，莫言文学作品被改编成了电影《红高粱》，至今电影的许多情节我还能清晰还原，《妹妹你大胆地往前走》这首流行大学校园的曲子仍在我心中唱响。

张艺谋、巩俐、姜文这几个名字里充满着野性和性感，而我却不知原著是莫言。直到2012年10月，莫言成为首位获得诺贝尔文学奖的中国籍作家后，关于莫言的新闻、照片如潮袭来。

我发现莫言的形象比其作品更精彩，我感受到莫言就像刚从土地里刨出来的土豆，还带着泥土的温热和味道，为创作好莫言像，我专程去了山东高密莫言旧居，并实地探访高密东北乡和红高粱地，我躺在地上仰望阳光普照在高粱穗上发出的红光，突然有了用红高粱材质来制作莫言像的想法。

我有意虚掉了莫言的头发、双耳、后脑壳，让莫言以一张脸谱示人。莫言这张脸压抑，憋气，小而锐的眼睛躲藏在厚厚的眼皮下，不漏毫光地观察着世道人心。

尹光中像

尹光中老师是我尊敬的贵州艺术家，他于2020年去世，我为他塑了像，也写了以下文字来纪念他。

> 我感觉尹光中是来自阴间的
> 是阴间的艺术家
> 看他的画作
> 即便描画了阳光之下

李钢正在创作尹光中先生像

即便大面积的使用

金色、红色、土色

给我的感觉总是阴冷的

他用了阳间的色料

却画着阴间的风景

尹光中是来自阴间的

他曾为死去的人

净身、穿衣、化妆

营造出还阳的样子

他用裹尸的布堆成

扭曲的、鬼魅的、怪异猥琐的

和不敢见光的人形

一具又一具

摆放在我们面前

他撕裂五脏六腑

打开身体细胞

张开全身毛孔

心甘情愿地

让阳间的尘埃附体

任阳间的细菌侵入

他那弯曲了的躯体

变了形的骨头

实实在在地证明了

阳间灰尘和细菌的厉害

他拼命地支撑着

体内发出

一阵又一阵

嘎吱嘎吱的悲声

阎王说：

"不要在阳间活受罪了！

回家吧！光中！"

他仍以坦率真诚

支撑着阳间的躯壳

每时每刻

在阳间病毒最猛烈之时

尹光中先生终于倒下了

临要返回阴间时

他喃喃地说：

"我要回家，我要画画"

他抛下了皮囊

回家去了

2020年2月20日

任正非塑像

我创作的《苦难英雄任正非》雕塑选登于《雕塑》杂志封面，这是该杂志写的编者按："贵州雕塑家李钢长年坚持用雕塑艺术的方式，探索、追求人物精神与灵魂的造型化，近年来他连续创作出了不少具有一定影响力的当代人物雕塑作品。本栏刊登的李钢《苦难英雄任正非》雕塑作品，为读者传递出艺术家有感于一位具有远大抱负和责任感的企业家的顽强、拼搏、困苦和高尚的奋斗精神，并为之以'灵魂表现主义'的方式进行灵魂写照……"

> 他本是"羊"
>
> 和你我一样
>
> 吃草、圈养、受驱赶……
>
> 他不想
>
> 被宰割、被肢解、成板上羊
>
> 为真活
>
> 他离群出走
>
> 独闯兽的世界
>
> 即使被啃吃
>
> 也比等死和任人宰割强
>
> 师群兽学狼技
>
> 促成他
>
> 蹄成爪、嘴长长、牙锋芒
>
> 他终究成了"狼"
>
> 在山巅雄立
>
> 发出声声呜嚎
>
> 动魄惊心、天地回荡

孤狼

从四面、从八方奔来

万狼紧跟头狼

上高山、越大海、临深渊、迎日出、面阳光

大地在万狼的行进中震颤

家"犬"威猛已不是平常

咬断铁索

抛舍温饱

狂奔向狼

槛羊也跃跃欲试

想成为狼

狼王当先

不惧暗箭

领率群狼

在高山、在荒野、在沙漠、在丛林，在任何地方

愿与狮虎同舞

不将共生的地球变成你死我活的战场

幸亏他经历了羊变狼

才能体会

什么是羊

什么是狼

幸亏有这样一群狼

他们心里装了天地

为你、为我、为他

愿将心血铸就的美好

与狮虎

与天下苍生共享

愿华夏大地

还能再有几匹这样的狼

愿有一天

中国羊必将成为中国狼

　　"任正非"可能是中国改革开放四十年来深刻于中国人心中的名字。人们敬他是因为他将"人"字大写了，我愿为任正非这样的人塑像，可以用雕塑把他的精、气、神固化下来，去感动更多的人。

　　在雕塑任正非像前，我凝视有关他的每一段文字、每一张图片、每一个表情，闭目关掉与实体世界的联系，让内心放大到足以抵抗现实的侵扰。我的创作灵感多来源于半梦半醒之间。我感受到任正非性格是憨实的、坚韧的、焦虑的、敏感的、怀疑的、乐观的、谦虚的、强悍的、攻击的、无私的、奋斗的、野心的、野性的、低调的、内敛的、无私的，不同表情、不同经历、不同时代、不同身份的任正非在我的大脑里出现，恍恍惚惚间无数个任正非在脑里兼容。贵州的地形、地貌与任正非的人形、面貌互相投射、反复重合，我大脑出现了一张欲哭无泪、苦难的沟壑纵横的脸。我感受任正非是从低向高处昂扬的，他的身体仿佛变成了巨型的钻头，正突破地壳不停地螺旋上扬，有一种捅破天的趋势……

　　我顿时找到了任正非雕塑的创作灵感！

　　任正非的精神形象已入心入脑，我甚至可以不借助照片画出不同表情的任正非像，我为塑像设定了三个目标：

　　一是将任正非波澜壮阔的一生浓缩于雕像之中；

　　二是将任正非的精神化为雕塑，来激励人启迪人；

　　三是借任正非像来表达改革开放四十年中国人民的奋斗史。

　　刚钉好木桩，我就难压激情迫不及待上好大泥，泥土在我颤抖的手中变化着，或波涛起伏、或扭曲储力、或凝结成冰、或深入骨髓、或蜻蜓点水、或飞扬驰骋……大块小块的泥土如散碎的磁铁，挣脱我的双手纷纷奔向核心。

李钢与他创作的任正非塑像

我的灵魂与任正非的灵魂混合交融化成雕塑力往人物的骨骼中、肌肤上和细胞里注入，我刻意强化任正非脸上的每一个起伏、每一条皱纹，使其堆垒，让沧桑写满，让每一个细节都蕴含着永不罢休的韧力和狠劲……

我用雕塑刀在塑像脖颈处砍出几道决绝的深痕，借此来强化人性的力量和不屈。我怀着崇敬俯下身体让自己低矮一些，以仰视的角度塑造人物的双眼。任正非的这双眼睛有太多的内容，太多的可读性，目光中有民族的担当，有勇往直前的气魄，有不进则退的焦虑，有跑赢时光的紧迫，有充满自信的期待，有温情脉脉的眷恋……

当观众观赏角度处于雕塑四分之三侧面时，稍微俯身抬头仰视雕塑，会发现任正非的目光变得异常的犀利，如两道射向黑夜的光束……此时脖颈下决绝的深痕会更加抢眼，这干脆利落的深痕会像刺进长空的利剑……

我在创作时浑身都绷着劲！心跳加速！热血沸腾！我的精神被升华了，我的每一个细胞与雕塑的每一个细节融合，雕塑与我形成一种内生力和能量场！我的灵魂紧随任正非的灵魂，体会同样的喜、怒、哀、乐、爱、恨、担当，体会上高山、跨平原、越大海、走小溪、临深渊、迎日出……以灵魂去雕塑，以雕塑现灵魂，做雕塑的我是很幸福的！

口述史采集小组采访李钢先生（左二）后的合影

与废墟做伴

口述·李 飞

李飞，1976年生于云南昌宁，考古人，博士，研究馆员。曾先后任贵州省文物考古研究所副所长（2010）、贵州省博物馆副馆长（2017）等职，2020年起任贵州省博物馆馆长、中国博物馆协会常务理事。2012年起主持海龙囤遗址考古发掘与研究工作。入选贵州省"甲秀文化人才"，主持国家社科基金1项（结项验收为优秀）。出版著作有《叩问黄土：一个考古者的田野札记》《复活的土司城堡：海龙囤考古手记》《玛瑙山：考古、文献与口碑》等3部，发表论文《家事与国事：关于贵州遵义出土〈杨文神道碑〉的几个问题》《贵州威宁银子坛墓地分析》等30余篇。研究成果两次获得贵州省社科成果二等奖。海龙囤考古发掘成果先后荣膺中国考古新发现、全国十大考古新发现、全球十大田野考古发现、中国百年百大考古发现、中国田野考古奖一等奖等殊荣，并于2015年7月4日跻身世界文化遗产，是贵州第一个也是目前唯一一个世界文化遗产。2016年5月获首届中国考古"金爵奖"。2021年9月获评全国文化和旅游系统先进工作者。

李 飞

深山少年

  我是1976年生人，老家在云南省保山市昌宁县卡斯镇邑林村团山社，我出生那天正好是当地的鬼节。这个地方在云南西部，夹在怒江和澜沧江之间，山高谷深。老家也有一条不大不小的河，叫卡斯河，是怒江的支流。"卡斯"，据说源自傣语"哈思坳"，意为长满蒿草的地方。卡斯河又有若干支流，我们家就在其中一条支流"泺勺河"（也叫邑林河）边上。泺勺是一个傣族寨子的名字。那里河谷两边的坝子里，有很多傣族村落。卡斯河西边的半山上，则有一些布朗族村落，当地人称"蒲蛮"。深山里有零星苗族。这些民族可能是当地的土著，特别是傣族和布朗族。原先的汉族，据说也主要住在山里，河谷地带主要住的傣族，汉人也有土地在河谷里，但只白天下山劳作，不在坝子里过夜，原因是熟睡之后可能吸入"瘴气"而意外身亡，一些傣族群众自认为嚼食槟榔而不会受到瘴气的攻击。1955年，政府发动移民下坝，汉族才逐渐向平坝迁居。我上小学的1980年代，还不时听到谁家孩子吸到某个龙井里的瘴气而去世的传闻，据说瘴气有一股火烧布条的味道。所以，我从小生活的地方，是一个多民族大杂居、小聚居的地带。我们家对面就是傣族寨子泺勺，当地流传着许多傣族和汉族交往的有趣故事。傣族和布朗族的传统习俗保持得比较好，每逢赶场天，可以看到琳琅满目的民族服饰。印象里傣族穿筒裙，少女的服饰非常艳丽，中老年妇女则多穿黑色棉布衣，戴包头，他们会织布。布朗族则用布条打绑腿。春节期间，傣族有荡秋千的传统，四邻八寨的人都会聚集过来，摆地摊做生意的人也聚集起来，形成临时集镇，十分热闹。我一些儿时的玩伴，娶的就是傣族姑娘，我的外甥女（姐姐家的姑娘）也嫁给了傣族。

  这个汉族寨子在泺勺河南岸坡地上。南侧是蟒岭，地势缓缓向北降低，寨子就在近泺勺河谷的坡地上。寨子与河谷之间，主要是水田，种水稻、小麦、油菜等；寨子后面是山地，主要种植甘蔗和玉米。我们家西侧几百米远处，有一条季节性小河，叫街子河，因为过河就是邑林村的小集镇，所以叫街子河。河从北向南流，就是从山上向河谷流，注入泺勺河。平时几乎没有水，但雨季河水就暴涨，也不时淹死人，河水随意摆动，河床就格外宽。上小学时，每天要过这条河，雨季需要家长护送，后来在上游修了桥，河水涨时就绕道过河。上初中时，除了蹚过这条河，还要蹚过泺勺河，再过卡斯河，才能到镇政府附近的卡斯中学。卡斯河上修有通车的大桥，泺勺河则长期没有桥。雨季的周末，重返学校时，家长都会格外担心过河的事情。深山、河谷，就成为少年时代深刻的记忆。我外婆家就住在团山后面（南侧）的深山里，一个叫"撒马场"的地方。小时候随妈妈回娘家，我们叫"回山家"，要走几个小时的山路，不通车。山家里各种果子很多，有梨、木瓜、黄瓜、核桃等等。外婆家住在一个地主家的宅基地上，很气派，"撒马场"据说就是过去地主遛马的地方。那里还有"官庄"等地名，间接佐证了过去汉族都

李飞三岁时与妈妈（右）、姑姑（左）合影（1979）

住在这里的山上的民间说法。我对这一带的历史没有进行过研究，这些都是儿时的记忆。

寨子里有蒋、张、李、普、杨、郝等各姓，其中，蒋家是大姓，是民国时期的当地豪绅，势力很大，曾在外婆家所住的撒马场等地建有庄园，这一带过去就叫"蒋家山"。我们家在村里辈分很低，逢人就喊"公""祖"，特别是对蒋姓。我也不清楚这些辈分是怎么传下来的，经常喊错人。不过，在村子里，把人辈分喊高一些总不会错，不像城里，越年轻越好。

祖上传说我们家是从东南面的凤庆县迁到昌宁县，到我父亲这一代是第九代。据我四公（爷爷的四弟）说，他们小的时候，别人家祭祖用的猪头，而我们家用的牛头，和回族的习俗相似，因此我们家在迁到昌宁前，可能是回族。历史上，这并不是一个显赫的家族，因此没有什么文献的记载，我也从来没看到过族谱，都是口口相传。家族墓地里最早的是高祖李银祥，那个时候每逢清明时节，整个家族就相约着到坟山上坟，各带鸡、米、腊肉和炊具，在坟山野炊，饭前由长辈带着去祖先坟前一一磕头。曾祖父李逢春，字向阳（取"向阳花木早逢春"之意），在老家一带有一定声望，小时候常听老人谈及，说他民国时期求学于省城昆明，学的法律，后来当过隔壁县代理县长（具体哪个县说法不一）。一次回乡，高祖率人在村口迎接，见他骑马配枪而来，忙上前唤他乳名，据说他很不高兴，把脸一沉，斥责道："会喊就喊一声李县长！"他个子不高，脸上还有麻点，声音洪亮，很有才华，写得一手好字，代人打官司从未输过。"土改"的时候坐了班房，后来抑郁而终，未满六十。

曾祖父据说在蒋家设有庄园的撒马场、英韬寨都待过，应该是在蒋家的私塾里教书，在当地算一个知识分子吧，有不错的口碑。我上小学、初中时的成绩不错，当时健在的老人往往把我和他联系起来，说这是李向阳的重孙。不过，我从没见过他传下来的遗物，对家族历史以及逢春老人的具体事迹也没进行过研究，这些片段全是老人们口述的，未来可以理一理。

从我记事以来，我家就是农民。曾祖父虽有文化，但他的长子、我的爷

李飞向四公（左）、大爹（中）了解家族历史（2015年春节）

爷却不识字。父亲六七岁时，曾祖父去世，只留下一些模糊的记忆。解放后，我父亲有机会上学，成绩很好，但家境不好，只读了小学。他后来做过大集体时代生产队的保管员，十六七岁开始自学木匠，是当地有一定知名度的木匠，可以盖房子，可以打家具。后来到外婆家做了上门女婿，妈妈那头有姐弟二人，而父亲这边有三兄弟，还有一个妹妹，我父亲排行第二。他们都是地道的农民。如果说曾祖父的影响对我有一些的话，那就是从小就听了很多他的故事，然后被人拿来和他做比较，就会在心底形成一种想法：长大了，也要做一个有出息的人。哈哈哈哈。

我姐姐出生以后，他们又迁下了坝，回到了父亲这头，因为在山上不大习惯，大约是在1970年。我是在坝子里出生的。在老家，爷爷、外公都叫"阿公"，奶奶叫"阿奶"，外婆叫"阿婆"，称呼上区别不是很大。但因为是倒插门，所以我姐姐和哥哥都随妈姓，姓祁，到我的时候，坚持要随爹姓，所以叫了李飞。老家的习俗，孩子出生以后先取乳名，我的乳名叫"阿君"。到了要上学的年龄，才取大名，又叫"学名"。所以在取大名的时候，我已经六七岁，有能力做出选择。加上不时看到天空有飞机飞过，对外面的世界充满了好奇，从小树立的志向是长大了要开飞机，就给自己取了这个名字，而父母尊重了我的选择。现在想想，姓祁可能还好一些，至少名字的重复率低一些，哈哈哈。许多年以后，自己没有上成天，而成了挖地的土行孙，干了考古的行当，这算是名字跟我开的一个玩笑。

我对大集体还有一些印象，还能记起两岁左右的一些事。那个时候，父母白天都要到集体的土地上干活，挣工分嘛，我们就被托管在同村的舅奶家，她家中有老人可以临时帮忙照看。再后来，稍微大一点，刚会到处爬的时候，我记得是姐姐背着我去上学，她属猴，1968年生，当时也就不到十岁，在上小学，上课的时候就把我放在地上，我在课桌下到处爬。教室很简陋，都是泥土地面，坑坑洼洼。

李飞三岁时与哥哥、姐姐合影（1979年）

那是一个纯真、贫穷的年代。那时候，我们家住的还是茅草房子。父母从山上搬下来后，就在寨子的最下面，靠近水田的地方盖了房子单独居住，周围两三百米内没有其他人家，地势很宽。两侧山墙和后墙是土夯的，前面则是竹篾编的篱笆。麻雀就在土墙的洞里筑巢，我们就经常扛着竹梯，轻轻搭在洞前，爬上去，堵住洞口，抓住麻雀，用妈妈纳鞋底的细麻线拴住脚，像放风筝一样放飞。妈妈的手很巧，做的鞋子既好看又好穿。魔芋熬成糨糊，把破布裱在木板上，再用麻线纳成千层底，裁好鞋帮，缝合在一起，小时候都穿妈妈这样做的鞋。但一年到头只有一双鞋，很多时候都舍不得穿，只有上学或参加重要活动的时候才穿，平时都光着脚板，所以印象里脚趾老不时踢在石头上，指甲就开裂或者直接掉了。舅舅家的条件稍好，大约在70年代末、80年代初就买了自行车，一次骑着到我家来，吃过饭要走的时候，发现车轮里塞满了草。原来我哥哥担心自行车饿了，割了很多草给它"吃"，那时他不到十岁，还从来没见过自行车。

土地下放以后，经济条件慢慢变好。父母都很勤劳，勤俭持家。1989年家里拆了老房子，盖了砖木结构的正房，这是寨子里的第一栋砖房。这一年我哥哥去参军，第二年姐姐出嫁。稍早时，家里买了水牛，过去养的是黄牛，黄牛耕地需要双牛抬杠，而水牛一头就可以了，更省事一些。放牛，也就成了我那个时候周末和假期最重要的事。吃过午饭，和玩伴邀约着，一起把牛赶上山，然后下河抓鱼，或者上山采菌子、掏鸟蛋、采野蜂蜜，傍晚时再上山把牛找回，赶回家来。老家的牛耕一直持续到现在。

父母留给我最深刻的印象就是勤劳。他们的感情也很好，印象里只吵过一次架。我小的时候，体质不算好，比我小的小孩可以在田埂上健步如飞，而我走得像企鹅，所以像收谷子、砍甘蔗、打柴这样的重体力活，我干得比较少，做家务多一些。小学离家比较近，放学后就挑水、做饭、掏猪草、喂猪，等家人从田地里干活回来。周末、假期就割草放牛。我左手的小拇指上留下了许多刀痕，就是用镰刀割猪草、牛草时割破的。一直到初中毕业都如此。中学离家远，在卡斯街上，有10多里路，开始住校，每周往返一次。高中到了保山城里，读的保山一中，每学期往返一次，回家一样干农活。我自己也还算勤快，这应该是父母对我最大的影响。那个时候的农村，没有懒人。在学习上，他们对我没有过高的希望和要求。父亲读完了小学，读写都没有问题，哥哥当兵后，基本上每月都给家写信，都是父亲写的回信，我上高中、大学后，也常收到他写的信。父亲喜欢看书，有时睡前会读故事给我听，听得比较多的是《一千零一夜》里的故事，比如《阿里巴巴和四十大盗》《阿拉丁神灯》等，有些细节现在还记得。妈妈则小学没毕业，只会写自己的名字，她很爱干净，叮嘱我们打扫卫生，犄角旮旯没扫到，可能就会被收拾。从家里到街子河的小路，每逢雨季就泥泞不堪，她就从河里挑沙子，把小路铺得整整齐齐。她也是我们家的"外交家"，出门做客、赶场等"外事活动"基本是她操办。勤劳、善良以及一点点文艺的气质，都可能影响到了我。我家周边地势比较宽敞，父母栽种了很多水果，有芒果、石榴、枇杷等，我曾经用水果去跟同村的小孩交换连环画，用两个舀水的水瓢换一本别人看过的书来收藏。我记得到了小学三年级，开始写作文，教我们语文的是耿国民老师，也是四年级的班主任，我写的第一篇作文是菊花，被他拿到四年级班上当范

李飞与爸爸、妈妈和
姐姐合影（1989年）

文来读，一时令我很得意。小学时的成绩很好，就是喜欢念书。那时候家里穷，没有钟表，都是听鸡鸣来卡时间。有一回一觉醒来天已大亮，以为迟到了，背着书包边哭边跑，奔向学校，到了之后却发现校门紧闭，老师们都还没起床。原来是一个有月亮的冬天，夜里就像白天一样，只好蜷缩在校门口，一个起夜的老师听到门外的动静，开门把我唤进去，一起烧了一笼火烤，很久天才亮。

姐姐是家里的长女，也许是因为负担比较重——她一度背着我上学，成绩一般，小学毕业就没再上学了，给集体守麦田，学会了织毛衣，我人生中的第一件毛衣就是姐姐织的，是件藏青色的鸡心领短袖，我穿上就没脱下过，可以不穿裤子，冷的时候就蹲下，把毛衣罩住膝盖，所以毛衣最先在肚子处破了两个窟窿，那时我四五岁的样子。哥哥比姐姐小三岁，属猪，到他上初中的时候，家里的条件已稍稍转好，那时自行车开始流行开来，自行车、缝纫机和手表成为农村结婚的三大件，我哥哭着喊着要自行车。妈妈一咬牙，拿出家里所有积蓄，从邑林街上的供销社给他买了一辆，走了2里路，扛回家来，他终于知道自行车原来不吃草。那应该是在1984年，许飞《父亲写的散文诗》里唱的"庄稼还没收割完"的那一年，物质生活还很贫乏。我自己直到上初中，也不会骑自行车，都是走十几里路去上的学，我跟哥哥开玩笑，我不需要，到时候我直接开小轿车。不过到现在为止，我也还没学会开车。

我读的是邑林村完小，就是一至六年级是完整的，离家就1公里的样子。村里有些比较远的寨子也设有学校，但只有一至三年级，到四年级时他们就得来完小就读，需要住校，而且自己做饭吃，比较辛苦。小学毕业读初中，只有一个选择，就是卡斯中学，离家有7公里路，我也开始住校，每周一往返，不过学校有食堂，不需自己做饭，每月自己扛着米到食堂交一次，领取饭票。学校有劳动课，其中重要的一项就是给食堂砍柴。有一次，和班上同学游过湍急的卡斯河，到对岸去砍柴，差点被河水冲走。菜可以在食堂打，食堂外面也有附近的村民做好了挑着来卖的，素菜五分钱一勺，食堂里的肉五角一份，一个星期有两块钱的零花钱，基本吃不起肉。有时还得节衣缩食，省一点出来，等赶场天到街上看录像，那时香港武打片正流行。一般吃过午饭去看，下午回来如果迟到了，就会被罚站。我初中的成绩保持不错，一直是年级的前几名，常代表在校学生在初三毕业生的毕业典礼上致辞。这时候萌生了读高中、上大学的想法。当时一般成绩好的，都选择读中专、中师，早一点跳出农门。

一般一个年级六个班，一个班四十人左右。中考时，全年级上中专、中师的也就几个人，属于成绩比较好的。重点高中的分数线不比中专、中师低，甚至略高，就是冲着考大学去的。当时两个人考上了保山一中，除我之外，还有一个女生，叫刘金超，后来读的南京农业大学。还有一部分没考上中专、中师的，选择了普通高中，而后考了大专，人数也不多。农村的中学，升学率都不高，父母对孩子的学习基本是放养状态。

初中我读的56班，有三四个小学同学就在同一个班上。我们的班主任叫李会梅，刚从师专毕业，教的数学。我记得第一学期结束时，老师给每个学

李飞在卡斯中学
（2015年春节）

李飞与爸爸妈妈合影
（1990年）

生家里寄成绩单，她在我的成绩单上写了"出类拔萃"等一行字，我也第一次知道了这个成语，哈哈哈。我们的语文老师叫何寿安，他经常喊我们一起批改作业，并帮我润色发言稿。我那时经常感冒生病，他就会拿一些药给我，吃了很快就好。课外见面的时间比较多，他就一直鼓励我一定要考保山一中，未来上大学。父母一开始肯定是反对的，我父亲用"归纳法"劝我：你姐小学毕业，你哥初中毕业，我担心你高中毕业就到头了，不如先保住铁饭碗。最后还是选择了高中，心想考不上大学，大不了回家种地。有地可种，这是农村小孩最后的退路。

来到城市

高中离家更远了。在保山城里，现在是保山市，那时叫保山地区，在此之前我还从来没去过，最远就去过县城。我们的学校叫"保山地区第一中学"，是当时保山最好的高中之一，现在应该也是。保山离家有100多公里，从卡斯到保山每天一早有一班交通车，路并不好，需要走整整一个上午。一般都是头天就到卡斯街上，在小旅馆住一宿，第二天一早赶班车，下午才能到学校。所以一个学期才回家一次。

高中的住校生活和初中一样，也需要到食堂交米，然后领饭票。我记得有一次妈妈扛着一袋米从家里来看我，因为没有电话，是突然出现在我跟前，我特别感动。后来基本上都是到隔壁粮站去买米到食堂交。花销也会大一些，一个月需要两三百块钱，家里汇款，我拿着汇款单到邮局去兑换，为了这笔定期的生活费，家里有时不免东拼西凑，甚至四处借，这是农村家庭很大的一笔支出。

另外，从一个小的地方，到了一个相对大的地方，一开始还是有很多不适应，比如在交流上，我们的方言里没有yan、yin、ying的区别，也没有第二声和第三声的区别，说话往往会被笑话。不过慢慢就好了，当时住校的基本上是从各县来的学生，大家情况相近，保山城区的都是走读。

成绩的跟进最初还是有一些困难，毕竟是从乡镇的中学考上来的。我读的是126班，最初的班主任是杨恩怍老师，教的语文，后来调到昆明去了，由从腾冲一中调来的柳大荣老师接班主任，他教数学。我的语文、数学成绩一直不错，英语要差一些。高三时文理分班，当时的高考是3+2，语数外必考，理科选物理、化学，文科选历史、政治，每科150分。选理科的多，都留在原来的班级，文科生比较少，最后拼凑了一个文科班，由苏映莲老师当班主任，教的历史。早间有早读，晚上有自习课，班主任都会盯着，很辛苦。我们住校的学生，下了自习，往往还会在教室多学一阵，直到寝室熄灯前，会有宿管来不定期检查宿舍。有一回早读，同学都在高声背诵，我埋头还在草稿上写画，苏映莲老师走到我跟前，问怎么不背诵，我回答有道数学题昨晚没做出来，我要把它弄完。后来苏老师在班会上还拿这件事来鼓励大家，说这就叫锲而不舍，我很惭愧。有时候自习比较晚，第二天早读就迟到了，苏老师站在门口，问我怎么回事，我说没有表，所以卡不准时间。一天早晨，我走向教室，远远就看见苏老师站在教室门口，向我招手，走近后，她把一块手表递给我，说：这是我过去一直戴的，现在送给你。我接过，攥在手上，还能感受她手心的余温，哽咽得半晌说不出话来。这是一块老上海手表，也是我人生的第一块手表，现在还保留着。老师们的鼓励，同学之间的相互帮助，使我高中三年的日子整体上还是很愉快的。

分科时很挣扎，其实我的理科成绩还不错，反倒是历史、政治成绩一般，不大喜欢死记硬背的东西。最终下定决心的，应该是对未来的期许。小时候的梦想是开飞机，后来的梦想是成为一名作家。当时对文学有浓厚的兴趣，常和同样有兴趣的同学一起讨论，有时甚至一起逃课去看电影。《废都》《白鹿原》一出来，就买来读了，还买了一些民国作家（如梁实秋、周作人、石评梅等）的书来看。作文课上常常得高分，更是一种认可。人生的路，就这样冥冥之中被改变了。后来高考，我的第一志愿其实是中文系。那时是先报志愿再考试，就报了四川大学中文系，当时四川大学和成都科技大学刚合并，叫"四川联合大学"，学校排名挺靠前。等高考放榜的时候，回学校去看成绩，刚进校园就听人在讨论，有个人读的考古，蛮有意思。等看到公告栏上张贴的布告时，才发现学考古的就是自己，我从中文系被调剂到历史系考古专业了，我当时甚至不知道考古为何物。我高考的成绩还不错，考了我们地区文科的第二名，第一名是一位补习班的同学，同时是我们县文科的第一名。很多年后，和来贵阳开会的法国国家考古勘察研究院院长德莫勒先生聊天，他说他七岁立志要干考古，我很受震动，自己十九岁了还不清楚自己的志向。很多农村的小孩可能都跟我一样，没有人引导，自己懵懵懂懂就闯进了一片陌生的丛林。

求学蜀中

选择了考古，意味着开飞机的梦和文学的梦都碎了嘛。当时感觉蛮失落，但现在来看，考古也许是最适合自己的，也就随遇而安了。大学班上一共十人，分别来自四川、甘肃、山西、陕西、河北、河南、湖南、湖北和云南，六个男生、四个女生，因为人少，大家相处都格外融洽，后来成了两对。印象里只有两个同学第一志愿报的考古，其余都是调剂来学考古的。考古当时还比较冷门，学的人也少。那时国内有考古专业的高校就北京大学、吉林大学、西北大学、四川大学、武汉大学、复旦大学、厦门大学、中山大学这么几所，都是所谓的"重点大学"。我假期回家，别人听说我学的考古，很纳闷，问："敲（音考）鼓还用学？"类似情况遇到了好几次，说明当时的公众不大了解考古，现在应该稍微好一些。刚入学时，对考古也没有什么概念，就是记背从旧石器时代开始的各种考古发现与相关研究，很抽象。分水岭在大三，按照惯例，大三上学期有田野实习，我们当时的实习地点是重庆云阳李家坝，就是自己动手将书本所学付诸实践。经此一役，喜欢考古的就更加坚定，不喜欢的可能就逐渐放弃了。毕业之后，班上同学现在还坚持干考古的

李飞（前排左四）在大学军训时（1995年）

李飞大学时期

也就两三个人，其他人都改行了。

实习的带队老师是罗二虎教授，他当时刚从日本回来不久，四十岁出头，充满干劲。他也是我后来的硕士生和博士生导师，一直引导着我深耕考古。我们实习的地点在云阳县李家坝遗址，在长江的一条小支流上，叫小江，处在三峡工程的水淹区内。小江两岸的台地和山坡上，分布着从战国到唐宋时期的遗址和墓葬，以战国巴人墓地为主。1993级的师兄师姐曾在这里进行过试掘，他们发掘的部分人骨，就堆放在我们所住的小江电站宿舍隔壁的一个房间内，一开始大家都很害怕，半夜上厕所，都要喊醒隔壁铺的同学同去，后来等我们发掘结束时，每个人的床底下都堆满了人骨，毫无惧意，钢铁就是这样炼成的。发掘最难的是划分地层、辨别遗迹的边界，刚上手时往往人骨都露出来了才发现一个墓葬被自己挖过了。清理完了，要自己绘制遗迹的平剖面图。遗物带回驻地后，每天晚上在一个教室里加班修复，写发掘记录。到1998年初，电视连续剧《水浒传》热播，二虎师特许晚饭后可集体看完两集电视剧再加班，那应该是最快乐的时光。那次实习从1997年10月一直持续到1998年2月，我记得大年二十四才从工地解散，开创了四川大学考古实习时间的最长纪录。我们遇到的遗迹很丰富，有战国时期的遗址、墓葬，汉代墓葬，魏晋时期遗址和唐宋水田遗址。时间长、遗迹多，得到的训练也就很充分。由于战线拉得比较长，到了最后一段时间，同学都转回室内进行整理，二虎师一个人坚持在工地，回成都不久他就病倒了。实习结束时，每人得了约2000块钱的补助，每天16元，瞬间觉得自己很有钱。那是一段令人刻骨铭心的经历。

因为年关临近，有的同学带着行李从工地就直接回家了，我就是其中之一，带着工地发的相机和胶卷回了云南老家。到家后提出给家人拍照，父亲说要拍可以，但要和他的田一起拍，就带着妈妈到油菜地里拍了一组照片。父母都很注重生活的仪式，每年都会请照相的人到家留下一张全家福，我现在留下的最早的照片在两岁左右。而我在油菜花地里给他们拍下的照片，也成为他们最后的合影。2000年1月，妈妈因为直肠癌在和病魔抗争一年多后溘然辞世，享年50岁。那时我刚刚参加工作。

本科毕业前后，没想过读研。大三下学期，妈妈查出了直肠癌，当时只想着毕业就工作，减轻家里的负担。本科毕业时，班上十人，两个女生保送了本校的研究生，一男一女考了北大的研究生，其余六人都工作了，分别去了秦始皇兵马俑博物馆、湖南省文物考古研究所和广西柳州市博物馆，我到了贵州省文物考古研究所。读研是后来的事。

其实，大学毕业最想回去的还是云南，离家近一些嘛。联系过云南省文物考古研究所、云南省民族博物馆，但都没有编制，没回成。当时贵州正好有机会。1999年春节前夕，我和同学刘颂华趁寒假一起到了贵阳，当时考古所的所长是梁太鹤老师，他和罗二虎老师、霍巍老师和黄伟老师是大学同学，78级的，后三位研究生毕业留校任教，成了我们的老师。梁老师接待了我俩，还有当时的考古所办公室主任张元老师，请我和刘颂华吃了一顿饭，觉得这个小孩挺实在，有了进人的意向。当时招聘不需要考试。后来梁老师到四川大学，拜望他的老师张勋燎先生，我们在张先生家也见过一次，就确定招我了。刘颂华回了老家湖南，现在湖南省文物考古研究所。由此也开启了我和贵州的缘分，在此之前，我从没来过贵阳。

四川大学考古学科是著名学者徐中舒先生和冯汉骥先生在1960年创建的。冯先生早年留学美国，1936年获宾夕法尼亚大学人类学哲学博士学位。徐先生1926年毕业于清华大学国学研究院，师从王国维、梁启超等学者，是著名的历史学家、古文字学家。这使得四川大学考古专业具有浓郁的人类学和历史学色彩。我们入校时，两位先生已经仙逝。教我们的是他们的学生林向、张勋燎先生，还有从西北大学考古专业毕业的宋治民、马继贤先生，以及本校培养的霍巍、黄伟、罗二虎等先生。张勋燎先生后来专攻道教考古，文献功底深厚，学界有"北宿南张"之誉，"北宿"指的是北京大学的宿白先生。和张先生同辈的，还有因科幻小说而名震一方的童恩正先生，1989年赴美，1997年去世。由此，川大考古呈现以考古为内核，兼收并蓄的鲜明特点。

我对考古的兴趣是一点点建立起来的。进入大学学习考古之后，就没想过要调换专业，也没有其他选择。大学毕业以后，也想的是选择和专业相关的单位去就业。我在考古所待了18年，从1999年开始，到2017年初调到省博物馆为止。到博物馆后，放不下的仍是考古，工作之余撰写的论文都是和考古相关。一路走来，干着你所学的，还有师友、同事的不断鞭策，推着你不断向前。参加工作之后，2003年回四川大学读的硕士，2011年读的博士，不断提升自身学养，是梁太鹤、罗二虎两位先生鞭策的结果。现在想来，就像前面谈到的，也许考古是最适合自己的。为什么呢？现代考古学强调田野工作，而作为农民的儿子，我从小就是在田间地头长大的，熟悉土地，而且吃苦耐劳。曾经的文学梦想，和考古学也并不相悖。考古学是需要想象力的，童恩正先生既是卓越的考古学者，又是知名的科幻小说家，是著名的"两栖人"。考古学并不排斥你对文史的爱好，相反，搞文学的、搞历史的不一定了解考古，这是由考古学交叉学科的性质所决定的。所以我很庆幸在懵懵懂懂中选择了考古，并在师友的关爱、鞭策中跌跌撞撞走到今天。

守望田野

1999年7月，我到贵州省文物考古研究所报到。贵州考古因为人员、经费等因素的制约，长期以来成绩并不显眼。毕业离校前夕，宋治民先生问我去哪，我说贵州，他说："贵州好，白纸可以画最新最美的图画。"这就是当时外界对贵州考古的印象。贵州省文物考古研究所是全省唯一具有团体领队资质的单位，当时就十来个人，其中只有半数的人具有考古专业的背景，是全国体量最小、力量也比较弱的一个单位。来了以后住在一个几平方的单身宿舍，兼办公室和厨房。考古所是1996年从博物馆分离出来的，用博物馆大院里的一栋四层红砖楼做库房和办公室。职工多住在后面的小区里，上班就是下楼上楼。那时最喜欢的事就是出差，因为有补助，而且不用自己做饭。当时的工资就300多块钱，只够生活。在贵阳也没什么朋友。好在同事的关系都格外和睦，有家的感觉。考古所的男生都烧得一手好菜，所长梁太鹤先生下午下班后，就会喊我一起回家吃饭。副所长宋世坤先生已经59岁，也会做菜，爱唱歌。周五下午，多会约着吃转转饭，就是这周在这家聚，下周在那家聚，氛围很好。所里的万光云老师、张合荣老师、赵小帆老师都是四川大学考古专业毕业的，大家都很关照我。

到单位不久，兴仁交乐的一座汉墓被盗，随即开展了抢救性发掘。宋世坤老师任领队，梁太鹤老师、张元老师（当时任考古所办公室主任）和我参加了发掘。这是我到贵州后的第一次田野发掘工作，前后持续了一个月左右。发掘的是一座"十"字形大型东汉砖室墓，在一个硕大的封土堆里，编号为第十九号墓。此前在同一个封土堆内发掘了另外两座同一时期的石室墓，共同构成了一个家族墓地。我们买了被褥，租住在一栋废弃的民房里，条件比较简陋。在这里，跟梁老师学会了抓跳蚤的要诀：先用指头蘸点口水，顺着身上痒痒的地方按去，跳蚤一般跑不脱。哈哈哈。后来我撰写了发掘简报，发表在《考古》杂志上。

夜郎考古是当时贵州考古的重点，省里很重视，每年给10万经费开展工作，因此每年会例行开展一次考古调查。1999年底，考古所业务人员分为多组到兴仁县，展开全面的考古调查。万光云老师带我、兴仁县文管所老所长李启华负责交乐片区，我们买了被褥，住在一栋废弃了的办事处的房子里。村子里不时有人去世，心就隐隐作痛，因为妈妈的病当时已经很重，2000年1月8日清晨因直肠癌去世，享年50岁。家里在快一个月后才打电话告知我，因为我刚刚参加工作，怕影响到我，所以迟迟没有跟我说。虽然知道这一天迟早会到来，但在和病魔斗争一年半后，她还是早早离开了，我躲在自己的小屋里痛哭了一场。参加交乐调查的万光云老师、李启华老师后来也先后离世，都还很年轻。

光阴荏苒，一转眼，我在贵州干考古也二十几年了，从一个青葱少年变成中年大叔。从1999年到2012年间的十多年里，当时贵州省内的一些比较大规模的考古调查和发掘工作，我基本上都参加了，包括2000年的赫章可乐墓地发掘，2002年普安铜鼓山发掘，2004年清水江流域调查，2004至2005

年威宁中水遗址发掘，2005年贵定千军堡明清墓地发掘，2006年北盘江—红水河流域小庙山、洒亭遗址发掘，2007年桐梓夜郎坝宋墓发掘，2007至2008年务川大坪汉墓发掘，2009年锦江流域考古调查，2010年清水江流域辞兵洲、盘塘等遗址的发掘等，调查和发掘的对象从史前一直延至明清，让我更加了解脚下的这块热土。如今，我对贵州的认识，肯定超过对家乡云南的了解。

在此之前我只来过贵州一次，就一次，就是前面聊到的1999年春节前夕和同学来找工作的那次，梁太鹤所长和张元主任接待的我俩，印象非常深刻。梁老师是一个谦谦君子，学风严谨。这个"贵阳市文化名人口述史"系列，曾计划采访他，他婉拒了。我自己觉得十分惭愧，我算不上什么名人。如今我是省博的馆长，如果一个大学生来找工作，我可能不会见面。梁老师用他的言传身教，教会我很多。比如前面说到的兴仁交乐十九号汉墓，我把简报写出来后，在执笔者一栏，列上了所有参加发掘人员的名字，呈给梁老师，他把其他人的名字都划了，只留下我的名字，并且说：谁写的，就是谁写的。考古圈里，领导、领队挂名的现象并不少见，他用这种方式激励后学。我到博物馆工作后，参照考古领队负责制的方式推行策展人负责制，并提出"一个展览一本书"，策展人就是这本书的主编，馆领导不与民争利。这与梁老师的教诲密不可分。

学生时代，我自己受导师罗二虎教授的影响比较大，后来两次回校深造，都和他有关。前面提到，川大考古在传统田野考古的基础上，有一定的人类学和历史学取向。人类学方面，应与创始人冯汉骥先生和后来的童恩正先生的学术背景和研究旨趣有关。历史学方面，则与徐中舒先生有关，他是史学大家，更是甲骨文研究的大家，所以研究生中设有古文字方向。后来历史学背景的张勋燎先生创设了道教考古，霍巍教授则开辟了佛教考古。稍早的时候，我自己的兴趣可能也偏人类学，所以会看很多与人类学相关的书。后来有个转向，在主持海龙囤考古以后，可能偏向了历史学。

梁老师和罗老师，以及霍巍老师、黄伟老师，他们一直都很关心我的成长。2001年3月，我又短暂回到大学实习的地方参加考古发掘，黄伟教授主持李家坝遗址发掘，李映福教授主持明月坝发掘，前者是战国秦汉墓地，后者是唐宋遗址。我主要在李家坝帮忙。5月份离开的时候，李映福老师从县城叫了一辆的士，和黄伟老师把我送上了长江上的轮船。我记得当时黄伟老师有腿疾，但仍坚持一瘸一拐走下高高的堤坝，把我送上轮船，我十分感动，现在都能回想起这个细节。在一个人的成长过程中，你会受到许许多多人和事的影响，万物造我，最终成为最好的自己。霍巍教授长期担任四川大学历史文化学院院长，现在是四川大学的文科杰出教授，李映福教授后来担任了历史文化学院副院长，黄伟教授一直关注我学业，现在仍不时给予我指导。2003年初，梁太鹤老师卸任所长，去了博物馆，做一个普通的研究员，开始赫章可乐墓地资料的整理和报告编写。

可乐是2001年度的全国十大考古新发现，发掘结束之后，由于各种原因，资料一直没及时整理。2003年初考古所班子进行了一次大的调整，当时省博的副馆长王红光来所担任所长，文化厅文物局主任科员张勇、省博自然部主任王新金担任副所长，梁太鹤所长则退了下来，按所里的安排，带着张元主任（后来担任考古所副所长、副书记）开始赫章可乐发掘资料的整理。历时5年，报告在2008年正式出版，反响很好。

考古所领导班子调整之后，有两个方面的变化：一个是经济环境改观，基建考古得以有序开展；一个是业务领域拓展，地面文物也被纳入考古所工作的范畴。王红光所长从南开大学博物学专业毕业，任所长时不到37岁，应该是当时全国最年轻的省级考古所所长，充满了冲劲；由于出色的工作，2008年，40岁出头就被提拔为贵州省文物局局长。当时的张勇副所长，现在也接任了文物局局长。这算是上级部门对当时考古所所取得的成绩的一种认可吧。

我和妻子小梅在2002年初认识。2001年底，龙里巫山岩画被发现，这是贵州境内最大规模的一个岩画点，所里安排曹波老师（后来任考古所副所长）带着我和技工师傅前去调查、临摹，就住在当地老乡家里，我和他睡一

2002年，李飞在威宁中水遗址考古（王小梅摄）

张床。我们在细雪纷飞的崖壁上工作了一个多星期，我对岩画产生了兴趣。当时有一个大的背景，就是考古逐步进入大众视野，在这前后，北京老山汉墓、埃及金字塔的发掘进行了直播，使考古学从"冷门绝学"逐渐热了起来，引发媒体关注。小梅就是2002年初来采访龙里巫山岩画时认识的，她当时是贵州日报社的记者，我把自己的一份调查札记《红色舞蹈》给了她，她可能觉得这个人还有点意思，能把枯燥的考古写得有点诗意。之后就时不时约着和朋友一起吃个饭、看世界杯什么的，逐渐熟了起来。2002年春天，我们发掘普安铜鼓山遗址，2002年秋张合荣师兄（现任考古所副所长）带我调查威宁中水遗址，她们都跟踪进行了报道。

威宁中水遗址群20世纪70年代发现，并进行了发掘，后来调查又新发现埋藏炭化水稻的水稻坑。2002年秋天的调查，我们对这些点都进行了复核，并新发现了鸡公山遗址。2004年秋天，考古所联合四川大学考古系对中水遗址群展开了大规模的考古发掘，并获得了2005年度的全国十大考古新发现，这是继 1993 年盘县大洞、2001 年赫章可乐后，贵州考古再度获此殊荣。很荣幸，后两个项目我都参与了。迄今为止，贵州考古一共获得过 7 次全国十大考古新发现，除了上面的 3 次，还有 2012 年度的遵义海龙囤，2015 年度的遵义播州杨氏墓地，2016 年度的贵安招果洞，2020 年度的贵安招果洞。史前洞穴遗址获得了 3 次，夜郎遗址 2 次，土司遗址 2 次，这也反映了贵州历史文化的特色，史前考古、夜郎考古和土司考古，是贵州考古十分重要的三个方向。

中水遗址群发掘时，我正好在四川大学攻读在职硕士学位，导师罗二虎教授是学术顾问，师兄张合荣研究员担任领队，我被所里任命为副领队，具体负责银子坛墓地的发掘工作，后来的硕士学位论文写的就是这个墓地。威宁中水遗址群的发掘，勾勒了中水盆地距今 3000 至 2000 年间鸡公山文化—红营盘类遗存—银子坛类遗存的变迁过程，是当时的考古所新班子上任后取得的一项重要学术收获。

中水遗址发掘归来后的 2005 年初，我和小梅在她老家翁贡村里举办了婚礼。2004 年端午节扯的证，当时的端午节还不放假。小梅是 2005 年秋天去的美国，在克拉克大学读国际发展与社会变迁专业的硕士，这所学校是中国考古学之父李济先生赴美留学的第一站。2006 年我硕士毕业后，去美国待了小半年，2007 年 5 月一起回国。

2004 年暑期，在中水遗址群发掘前，我和同事胡昌国等，还做了一项工作，就是清水江流域的考古调查，这条江自 20 世纪 80 年代以来，就因为淘金等活动，不断有战国秦汉时期青铜器从河床里被发现，2004 年前后要在上面建白市等梯级水电站，我们例行开展了考古调查，发现了一批旧石器时代、新石器时代到宋明时期的遗址，填补了黔东考古的空白，共发现了近 20 处遗址，之后陆续开展了考古发掘，有一两处阶地上的旧石器时代遗址，一批新石器时代高庙文化遗址，还有战国秦汉时期遗址和墓葬，以及为数不少的宋明遗址。由此勾勒出近一万年来清水江流域人群活动的大势：由上而下、由下而上及上下互动。距今一万年至七千年左右，清水江流域人群及其文化有一个从上游向下游移动的趋势，贵州发现的万年及其以前的史前洞穴遗址主要分布在黔中及黔西高地，距今一万年左右，清水江阶地的网纹红土中也发现了人类活动的遗物，反映了人群由上而下、由洞穴向旷野的移动趋势。距今七千年左右，随着高庙文化在清水江下游以湖南洪江等地为中心的崛起，人群与文化便有逆流而上的移动趋势，天柱境内属于高庙文化的遗址有盘塘遗址、坡脚遗址、月山背遗址等。这种影响随着楚国的崛起而达到高潮，战国秦汉时期清水江流域出水的青铜器，即带有楚、越、巴和本土文化特色。

明永乐十一年（1413），贵州建省，一个政治、经济和文化的中心崛起于黔中腹地，大批官吏、文人沿江上下，黔地的木材、山货等则顺江而下，销往东

李飞在惠水仙人桥洞葬调查（2009年）

李飞回访赫章可乐遗址
（2020年）

部地区，由此开启了上下互动的历史。这些发现，也为江里发现的大量青铜兵器提供了合理的解释：它们较可能是两岸的同时期遗存被水冲刷之后沉于江底的。但是相对于数量可观的出水青铜器，两岸发现的同时期遗存并不太多，因此，北京大学考古文博学院孙华教授提出了两种假说：祭祀的遗存或战争的遗存。清水江的河沙里蕴藏着大量黄金，淘金活动至今仍盛，很多青铜器就是淘金过程中发现的，因此为争夺黄金资源而战事频仍的可能性不能排除。在这之后，我还领队发掘了一些项目。如果说2006年秋天在北盘江—红水河流域开展的考古发掘是"最热"的考古，2007年秋天启动的务川大坪汉墓群的发掘，则是我所经历的"最冷"的考古。"最热"是因为天气热，在发掘小庙山墓地、洒亭遗址的两个月时间里，我们一半的时间泡在水里，后来又与洪水赛跑，尽最大努力把文物在龙潭电站水位上涨前抢救发掘出来。务川大坪汉墓的发掘，是在2007年夏天桐梓宋墓发掘结束后启动的另一项配合石垭子水电站的考古发掘，前后进行了两次，共发掘墓葬47座，其中24座墓出土了朱砂，占墓葬总数的51.06%，这是一项非常重要的发现，将贵州汞矿开采的历史用考古学的实证提前到西汉早期。我们据此提出了"丹砂之路"的课题，即通过硫同位素的分析，可以勾勒出一条丹砂流动的道路，我们相信，两汉时期全国各地出土的朱砂可能有一部分是务川的贡献，而在西南早期或稍早时，人群在洪渡河流域的涌现，可能与朱砂资源的控制有关，从出土遗物的相似性判断，两汉时期活动在务川的人群可能是从峡江地带逆流而上抵达黔北的，目标就是丹砂。

朱砂在务川汉墓中的发现，必然中又带着偶然。当时考古队驻扎在一个叫"朱砂井"的村庄里，一天夜里，和务川县文管所的邹进扬所长在火炉边聊天，我提到务川本地朱砂蕴藏量极大，驻地又叫朱砂井，汉墓的出现会不会和朱砂有关？进扬说早年这里发现的几座汉墓中就曾出土过几粒朱砂。受他的启发，我们把已经清理的几座汉墓的填土进行了筛选，果然从中发现了一批玉米粒大小的红色小石头，这就是朱砂，因为没有引起格外关注，发掘时就被视为无意义的遗物清理出了墓穴。引起重视后，朱砂接二连三地发现，我们还对当地从河沙中淘朱砂的过程进行了录像记录，并邀请北京大学考古文博学院崔剑锋博士对当地采集的朱砂和墓中出土朱砂进行了硫同位素的对比分析，确认墓中朱砂就采自当地，由此改写了贵州矿产资源开发史。

发现的朱砂分两种：一种是颗粒状的，玉米粒到手指头大小，铺撒在墓底。一种是细沙状，有的用陶罐盛放。朱砂是一种相对贵重的矿物，是财富的象征，在墓葬中埋葬朱砂可能具有与埋葬钱币一样的意义。朱砂又是宗教活动中一种比较重要的物件，可能与它本身的红色有关，像血一样的颜色。同时，朱砂还有一个有意思的现象，可以相互转化：朱砂加热之后就成为水银，水银加硫磺加热后又可以还原为朱砂，它的这一秉性，可能暗合了生命的转化与再生的美好愿景。

为什么说这是"最冷"的一次考古？2007年度的发掘遭遇了一件什么事情呢？凝冻，2008年初的那场自然灾害。因为这是一次配合基建的考古发掘，工作接近尾声时，我们一直等待省文物局组织基建方前来验收，这一等就等到恶劣天气的袭来。2008年1月24日，在确定验收工作不搞了之后，我们在当地租了一辆双排座汽车载上400余件发掘出土的文物，离开工地，踏上回贵阳的征程。到达县城后，得知大雪已阻断了务川往遵义的道路，我们请示上级部门将文物暂存务川县消防大队，但得到的答复是尽可能运回贵阳整理。当天下午4点多，传来道路已开放的消息，考古队就兵分两路：一路由胡昌国老师带领，在县城租了辆桑塔纳汽车，连夜赶往遵义；一路由我和张兴龙老师（现任省文物考古研究所副所长）带领，由司机赵恩春驾驶所里的猎豹汽车押运载有文物的双排座汽车缓慢向遵义进发。车到凤冈县城后，前方传来消息，道路再度中断，我们只好就地休整。当时全城停电，宾馆院子里的石桌上的凝冻厚达五六厘米，石头都砸不破。队员轮流值班，在猎豹车里看守文物运输车。第二天，搜遍全城，买了几条拴狗的铁链，给我们自己的猎豹车制作了一副防滑链。第三天中午，开着猎豹缓缓前往湄潭县城，在这里买到了全城唯一一条和双排座车匹配的防滑链，带回来上好，傍晚时分从凤冈出发，徐徐驶向遵义，在次日凌晨2点多抵达遵义市区。沿途每走一段，就能看到一辆倒在路边的汽车。高速公路由于采取了撒盐等措施，交通是畅通的。27日中午，我们启程前往贵阳，在傍晚时分抵达。当车开进博物馆大院，悬着的心才放了下来，我给已经担任省文物局局长还兼任考古所所长的王红光局长发了一条短信：大坪镖局平安抵达，请你放心。

龙岩十年

2012年4月起，我开始主持遵义海龙囤遗址的发掘和后期资料整理与报告编写工作。以2017年我岗位调整为界，可以分为三段：2012—2017年，常驻囤顶发掘与整理；2018—2020年，报告编纂；2020年以来，资料补充与报告校对。报告明年（2022年）就将出版，届时正好是海龙囤考古十年。

海龙囤又叫海龙屯、龙岩囤或龙岩新城，后者是南宋时期的称呼。因为是"万历三大征"之一的播州之役的主战场，海龙囤其实一直为世人所知。《明史》里就多次提到海龙囤，清道光年间遵义大儒郑珍曾数次登囤，并留下相关记载，而且他结合实地踏勘与文献记载的研究方法，已带有一丝现代考古学的意味。因此，与其说是"发现"海龙囤，不如说是"认识"海龙囤。20世纪70年代，海龙囤进入到文物工作者的视野，随即列为省级文物保护单位，1999年开展了首次考古试掘工作，2001年列为全国重点文物保护单位，2012年起开展了历时数年的考古发掘活动，揭示了部分被黄土掩埋而不为人知的遗存，使得我们对海龙囤的认识一步步深化。2015年7月4日，海龙囤连同湖南永顺老司城、湖北唐崖土司城一起跻身世界文化遗产，是贵州

2013年1月，海龙囤遗址考古发掘荣膺中国社会科学院全国六大考古发现，图为汇报现场，李飞在做报告（刘建国摄）

第一个也是目前唯一的一个世界文化遗产。

我第一次登囤，是2005年4月，当时的感触就是震撼。险峻山巅之上，保存在地表的残垣断壁和雄伟关隘，给人视觉的冲击和心灵的震撼。当时也不曾想到，后来竟和它结下深厚的缘分。

你如果问我龙岩十年印象最深刻的事情是什么？有没有哪一件文物的出土让我最难忘？遇到最大的困难有哪些？ 那么我会回答：印象最深的是申遗成功一刻的兴奋，毕竟这对贵州而言是一件具有历史意义的事。当时的世界遗产大会在德国波恩召开，原定的海龙囤的表决时间应该在北京时间7月4日凌晨，当夜所有参加申遗工作的人都聚集在屯下海龙囤管理局，等待喜讯传来。但后来因故延后了，午夜时分大家才悻悻散场。虽然知道一定会成功——这是基于中国申遗从来没有失败过的自信，但当7月4日下午喜讯传来时，仍难掩内心的激动。当时我正在从海龙囤返回遵义市区的车上。

比较难忘的一件文物是公道杯。这是一件蕴含着许多人生哲理的瓷器，是海龙囤明星级的文物。出土时是几块碎片，外壁写满铭文，通过资料查询与比对，我们通读了残缺不全的铭文，进而知道这是一件公道杯的残片。它的意义体现在两个方面：一是上面的铭文，二是杯子本身所蕴藏着的精妙的原理——虹吸原理。

铭文是这样写的："漏其卮，实以酒。半则弗漏，满则弗受。岂唯弗受，并丧厥有。庶几哉，宥坐之戒，可守也。损斋居士铭。"

"卮"就是酒杯。这段话的意思是：酒杯上有孔，往里倒酒，一半的时候不会漏，倒满了就无法承受，非但不能承受，所有酒都要漏空。这大概就是孔子所说的宥坐之戒的至理，可作为坐右之戒律，永为遵守。什么是宥坐之戒？这是记录在《荀子·宥坐》篇里的一个故事：有一次，孔子带学生去参观鲁桓公庙，看到一件歪歪倒倒的奇怪器物，叫欹器。孔子问守庙的人：这是什么器物？守庙的人回答：宥坐之器。孔子说：我听说宥坐之器，空的时候是斜的，注水到一定程度就正了，太满就倒了。命学生往里注水，果不其然。孔子感叹说：人世间哪有满而不倒的道理。学生子路问：有没有持满之道？孔子说："聪明圣知，守之以愚；功被天下，守之以让；勇力抚世，守之以怯；富有四海，守之以谦。此所谓挹而损之之道也。"这就是孔子的中庸之道。功盖天下，要懂得谦让。为人做事，要中正，不可偏激。什么叫"宥坐"，就是将它放在座位的右边，时时刻刻警醒自己。后世的"座右铭"，大概就是这么来的。这就是宥坐之戒。公道杯的原理与欹器不同，但所蕴含的人生哲理是一样的，那就是：满招损，谦受益。杯上的这段话，是明嘉靖年间的进士王世懋（1536—1588）写的。王世懋是著名文学家王世贞的弟弟，号"损斋"。铭文最后的"损斋居士铭"，注明了作者。这段话收录在王世懋《王奉常集·平心杯铭》中，"平心杯"就是公道杯。

公道杯利用了什么原理？虹吸原理。这件杯子发掘出土后，一直作为碎片堆积在文物架上，直到有一天，我想看看虹吸原理到底是个什么原理，于是找了一个一次性杯子，在底部钻了个孔，插入喝牛奶的 U 形软管，往杯里注水，一点点倒，都盛在杯子里，而一旦水没过 U 形管的上端，水瞬间就流空了。大家都很振奋，发誓一定要将这件杯子修复起来。查了很多资料，修复起来就是你现在所看到的样子。因为缺失太多，所以中间端坐的老人，略有一点想象的成分，他的身体内就是一根 U 形管，开的两个孔一个在老人的底部，一个在杯子的外底，形成高低落差。当水没过老人的肩膀，水就慢慢流空。

这是一件来自江西景德镇的青花瓷器，年代在万历时期，虽然因缺失过多而有一点小小的缺憾，但丝毫不影响这件文物的价值，更不影响我们从中体味人生的哲理：满招损，谦受益。

不同阶段有不同困难。如果把海龙囤考古工作分为考古发掘和资料整理两个阶段，那么后期的困难比前期大。考古发掘在申遗的背景下展开，各方形成合力，众志成城，纵有困难都能克服；申遗成功之后，海量的出土文物、考古资料，如何转化为考古成果供各界共享，着实令人头痛，因为此时各方的支持力度已大大减弱，经费、人员都是问题。好在都挺过来了，四卷本的海龙囤考古报告近期就会出版。

前面说到，2012到2022这十年可以分成三大段，但从考古工作的性质来讲可以分为考古发掘和资料整理两个阶段，2015年起，全面的考古发掘工作暂告一段落，转入室内整理。就发掘工作而言，可以分四个阶段，每个阶段的工作重心不同，彼此间也互有交叉。

第一阶段：全面勘探。2012年开展田野工作之初，我们结合前人的成果，对海龙囤上环囤城墙、"老王宫"、"金银库"、采石场、教场坝等进行踏勘，初步厘清全囤大致格局，在此基础上，确定以"新王宫"为工作重心。在"新王宫"大规模发掘启动后，此项工作仍有序推进，先后对采石场、"老王宫"和调查发现的窑址进行了试掘，以深化对全囤的认知。

第二阶段：重点突破。选定"新王宫"作为重要突破口，对其进行系统勘探与发掘。这是2012、2013年度的工作重心。一方面通过调查与试掘发现了环绕"新王宫"的垣墙，从而确定了"新王宫"的范围。勘探发现，"新王宫"是一组相对独立和封闭的建筑群。整个建筑群坐落在西南—东北向的山脊上，西南高而东北低；由一圈垣墙环绕，长504米，面积约1.8万平方米。这一发现，框定了"新王宫"的范围，为深入探讨新王宫的建筑格局奠定了基础。内部的梳理，重点发掘了其中轴线及后端两侧，其余区域则通过勘探大致厘清了建筑的样式。

第三阶段：垣墙与道路梳理。对全囤城墙、关隘与道路系统进行全面调查、试掘与测绘。2013年开始，对全囤城垣进行调查梳理，对结构不清处进行试掘。在此基础上，将城垣根据砌筑方式的不同以及彼此间的叠压关系，分为三类两期，判明其分属南宋和明代。对9座明代关隘也进行了清理，并新发现南宋门址4处。清理出部分明代石铺道路。对上述遗迹进行全站仪测绘。

第四阶段：整体推进。对周边诸囤进行调查、勘探与发掘。在海龙囤考古工作推进过程中，我们编制了《海龙囤与播州杨氏土司遗存考古工作规划（2013—2015）》并获国家文物局批准，对遵义境内与杨氏土司相关的遗存展开较为全面的调查、勘探与发掘，包括海龙囤周边诸山城（重点是养马城遗址）、杨氏土司墓地和庄田等遗迹。同时运用机载激光技术，对海龙囤及其周边地区进行大规模勘测。这一阶段的另一项工作是，推进海龙囤考古工作站的建设。通过周边遗存的梳理，整体推进了对播州杨氏及其相关遗存的认识，深化了土司制度及其文化的研究，并由此提出了"土司考古"的课题。

考古发掘过程中，我们动用了航拍、航测等科技手段，对发掘的重点区域"新王宫"进行了立体测绘，对海龙囤及其周边70平方公里范围内进行了机载激光拍摄，滤去植被，让地表遗迹可供观察，同时对未全面揭示的"老王宫"进行了基于探地雷达和磁法探测技术的物理探测，还开展了植物浮选工作。

海龙囤明代土司遗址

考古工作为海龙囤成功跻身世界文化遗产提供了科学的、强有力的支撑。海龙囤之所以能跻身世界文化遗产，可用"五个一"来概括。

这是一份珍贵的遗产。从公元876年入播，到公元1600年在播州之役中被荡平，杨氏统领播州长达725年，超过了中国历史上任何一个王朝，留下了丰富而珍贵的遗产。目前已知的相关遗存有杨氏第13世杨粲、第14世杨价、第15世杨文、第21世杨铿、第22世杨升、第24世杨纲、第25世杨辉、第26世杨爱、第29世杨烈等9人的墓葬，海龙囤、养马城、养鸡城、养鹅池、永安庄、养牛庄等遗址，反映了播州地域从南宋到明代数百年间的政治、经济和文化面貌。其中的海龙囤，是播州杨氏留存至今规模最大，保存最好，也最负盛名的遗址。它是在南宋晚期抗蒙背景下地方势力与中央朝廷一起修建的防御工事，明万历时期第30世土司杨应龙进行大规模重建，并在万历二十八年（1600）毁于播州之役。两次战争都与国运相关，虽然偏处一隅，但海龙囤的影响却是深远的。

这是一次关键的决策。因为与两场著名的战争相关，海龙囤是播州杨氏最负盛名的遗存。从进入文物工作者的视野以来，该遗址得到了应有的重视，1982年即跻身贵州省文物保护单位，2001年升格为全国重点文物保护单位。但从未有人将之与世界文化遗产相关联。2012年初，国家文物局对中国世界文化遗产预备名单进行调整。有专家向贵州省文物局进言，湖南永顺老司城在积极申报世界文化遗产，而遵义海龙囤遗址无论从重要性还是保存的完好程度均有过之而无不及，建议考虑海龙囤申报世界文化遗产。在经过缜密的比较与论证之后，贵州省文物局毅然作出海龙囤申报世界文化遗产的决定。事实证明这是一次重要的决策，从此迈出了海龙囤申报世界文化遗产至为关键的一步，没有这一关键的决策，就没有海龙囤申遗这回事。决定一旦做出，就撸起袖子加油干，排除一切困难，在规定的时间前将申报材料完成呈送国家文物局。国家文物局最终经过统筹，决定湖南、贵州、湖北三省以"土司遗址"联合申报世界文化遗产。

这是一场艰苦卓绝的考古探索。2012年2月，在决定海龙囤申报世界文化遗产之后，贵州省文物局责成贵州省文物考古研究所与贵州师范大学地生学院（地理与生物科学学院）合作，立即启动申报文本的制作，在当年3月31日前呈送国家文物局。贵州省文物考古研究所由周必素所长领衔，贵州师范大学则由但文红教授挂帅。为申报文本的准确、科学，3月初，贵州省文物考古研究所派出专业队伍，对海龙囤"新王宫"1999年试掘区域进行重新揭露，并进行重新测绘，保障了申报文本的质量。2012年4月23日，在经国家文物局批准后，贵州省文物考古研究所启动了海龙囤历史上第一次科学的大规模发掘，由时任考古所副所长李飞任领队，侯清伟、贺君虎、韩继泽、韩文华、胡霖、何烨等人为队员。一场艰苦卓绝的考古探索活动就此展

2014年9月17日，"世遗"专家塔拉·夏玛女士（前排中）在海龙囤考察，与考古队合影

开，贵州省文物考古研究所集全所之力予以支持。从2012年，到2013年，到2014年，申遗最关键的三年里，考古队员没有节假日，排除一切困难夜以继日地工作，加班至凌晨两三点钟成家常便饭。2012年持续发掘275天，2013年151天，2014年311天。在厘清思路的前提下展开高强度的野外工作，为呈送联合国教科文组织的申遗文本提供了科学的、强有力的支撑。海龙囤2012年度的重要发现成果全票入选"全国十大考古新发现"、中国社会科学院2012年中国考古新发现（全国共六项，俗称"六大发现"）。2015年12月，包括海龙囤在内的西南土司遗存荣获"全球田野考古十大发现"。

这是一个恰如其分的价值总结。一切现象都有再认识的空间，一切历史遗迹亦有再审视的价值。土司遗址就是这样。过去从未有过将土司遗址申遗的动议，不能不说是认识上的不足。但将土司遗址来申遗，该如何来认识其"突出普遍价值"，这是摆在所有申遗人面前的学术课题。经反复研究、讨论，各方达成了三处土司遗址是土司制度的物化载体，作为中国古代制度文明之一的土司制度才是申遗的关键的共识。这是在多民族国家大一统的背景下出现的一种针对西南及其周边少数民族地区，委任少数民族领袖来统领一方，其享有高度自主权的政治制度，此制度有效协调了中央与地方的利益，保障了多民族国家的统一，并维护了文化的多样性。最终的申遗文本根据《礼记·王制篇》将之高度提炼为"齐政修教，因俗而治"，亦即统一政令，施以教化，但保留其风俗与文化。这是不得已的选择，也是一种高度的政治智慧。如今"因俗而治"的制度文明在土司遗址申遗成功后，得到全世界传扬。专家团队对历史的深度认识，恰如其分地突出普遍价值提炼，保障了申遗的成功。

这是一场众志成城的申遗攻坚战。这从来不是一个人的战斗，有无数人艰苦的付出。从贵州省文物局作出海龙囤申遗的决定开始，贵州省文物考古研究所派出团队充当申遗的排头兵，对海龙囤遗址展开科学的考古探索；汇川区委区政府下定决心排除万难，积极推进征地、移民、环境整治等各项工作；贵州省文物保护中心、中国文化遗产研究院、中建院历史所等及时跟进，保障出土遗迹、遗物得到科学、合理的保护与展示；国家文物局在全过程中给予考古发掘与文物保护的充足经费，前局长励小捷、副局长童明康等多次莅临指导，保障了申遗工作向着正确的方向进行；遵义市委市政府及时出台各种政策、文件保障了申遗工作的顺利推进；当地百姓为了遗址得到更好的保护，恋恋不舍迁离家园。

这是一次与时间的赛跑，也创造了一个时间的奇迹——从2012年启动申遗，到2015年7月申遗成功，不到四年的时间，一个世界文化遗产横空出世，创造了最短申遗时间的记录。各方工作的强度与压力也就可想而知，而回头时，看到的是艰辛与幸福。

海龙囤在中国考古界的地位和意义是什么？包括海龙囤在内的土司遗存的考古工作，一方面丰富了土司制度及其文化研究的内涵，传统的土司研究主要是基于文献的研究，考古学对此贡献不多；另一方面，边地的、晚段的遗存引起了考古学界的关注，其历史价值被重新审视。在此基础上，我们提出了"土司考古"的课题，换一种观察的维度，所见也大不相同。

相较于湖南永顺老司城和湖北唐崖土司城，海龙囤背后的杨氏家族实力更为强劲，在西南地区的影响也更大。著名考古学家、中国社会科学院学部委员刘庆柱先生在给即将出版的海龙囤考古报告的序言中说："海龙囤考古及其考古报告的重要学术意义与现实社会意义，是引发国内外考古学界及社会各界高度关注的重要原因。这次田野考古发现，彰显了考古学作为极其重要的科学支撑在推动世界文化遗产发展方面的积极作用和价值。作为世界文化遗产的中国土司遗址，其重要的历史、科学意义就在于承载着多民族统一国家的政治文化认同。"因此，他称海龙囤为土司学的"百科全书"。

海龙囤是贵州第一个也是目前唯一的世界文化遗产，科学的考古发掘为其成功跻身世界遗产提供了科学的、强有力的支撑，这极大提振了贵州人的文化自信。正如刘庆柱先生所言，海龙囤的个案"彰显了考古学作为极其重要的科学支撑在推动世界文化遗产发展方面的积极作用和价值"。考古过程中我们秉持开放的态度，多学科合作，边发掘、边整理、边研究、边保护、边展示，做到了几位一体，这算不上独到的做法，但是值得分享与借鉴的经验。

海龙囤的前身是创建于宋宝祐五年（1257）的"龙岩新城"，由南宋政府和播州土官合力营建，目的是防御从云南斡腹东进的大理蒙军，乃"国之藩篱"，在此意义上，此时的"龙岩新城"是一座国家防御工程。明万历年间，土司杨应龙大规模重建海龙囤后成为其与明廷对抗的大本营，并最终成为埋葬播州羁縻·土司制度的"坟墓"。从宋到明，海龙囤经历了从国家防御到地方性防御的性质变迁，也上演了杨氏土司与中央王朝的"家""国"故事，是羁縻·土司制度的生动写照与重要实证。2012年以来的十年探索，应该说只是揭开了"土司考古"的序幕，海龙囤仍有大量未发掘区域，仍有大量未解

2017年6月，李飞（右）获博士学位，
与时任校长谢和平院士（左）合影

之谜，比如有无南宋衙署，"老王宫"到底是什么性质的存在等等，还期待未来的考古工作予以揭示。

如果我是海龙囤的推广大使，会如何向广大读者推介海龙囤？我会引用刘庆柱先生的话，即海龙囤是一部中国土司学的百科全书。在2012年主持海龙囤考古发掘与研究工作之前，我其实对海龙囤认识不深，当时我正在四川大学攻读博士学位，准备以"中国西南地区岩画"为题开展研究，这是我从硕士阶段就想做的题目，当时想着海龙囤的工作一结束，就回归岩画，但终未能如愿。我曾经说过：海龙囤于我，像是一场包办的婚姻，而岩画是我初恋的情人。包办婚姻未必不幸福。如今，海龙囤已成为我难以抹去的印记。

新的征程

2017年初，我离开了工作了18年的考古所，调任省博物馆副馆长，分管业务工作。博物馆对我而言，是一个全新的战场，开启了新的征程。当时内心里并不情愿，时任文旅厅厅长徐静找我谈话时，我的答复是：尊重组织决定，保留个人意愿。当时到博物馆，一项重要的任务就是新馆的开放。这个任务已经在2017年9月30日顺利完成。于是，我向厅领导申请重返海龙囤，完成未竟的考古资料的整理与报告的编纂工作。一项考古工作，只有考古报告出版了，才能画上圆满的句号，我不想留下遗憾。但未获批准。2018年国庆期间，新上任的张玉广厅长调研了海龙囤，之后给我打电话，要求针对海龙囤的问题写一份报告给他，我照做了，顺势提出重返海龙囤的想法。国庆收假后的第一天，玉广厅长召集海龙囤管理局负责人、考古所所长以及张勇局长等，在他办公室开了一个短会，支持我们回海龙囤完成未竟的工作，厅里拨给20万工作经费，考古所、博物馆和海龙囤管理局各出几个人，一年半完成报告编纂工作。经过短暂的准备，10月30日，我带着考古所的技师韩文华回到海龙囤，他是一起参加海龙囤发掘的队员，对囤上情况比较熟悉，其他计划中的人员则因其他工作任务繁重，未能到位。整理工作的后半程，另一位海龙囤发掘队队员谢长勇也参与进来。2020年5月，海龙囤报告初稿按计划完成。在此之前的两个月，我被任命为贵州省博物馆馆长，身上的担子更重了。

2020年5月6日，我离开了海龙囤，留下谢长勇等又持续工作了一段时间。

下山之后接到的第一个任务，就是参加在南京举行的全国十大精品陈列推介活动，代表贵州省博物馆汇报基本陈列中的"民族贵州"。此前馆里的同事已做了大量工作，我们成功进入终评会，将捉对"厮杀"，从25个项目中产生十大精品陈列，我们第一次如此近距离地接近这一奖项，贵州历史上还没有任何一个展览获得过"十大精品"的殊荣。馆里对这项工作非常重视，王曼书记认为应该由我担任汇报人，我硬着头皮应承下来。此时要做的一件重要的事，就是提炼展览亮点，制作PPT，进行7分钟的汇报。我们立马组织团队，按照我搭建的框架，挑选并制作有震撼力的片子，熬了几个通宵，在规定的5月13日的截止时间前向会务组提交了汇报材料。文旅厅对申报工作高度重视，委派时任副厅长汪文学教授作为领队，带领我们于5月15日抵达南京，次日进行大会汇报。我们的汇报打动了评委，获得了比较高的票数，成功斩获2019年度全国十大精品陈列，这是贵州历史上第一次，全馆上下精气神为之一振。其实那时的我对展览的理解并不深，对博物馆的认识也很浅薄，现在也一样，我只是做了临门一脚的工作，队友把球传到你脚下，临门一脚，我把球踢进了。这个"队友"，涵盖了几代贵州省博物馆人。十大精品的申报工作得到了馆内馆外、省内省外诸多师友不遗余力的支持，一直感念在心。

紧接着做的第二件事，是一级馆的申报。2020年前的贵州省博物馆，是全国唯一的非一级馆的省级博物馆。成功斩获十大精品展，为一级馆的申报锦上添花，所以"5·18国际博物馆日"后，我们把重心转向国家一级博物馆的申报，并在2020年9月11日提交了申报材料，2020年底成功跻身一级博物馆，"脱贫"成功。十大精品与一级博物馆，对贵州省博物馆而言，是两

2020年5月18日，贵州省博物馆"民族贵州"斩获全国十大精品陈列，这是贵州历史上第一次获此殊荣。图为颁奖现场。

件重要的、可以载入馆史的大事。

老馆时代未能获评一级馆，原因是多方面的。一级馆的评估很严格，有一套评分细则，满分是1000分，800分以上才能入选。其中包括硬件和软件，比如馆舍、"消安防"、馆藏、社教、展览场数、科研成果等等。在2017年新馆建成并开放前，贵州省博物馆的硬件条件不好，不具备成为一级馆的条件。

贵州省博物馆当前困难与机遇并存。最大的困难是，新建成的馆舍还没完成最后的验收。其次，人员结构和能力都有待优化，人才是我们事业的核心。机遇是，当前我们正在推进基本陈列的改造提升工作，李炳军省长要求我们讲好"贵州是中华文化主藤结出的瓜"的故事，压力很大，但通过这次整改，人员的素质必将得到一次极大的提升。一个馆的基本陈列，一般讲述一个地区的通史，服务五至十年，一生当中可能遇不到几次。

这是一次推倒重来的大手术，就是把当前的板块化叙事转变为历史性叙事。我们目前的基本陈列由四个部分组成：古生物王国、历史贵州、民族贵州和红色贵州，大头是民族贵州，展览的名称是"多彩贵州"。这样的布局具有时代性，也是馆藏文物的特点所决定的。贵州省博物馆是一家综合性博物馆，有古生物标本、考古出土文物、民族文物、红色文物和古籍书画等方面的收藏，古生物和民族文物占了相当分量。新的展览将聚焦历史，舍弃古生物，淡化民族，而讲述贵州近30万年来的历史与文化。目前正在编写展陈大纲，在一些问题上，各方之间不太容易达成共识。基本陈列像一本教科书，需要权衡官员、学者和大众的意见，最终拿出一个大家都认可的方案。

"贵州是中华文化主藤结出的瓜"，"一体"为藤，这个藤就是中华，其余为瓜，这个瓜就是贵州特色。一体而多元，形成了多彩的贵州历史文化，塑造了贵州人敢为人先的精神。展览要见人见物见精神，凝聚贵州，引领未来。我自己据此草拟的大纲分为五个部分，代表了我对贵州历史文化以及展览功能的理解。一、肇始：拓荒者的故事（旧石器时代）。讲述距今30万年左右，人类开始在贵州这块热土活动，他们以石为器，采集狩猎，创造了属于他们的文化。二、自在：本土文化的根基（新石器时代至夜郎时期）。满天星斗的地域文化的萌芽及其发展，自我意识的形成，自在发展，直至夜郎，成为西南夷中最大的君长国，代表了土著文化的高峰。三、一体：融入华夏的历程（秦汉至明清）。秦汉时期，设置郡县，分封制与郡县制并行；魏晋至唐宋时期，行羁縻之制，经制州与羁縻州并举；元行土司制度；明代建省，土流并治；清辟苗疆，继往开来。四、和合：多民族文化的交融。地理多样，民族和合，文化多彩，是贵州历史文化的主基调。五、铸魂：贵州的精神（自然和人文塑造）。什么是贵州精神？什么是贵州人的品格？坚韧包容，敢为人先。但这只代表了我个人的观点，最终成型的大纲不是按这个路数走的。

博物馆和考古所工作的不同？两者有相似的一面，核心都是对物的阐释，博物馆也有考古的一项职能，也有一部分博物馆馆长是从考古转过去的。但整体上，博物馆比考古所更庞杂，面向更广，它要面对的是大众。考古相对要单纯一些。我现在会花费大量的精力去协调各种事情，馆里有十几个部门，业务部门有自然部，涉及古生物和古人类；有科保中心，负责文物保护；有研究室，负责科研出版和涉案文物等工作；有展览部、文创部、社教部、保管部、后勤保卫部等等，工作内容很庞杂，跨度也很大，你很难做到什么都懂，但必须要抓住重点。

从一个相对比较单纯、比较专业化的工作岗位转到这种综合性的，实际上还有很多管理工作，这中间有没有一些不适应，或者是比较纠结的点？应该说是有的。一开始内心确实不大愿意，不过时间久了，就有情感了，现在如果让我再转回考古，我也得想想，我是一个比较安于现状的人。从考古所转到博物馆来，感觉是命中注定。为啥呢？2009年初文化厅党组会就曾决定让我到省博担任副馆长，当时我33岁，后来因为各种原因没来成，一年后任命我为考古所副所长。八年后我还是来到了博物馆，逃不过，哈哈哈。这种角色转换，对个人而言有利有弊，有利的一点就是可能你的视野会更加开阔，考虑问题可能会更加周全。有不利的一点，博物馆可能博而不专，你根本没有精力像过去那样，很纯粹地把一个东西精雕细琢，做到极致。现在这种可能性越来越小了。

博物馆是一个地区社会经济发展的晴雨表，是一个地区综合实力的象征。贵州省博物馆是个老馆，1953年筹建，到2023年就70年了，过去因为各种条件的限制，我们长期是全国唯一的非一级的省级博物馆，地位非常尴尬，这真实镜像了当时贵州社会经济发展的状况。近来贵州经历了黄金十年的高速发展，新的贵州省博物馆也在此期间落成并开放。因此，贵州省博物馆就是贵州社会经济发展的一个缩影。

贵州的资源禀赋，决定了贵州省博物馆的特质。古生物标本，以及史前、夜郎、土司、红色、民族和书画等文物，是贵州省博物馆的特色性收藏。这些都是贵州的馈赠，是几代博物馆人慢慢积累下来的。相比较于一些大馆，我们的藏品偏少，我们的体量不大，我们还有很大的提升空间。因此我们需要永远保持一种学习的态度。

这些年，基本上都是在田野上跑，很少照顾到家庭，妻子小梅做出了巨大的牺牲。我和小梅2007年从美国回来，第二年李不言出生，我在不言四岁的时候去的海龙囤。海龙囤上最繁忙的2014和2015年，一年中大概有300天在囤上，中间很少回来，小梅常带着不言来看我，我还记得不言手脚并用爬36步天梯的样子，现在不知不觉就长得比我还高了。2008年凝冻期间，我在务川大坪，小梅怀着不言，已经七八个月了，挺着大肚子没人照顾。因为缺少陪伴，不言对我可能也有很多怨言。我上山的时候，他在上幼儿园，我下山的时候，他小学快毕业了，没法陪伴他成长。这些时间里确实父子之间缺乏沟通，相互有隔阂，甚至可能会给孩子留下一些阴影。因为这些，我和小梅之间也经常发生争执，到底是家重要，还是你的工作重要？都重要，都重要。想要做成一些事，就需要付出各种代价，这个代价，有时候可能会比较惨痛。往后余生，尽量弥补吧。

在贵州工作20多年，我对贵州的历史和文化也形成了自己的一些认识。我曾经用五个词概括贵州考古的特点：上山、下河、进洞、入世、洗脑。上山：从商周到战国秦汉，到宋元明清的一大批山地遗址被发现并深入研究，书写了山地文明的绚烂篇章。下河：各大河流考古学文化的全面发掘与系统梳理，彰显河流在贵州历史上的文化大通道的意义，这里从来就不是一个封闭的世界。进洞：特殊地理环境所造就的天然溶洞，是史前先民栖身的不二之选，也是不同历史时期人群居住乃至永远长眠的理想之地。约400处史前洞穴遗址的发现，反映贵州自距今30万年以降人类活动的足迹，引起世界的广泛关注。唐宋以降乃至今日仍被使用的洞葬习俗，构成了贵州生态文明的一道奇观，也是考古研究的重要对象。入世：考古发现与研究，不再是考古人的自娱自乐，而是积极与地方社会经济与文化的建设结合起来，相关成果在现场或博物馆得以及时展示，甚或建立遗址博物馆，实现与公众的共享。洗脑：考古发现改变了人们对贵州这块热土的既有认知，改变了人们的思想，从而增强了贵州人的文化自信。

如果说考古工作的重点是发现与阐释，博物馆工作的重点就是展示和教育，共同的目标是发现、挖掘、研究、保护、展示和传承好珍贵的历史文化遗产。我们在改变和提升自我认知的同时，也在影响大众对这块土地的理解。所以，我蛮庆幸自己从事着这样一份有意义的工作。

口述史采集小组与李飞先生（右三）一家合影

附　录

《寻城迹：贵阳市文化名人口述史》（第三期）采集信息表

姓名	性别	年龄	采集人	采集时间	采集地点	录音时间	资料整理	文本写作	图片拍摄	参访人
谭涤非	男	89	王小梅	2021年2月5日	贵州省贵阳市云岩区冠竹苑	1小时55分	黄雅欣25514字	王小梅10930字	白文浩	白文浩杨波葛春培
史继忠	男	85	王小梅	2021年9月24日	贵阳市观山湖区金华园小区	3小时20分	黄雅欣38221字	史继忠王小梅34864字	白文浩	白文浩杨波葛春培
罗星芳	女	82	王小梅	2021年11月4日	贵州省黔南州龙里县白晶谷	3小时30分	田阳44032字	王小梅23922字	白文浩	白文浩葛春培
刘玉珍	女	82	王小梅	2021年10月29日	贵州省贵阳市南明区贵州文化广场	2小时26分	王大蕊32747字	王小梅20307字	白文浩	白文浩杨波葛春培
顾朴光	男	80	王小梅	2021年10月20日	贵州省贵阳市花溪区麒龙溪苑	3小时30分	田阳45879字	顾朴光25683字	白文浩	白文浩杨波葛春培唐志然
张润生	男	76	王小梅	2021年10月14日	贵州省贵阳市花溪区兴隆花园	2小时33分	王大蕊33519字	王小梅30040字	白文浩	白文浩杨波葛春培
杨庭硕	男	75	王小梅	2021年11月14日	贵阳市云岩区扶风东路贵阳市二十八中教师公寓	4小时49分	王大蕊葛春培70157字	杨庭硕王小梅40965字	白文浩	张振兴彭兵白文浩杨波葛春培
卢现艺	男	64	王小梅	2021年10月22日	贵州省贵阳市云岩区曦阳山庄	4小时46分	黄雅欣79647字	王小梅20731字	吴蔚	吴蔚葛春培

姓名	性别	年龄	采集人	采集时间	采集地点	录音时间	资料整理	文本写作	图片拍摄	参访人
刘柏勋	男	60	王小梅	2021年10月20日、10月29日	贵州省贵阳市青云路贵阳市木偶剧团	3小时48分	李梦娴 60343字	王小梅 21853字	白文浩	白文浩 杨波
李钢	男	55	王小梅	2021年9月22日	贵州省贵阳市云岩区国贸置业大厦个人工作室	4小时25分	田阳 56203字	王小梅 15206字	白文浩	白文浩 葛春培
李飞	男	46	李隆虎	2021年11月28日	贵州省贵阳市乌当区城市山水花园	4小时33分	黄雅欣 71536字	李飞 27233字	白文浩	王小梅 白文浩 杨波 葛春培 李不言

后 记

《寻城迹：贵阳市文化名人口述史》第三期的采集在2020年国庆节前匆匆开工。总结上两期经验，因整理资料和写文稿工作量巨大，且有些老师准备不充分而讲述匆忙，最后不认可口述文本，又没有时间修改，导致有一两篇稿子未能采用，就计划第三期做周密的访谈计划，待老师们都写成对话基本完成笔谈，再去采集。但似乎一切都无法做最周密的准备。

节前开始计划给第三期口述史的访谈对象一一打电话，约好节后的访谈时间。给史继忠老师打电话也是想约节后访谈的，本想准备一个精细的提纲，再去做现场口述史记录，这样笔谈文本和口述文本资料缀合成一个相对完整的口述史文本。基于前两期的经验，每一次发提纲给老师们都事先千叮嘱万交代，要做好充分准备，以免事后对讲述不满意，造成时间和资料的浪费，但最后发现每一次现场讲述还是不免支离破碎，似乎很难系统讲述。

因为采集的讲述时间过长，又要从大量资料里找出最好的材料，所以整理口述史资料的工作海量，整理文本的工作也是海量。每一句话都是要听着录音原文转译，按照"不浪费的口述史"原则逐字逐句整理资料。而每整理一个文本，每一句话都是重写，每一个文本三万字到五万字几乎要写十几天，最后按照讲述脉络完成口述史文本后发给本人批阅与修改。

第二期口述史采集的资料达100多万字，由葛春培、田如萍和杨春艳三位小伙伴整理完成，最后我在四个月内成稿30多万字，每一个字都反复修改，看了再看。

因此，我期待第三期口述史是缜密的访谈提纲笔谈后，加上口述史现场访谈资料，形成两个文本的合一，但没想到第三期的资料碎片化情况更严重，由贵州师范大学国旅学院的李梦娴、黄雅欣、田阳和王大蕊四位同学第一次整理资料，可能有转录的原因，整个资料有大量的字句反复出现的情况，导致后期文稿撰写耗费大量时间对资料、整理文本，所以整个撰写花了近半年时间。还好，深夜再次回访的每一点声音，伴着与月亮说晚安的故事，再难的事都必然要成行的。

专家认为，《寻城迹：贵阳市文化名人口述史》系列图书策划选题定位有时代高度，与习总书记提出的"深化研究中华文明特质和形态，为人类文明新形态建设提供理论支撑；推动中华优秀传统文化创造性转化、创新性发展，为民族复兴立根铸魂"相契合，该选题具有深厚的时代意义，通过受访人的个人经历、心路历程，呈现了时代记忆，反映了城市文化的时代演进，体现了城市管理者和贵阳文化人对文化传承与文化建设的守望与担当，具有较高的学术价值。这也是一项抢救性的工程，为保存文化记忆，讲好贵阳故事，树立贵阳文化自觉，激发文化自信提供了重要的文化史资料，已形成贵阳地区的一个文化品牌。

最后，我们要表达的都是无尽的感谢和感恩。感谢贵阳市委、市委宣传部、贵阳市文旅局领导和专家的精心指导，让这一期口述史内容依然精彩，并如期出版和发行，为贵阳市文化名人建档，让更多人通过文化名人深度了解贵阳的人文历史。感谢项目顾问顾久老师、徐静老师一直以来的指导和帮助，让名人口述史更加有深度，使其价值得到更大的提升。

感谢贵州师范大学副教授李隆虎博士花时间出面采访我的先生、贵州省博物馆馆长李飞博士，让口述史立于公正客观的"他者叙事"立场，感谢隆虎博士协调四位学生义务协助整理口述史资料，让我们在繁重的工作中感受到了义工的力量。还有《贵州日报》高级编辑蒋海军博士在三期口述史中的无私奉献，抽时间审阅了每一篇文稿。感谢团队多年的文化专家白文浩、杨波、吴蔚全程参与拍摄名人影像历史资料，并记录下采集当日的场景和名人照。

感谢团队小伙伴葛春培的辛苦付出，不仅负责项目的所有日常资料、沟通等琐碎工作，还承担了访谈提纲整理、文稿统稿、插图、资料校对等繁重的工作，让此期项目保质保量按期完成。感谢贵州民族大学文博专业的三位驻馆实习研究生陈亚梅、胡富艳和黄晓敏协助查资料，并转录纸版文字修改稿子。无尽的谢意，难以表达我们的一颗真诚的心。